KNAUR

MONIKA BITTL

MAN SOLLTE ÖFTER MAL AUSMISTEN

ROMAN

KNAUR

Besuchen Sie uns im Internet:
www.knaur.de

Aus Verantwortung für die Umwelt hat sich die Verlagsgruppe Droemer Knaur zu einer nachhaltigen Buchproduktion verpflichtet. Der bewusste Umgang mit unseren Ressourcen, der Schutz unseres Klimas und der Natur gehören zu unseren obersten Unternehmenszielen. Gemeinsam mit unseren Partnern und Lieferanten setzen wir uns für eine klimaneutrale Buchproduktion ein, die den Erwerb von Klimazertifikaten zur Kompensation des CO_2-Ausstoßes einschließt. Weitere Informationen finden Sie unter: www.klimaneutralerverlag.de

FSC www.fsc.org
MIX
Papier aus verantwortungsvollen Quellen
FSC® C083411

Originalausgabe Dezember 2020
Knaur Taschenbuch

Ein Imprint der Verlagsgruppe
Droemer Knaur GmbH & Co. KG, München

Ein Imprint der Verlagsgruppe Droemer Knaur GmbH & Co. KG, München
Alle Rechte vorbehalten. Das Werk darf – auch teilweise – nur mit Genehmigung des Verlags wiedergegeben werden.
Covergestaltung: ZERO Werbeagentur, München unter Verwendung eines Motivs von Andreas Besser, illustratoren.de/AndreasBesser
Coverillustration: illustratoren.de/AndreasBesser
Satz: Adobe InDesign im Verlag
Druck und Bindung: CPI books GmbH, Leck
ISBN 978-3-426-52567-8

2 4 5 3 1

FRANZISKA

Cara! Wie geht es dir? Was kann ich für dich tun?« Franziska hielt wie beim Schnitt in einem Standbild inne, kramte nicht weiter vor der Theke mit der Kaffeeausgabe in ihrem Geldbeutel, sondern starrte hinein. Diese tiefe Stimme, dieser sonore Sound mit dem Schweizer Akzent – war das wirklich seine? Etwas tiefer, etwas älter? Langsam drehte sie den Kopf zur Seite, ja, verdammt, das war er! Giovanni. Fast dreißig Jahre älter. Sein Kopf rasiert, vermutlich um eine Halbglatze zu verbergen. Kleiner Bauch. Modische Jeans. Immer noch: weißes Hemd und Lederjacke. Und elegante Lederschuhe. Die strahlend blauen Augen und die markanten Wangenknochen. Giovannis eine Hand legte sich auf ihre. Mit der anderen hielt er der Frau hinter der Kaffeeausgabe einen Schein hin.

»Das übernehme ich. Und wenn sie möchte«, erklärte er der Kassierin, »nicht nur die Kosten, sondern die ganze Frau neben mir gleich dazu.« Er wendete sich wieder ihr zu. »Eine so schöne Frau sollte ihre Finger für etwas anderes benutzen und nicht nach Kleingeld suchen!« Sie war so überrascht, dass sie nicht einmal rot werden konnte oder zu zittern begann oder gar einen Kommentar dazu über ihre Lippen brachte. Er genoss offenbar ihre Verblüffung. Seine Augen leuchteten. Sein Lächeln strahlte. Er zog sie zu sich. Bussi links, Bussi rechts. Und verhalten, fast nur angedeutet, eins auf den Mund. Dann trat er einen Schritt zurück, nahm dabei ihre Hände in die seinen, ließ die Augen nicht von ihr und scherte sich nicht um die Wartenden in der Schlange. »Ich hab nicht geahnt, dass du noch schöner werden kannst!«

Da sage noch mal einer, es gäbe kein Karma im Leben! Ausgerechnet heute hatte die Maskenbildnerin sie nach allen Regeln der Filmkunst perfekt geschminkt, weil eine Statistin wegen einer Magen-Darm-Geschichte ausgefallen und keine andere Person weit und breit wie im Drehbuch beschrieben war: »gut normalgewichtig«, mittelgroß, mit rot gefärbten Haaren und um die fünfzig Jahre alt. Sie, die Kamerafrau, die den Spielfilm für Dubois fotografierte, musste kurzerhand mal vor die Kamera und trug deshalb ewig lange künstliche Wimpern, einen fein gepinselten Lidstrich, kussfesten Lippenstift und Rouge auf dem Make-up, das ihr Gesicht fein konturierte, fast so, als wäre sie noch einmal fünfundzwanzig Jahre alt.

Kein Drehbuchautor hätte diese Begegnung für sie so perfekt beschreiben und keine Regie sie so optimal inszenieren können. Eine Autobahnraststätte. Innen. Früher Morgen. Die Protagonistin Franziska trifft nach fast dreißig Jahren wieder auf den Kerl, an den sie in all den Ehejahren immer wieder gedacht hatte.

»Warum ist aus uns nie etwas geworden?«, würde die Protagonistin in einem schlechten Drehbuch, das eine gute Exposition nicht beherrschte, fragen. »Ich bin glücklich verheiratet und meinem Mann immer treu gewesen«, würde es im Skript, das die Vorgeschichte gleich am Anfang mit dem Holzhammer erklärte und nicht nach und nach enthüllte, weiter heißen. Vielleicht war aber auch ihr Leben an der Seite von Basti einfach nach einem langweiligen Drehbuch verlaufen.

»Ich hab immer an dich gedacht, wirklich!«, sprach Giovanni aus, was sie eben gedacht hatte. Vor allen Leuten, laut an dieser Raststättentheke. Doch dabei wurde sie wieder Frau ihrer selbst. Wie kam der Kerl eigentlich auf die Idee, dass sie hier mit ihm flirten konnte und nicht mit Mann und Kindern unterwegs war?

»Ich glaube, die Wartenden und die Dame hinter der Theke interessiert unser Gefühlsleben eher weniger«, bemerkte sie cool und warf dem Mädel der Kaffeekette einen freundlichen Blick zu. Die junge Frau war aber von Giovannis öffentlichem Liebesgeständnis so zu Tränen gerührt, dass sie Franziska die harsche Landung auf dem Boden der Realität fast übel nahm und sich nur widerwillig dem nächsten Kunden zuwendete.

Franziskas Handy bimmelte mit dem Ton einer Whatsapp-Nachricht von der Familie. Nein, jetzt nicht lesen, ob der Gatte fragte, wann er sein Leinensakko von der Reinigung abholen könne oder ob er vier oder vielleicht doch fünf Semmeln einkaufen solle.

Giovanni nahm beide Kaffeebecher in die eine Hand und zog Franziska mit der anderen zu einem Tisch des Schnellrestaurants, das dem ähnelte, in dem Meg Ryan die berühmte Orgasmusszene im Streifen *Harry und Sally* spielte.

»Du bist berühmt geworden!«, bemerkte Giovanni und küsste den Rücken der linken Hand, die er nicht losließ.

»Quatsch! Ich stehe hinter der Kamera, keiner kennt mich!« Gebannt und doch wieder ganz bei sich konnte sie antworten. Giovanni – der Meister der Komplimente.

»Aber deine Filme sind berühmt!«

»Vielleicht. Ich fotografiere so gut wie möglich, wenn ich einen Spielfilm-Auftrag kriege.«

»Fotografiere? Ich dachte, du hast die Fotografie aufgegeben.«

»Im Film, also beim Dreh, heißt das so, was die Kamerafrau oder der Kameramann macht: fotografieren. Aber witzig, dass du die Fotografie erwähnst. Ich überlege gerade, ob ich da nicht wieder was mache, nach so vielen Jahren.«

Giovanni streichelte ihr – so als wäre es das Selbstverständlichste auf der Welt – über die Wange, bemerkte, dass ihre Fotografien immer außergewöhnlich kunstvoll gewesen seien, und ignorierte ebenso wie sie das ständige Bimmeln ihres Smartphones, ehe Franziska das Gerät auf stumm schaltete, in die Handtasche schob und erklärte, dass sie gern wieder fotografische Porträts machen würde, wie früher. Mit der Digitalisierung sei die Fotokunst ja »gestorben« gewesen, erlebe jetzt aber wieder eine Renaissance. Sie erklärte kurz, dass sie deshalb trotz Familie mit zwei kleinen Kindern noch rechtzeitig auf Kamera im Film umgeschult und durch viel Anstrengung gepaart mit Glück auch bald gute Jobs gefunden hatte. Hauptsächlich fotografierte sie Werbung, aber eben auch die Spielfilme, die er, Giovanni, vor allem wegen Dubois wohl kenne. Gut bezahlt, kreativ, natürlich aber auch sehr stressig, zum Beispiel bei solchen Nachtdrehs, wie sie eben einen hinter sich hätte.

»Wie schön musst du erst sein, wenn du zuvor eine Nacht geschlafen hast?«

Auch wenn sie wusste, dass er der personifizierte Charme war und er auch früher jedem Rock ein passendes Kompliment gemacht hatte – seine Augen konnten nicht wie Worte lügen. Dieses Strahlen war echt. In Franziskas Magen begann es zu kribbeln. Ein ganz seltsames Gefühl. Schmetterlinge im Bauch? Sie? Mit über fünfzig? Quatsch! Die Würfel waren längst gefallen, sie hatte mit Basti zwei wunderbare Kinder bekommen und führte eine Ehe »im üblichen Unglücksausmaß«, wie sie gern scherzend sagte. Sie hatten doch ein gutes Los gezogen, sie hatte es sich gut eingerichtet. Aber stimmte diese Ansicht? Hatte Basti sie jemals gefragt: »Wie geht es dir? Was kann ich für dich tun?« Hatte er jemals eine Duftkerze für sie angezündet? Aber war das wichtig – Kerzen, Seidenbettwäsche und »Take a look at me now« –, wenn man zusammen zwei Kinder auf den hoffentlich guten Weg gebracht hatte? Über Jahre, Jahrzehnte. Windeln wechseln, keine Nacht durchschlafen, Kindergarten suchen, Hausaufgaben betreuen, Fahrradfahren beibringen und Lego-Figuren über Stunden im Schnee suchen, einen Klinikbesuch mit Blinddarm-Notoperation nachts um vier Uhr teilen, zahllose Mittelohrentzündungen mit Arztbesuchen absprechen, das Geld für die Klassenfahrt zusammenkratzen und zuletzt betrunkene Freunde von Vincent davon abhalten, ins Treppenhaus zu kotzen.

Giovannis Worte schienen all ihre Selbstverständlichkeiten auf den Kopf zu stellen und ihren ganzen Körper zu fluten: »Wie schön musst du erst sein, wenn du zuvor eine Nacht geschlafen hast?«

Sie spürte das Handy schon wieder in der Handtasche vibrieren. Was, wenn doch etwas mit den Kindern war?

»Sorry, ich weiß nicht, ob nicht noch mal nachgedreht werden muss«, erklärte Franziska, die Arbeit vorschiebend. Wenn Emma oder Vincent sich meldeten, musste sie sogar in so einer Situation sofort nachsehen, ob es wichtig war. Als Mutter war ihr das in Fleisch und Blut übergegangen. Die Macht der Gewohnheit. Das aber wollte sie Giovanni nicht gestehen, denn die »Kinder« waren ja schon Anfang zwanzig.

»Du musst dich nicht entschuldigen. Und wenn das deine Kinder sind, dann erst recht nicht«, erklärte Giovanni. »Ich hab zwar keine, aber es ist doch klar, wie wichtig sie dir sind! Würd mich wundern, wenn du nicht eine Vollblutmutter wärst. Und bevor du fragst: Ich bin Single, weil ich immer auf dich gewartet habe!« Giovanni grinste breit. »Also genauer: vor und nach einer kurzen Ehe.«

Geschieden also, Franziska lächelte. Vor Jahren hatte die Mama oder eine gemeinsame Bekannte aus der Gegend, aus der beide stammten, etwas von seiner Hochzeit erzählt.

Vincent schickte im Minutentakt eine Nachricht nach der anderen. Er war vor einer Woche ausgezogen und fragte nun, wie man ein Klo putzt, ob man ein Spülmittel auch für die Wäsche verwenden könne, und schickte gefühlt tausend Fotos von Rossmann-Regalen, auf denen er irgendwas mit roten Umrandungen markiert hatte. Ein Kloreiniger in Großaufnahme, schon wieder! Das war definitiv ein Mittel, die Mutter davon abzuhalten, sich in Giovannis Arme zu begeben.

Franziska nahm den letzten Schluck vom Espresso und bemerkte kurz angebunden: »Ich muss los.«

Überrascht und enttäuscht sah sie Giovanni an.

»Jetzt schon? Ich wollte dich noch so viel fragen und von dir erfahren und dich nicht mehr gehen lassen, ehe wir uns draußen noch viel erzählt haben, da hinten auf dem Parkplatz zum Beispiel …«

»… auf dem du dich sicherlich mit einer unverheirateten Frau an so einem kalten Tag wesentlich heißer vergnügen kannst als mit mir!«, konterte Franziska und wünschte sich im nächsten Moment selbst zur Hölle. Wie bescheuert war sie eigentlich, das Aufregendste, das ihr seit Jahren passierte, schon im Keim zu ersticken? War sie wie ein schüchterner Teenie, eine biedere Moralkeule oder schlichtweg einfach so blöd wie die Nacht finster?

Wenigstens fiel ihr noch etwas ein, wie sie sich aus der Situation mit erhobenem Kopf retten konnte, ohne endgültig alle Türen zuzuschlagen.

Sie nahm die Serviette, auf dem der Kaffee stand, kramte einen Stift aus der Handtasche und notierte auf dem Papier ihre Handynummer.

»Hier!«, sagte sie lächelnd und gab das Stück Giovanni. »Meine Nummer. Du bist es mir wert, dass ich dir die richtige gebe.«

Giovanni umfasste zum Abschied ihr Gesicht über den Tisch hinweg mit beiden Händen, küsste sie zart auf die Wangen und bemerkte verschwörerisch: »Das wirst du nicht bereuen!«

Soso. Genau das hatte ihr Bastian damals auch versprochen, als er ihr nach fünf Jahren wilder Ehe einen Heiratsantrag gemacht hatte.

Die Zeit zwischen »Das wirst du nicht bereuen« und Antworten auf Fragen zu Kloreinigern nannte sich also »Ehe«.

BASTIAN

Der junge Mann, dessen Name Basti einfach nie auf Anhieb einfiel, lief splitterfasernackt aus Emmas Zimmer an ihm vorbei ins Bad. Basti verkniff sich einen Blick auf das beste Stück des Kerls. Er konnte sich doch nicht mit dem Freund seiner Tochter messen, also das ging wirklich nicht. Wobei er den Körper insgesamt natürlich ohnehin mit seinem verglichen hatte. Klar, der war dreißig Jahre jünger als er, mit festen Bauchmuskeln, ohne »Schwangerschaftswölbung«, ohne schlaffe Hautmasse an den Oberarmen, und die Brustwarzen fest auf dem Vorderkörper und nicht wie bei ihm fast mit einem kleinen Busen dazu. Etwas, das er seit einiger Zeit fast noch weniger an sich leiden konnte, als beim Treppensteigen mit schweren Einkaufstaschen zunehmend zu schnaufen. Nur mit der Haarpracht konnte er es nach wie vor aufnehmen: Nirgendwo ein Glatzenansatz zu sehen!

Warum war Franziska schon wieder nicht da und er hatte sich stattdessen um den Gast zu kümmern? »Tee? Schwarz oder Kräuter?«, fragte Basti freundlich durch die Badezimmertür.

»Nein, danke!«, erwiderte der Kerl, der, wie Basti nun wieder einfiel, Leo hieß.

»Leo trinkt immer Kaffee!«, rief ihm Emma, die noch im Bett lag, durch die offene Zimmertür zu. »Für mich auch einen, bitte!«

Seit wann trank Emma morgens Kaffee? Hatte er diese Entwicklung nur wie so vieles sonst auch verschlafen, wie Franziska ihm immer vorwarf, oder passte sie sich diesem Leo, mit dem Basti einfach nicht warm wurde, an? Auch das hatte Franziska und nicht *er* bemerkt: »Die verbiegt sich doch die ganze Zeit, um ihm zu gefallen. Nur weil er zum Essen Bier trinkt, nimmt sie nun auch ein Glas. Ich frag mich, wo unsere selbstbewusste Tochter geblieben ist!«

Basti hatte kurz überlegt, ob Emma wirklich immer selbstbewusst gewesen war, es schien ihm nicht so, aber vielleicht hatte er auch das falsch im Kopf und Franziska recht, wenn sie so oft sagte: »Merkst du denn gar nichts?«

»Müsli oder Semmeln?«, fragte Basti wieder durch die Badezimmertür.

Keine Antwort. Vielleicht hörte dieser Leo wie Vincent auch morgens schon beim Duschen mit wasserdichten Kopfhörern Musik. Junge Leute machten so was. Duschen mit wasserdichten Kopfhörern. Basti schüttelte innerlich den Kopf darüber und dachte zugleich: Und, waren wir auch nur einen Deut besser? Was für eine Aufregung damals in der Münchner U-Bahn, als der Walkman aufgekommen war und junge Leute wie er sich erdreisteten, unterwegs Musik zu hören! Große Hinweisschilder waren in der U-Bahn angebracht gewesen, das Gerät bloß nicht sehr laut zu stellen, um den Sitznachbarn nicht zu stören.

Basti fiel ein, dass er morgens auch einmal wieder Radio hören könnte, und schaltete das Gerät auf Bayern 4. Mit Klassik ging er auf Nummer sicher, da musste er nicht lange überlegen, was nun angesagt oder der jeweilige Geschmack junger Leute war. Klassik war unverfänglich, wertfrei und einem Vater angemessen. Außerdem käme er so gar nicht in Verdacht, ein Musikantenstadel- oder Schlagermitläufer zu sein. Aber gab es eigentlich den Musikantenstadel im Fernsehen überhaupt noch? Oder hatte er auch dessen überfällige Abschaffung verschlafen?

Er befüllte die Kaffeemaschine, setzte Tee auf, nahm Butter, Marmelade, Käse und Wurst aus dem Kühlschrank, holte Nutella aus dem Lebensmittelschrank und ohne Nachdenken vier Tassen und Teller aus dem Geschirrkasten, um sie auf den Tisch zu stellen. Moment! Waren sie heute wirklich vier? Wie so viele, viele Jahre beim Frühstück als Familie. Nein, sie waren nur drei. Vincent war vor einer Woche ausgezogen, und Franziska hatte einen Nachtdreh auf dem Land gehabt, von dem sie erst zurückkehren würde, wenn er schon im Büro wäre. Witzigerweise ein Dreh nahe der Gegend, aus der sie beide stammten. Bayerisches Land, wunderschöne Natur mit Hügeln, die gerade nicht nur von Touristen, sondern auch vom Film neu entdeckt wurde. Da konnte sich geändert haben, was wollte, wie Franziska immer behauptete – für Basti blieben das immer noch Käffer, Land, wo man mit Lederhosen sonntags in die Kirche ging und anonym angezeigt wurde, wenn man als Jugendlicher ein frisiertes Moped fuhr.

»Anonym« – er und jeder andere hatte gewusst, dass der alte Meierhuber dahintersteckte. Der bekam auch Tobsuchtsanfälle, wenn der Nachbar nicht ebenso wie er einen englischen Rasen pflegte oder sein Auto nicht am Samstagnachmittag bis in die letzte Felge hinein säuberte. Und über seine Familie mit der Landwirtschaft, die doch kaum mehr Erträge abwarf, hatte der Meierhuber ebenso geschimpft: »Alles Ganoven, diese Bauern! Immer jammern und viel Geld vom Staat abkassieren!« Später hatte ihn diese Meierhuber-Sippschaft wieder eingeholt – denn die zogen ironischerweise in die direkte Nachbarschaft der Schwiegerleute.

Basti war ja schon früh aus dieser Spießerenge geflüchtet und hatte gegen den ausdrücklichen Willen des Vaters den Hof nicht übernommen, sondern stattdessen in München studiert. Die beiden anderen Brüder wollten auch den elterlichen Betrieb nicht retten, lernten Handwerke, und erst der Jüngste, der Christian, hatte die Landwirtschaft der Familie fortgeführt – und zwar richtig gern. Geschäftstüchtig war er, der Christian, hatte kürzlich auf Bio umgestellt und schon seit Jahren beträchtliche Nebeneinnahmen mit »Ferien auf dem Bauernhof«.

Aber wie kam Basti nur darauf? Er starrte kurz auf das Nutella-Glas, das er immer noch in der Hand hielt. Ach ja: Christian hatte auch immer Nutella gefrühstückt, so wie sein Sohn Vincent. Christian musste bei der körperlichen Arbeit nie an Kalorien denken und verschlang schon als Kleinkind doppelt so viel wie andere, ohne jemals auch nur ein Gramm Fett anzusetzen. So als hätte er einen doppelt großen Durchlauferhitzer. Noch heute war das so beim Bruder, im Gegensatz zu ihm, der mit den kleinen Tierchen namens Kalorien zu kämpfen hatte, die heimtückisch nachts seine Kleidungsstücke enger nähten.

Als Basti das Frühstück ohne Eier fertig hergerichtet hatte, tauchte dieser Leo wieder aus dem Badezimmer auf. Er roch nicht nur frisch geduscht und nach einem herben Parfum, sondern auch nach Rauch. Der Qualm drang durch die offene Tür in die Küche, obwohl beziehungsweise *weil* Leo das Badezimmerfenster geöffnet hatte. Schon seit dem Einzug vor zehn Jahren in diese Wohnung wunderten sich alle immer wieder über die seltsamen Luftzüge in den Räumen. Öffnete man das Badezimmerfenster, zog der Geruch in die Küche. Umgekehrt aber nicht. Dann wiederum verbreitete sich vom Schlafzimmer aus alles in Emmas Zimmer – in Vincents Zimmer komischerweise aber nicht.

»Du als Statiker müsstest das doch berechnen können«, hatte Franziska mehrmals behauptet. Basti hatte nicht erklärt, dass sein Job ganz andere Kompetenzen erforderte, aber sogar beim Haustechniker-Kollegen nachgefragt. Der hatte gemeint, dass solche Luftzüge sehr schwer zu bestimmen seien.

»Hast geraucht im Bad?«, bemerkte Basti beiläufig, als Emma und dieser Leo schließlich am Frühstückstisch Platz nahmen und ihm nichts Besseres einfiel. Nein, alles verschlief er Trottel nun wirklich nicht, das war ihm doch aufgefallen.

Emma warf ihm einen entsetzten Blick zu. Wieso? Sie wusste doch, dass ihn der Qualm nicht störte, er selbst hatte doch über viele Jahre geraucht.

»Hören Sie, wenn das nicht klargeht, dann sagen Sie es einfach«, meinte dieser Leo und strich genervt Marmelade auf seine Semmel.

»Das stört mich gar nicht, das Rauchen«, erklärte Basti locker und freundlich. »Rauchen ist tödlich, aber Leben auch. Und waren wir nicht schon beim Du? Also, ich bin der Basti!«

Emma warf ihm wieder einen entsetzten Blick zu. Ihr Kopf mit dem blonden, langen Pferdeschwanz schien sich empört über ihn zu schütteln, auch wenn er sich nicht bewegte. Was hatte er denn jetzt schon wieder falsch gemacht?

Höflich, aber nicht wirklich begeistert hob der junge Mann die Tasse wie zum »Prost«. War es Emma peinlich, mit Tee- und Kaffeetassen und nicht mit Alkohol auf das Du zu kommen?

»Wann hast du denn heute Vorlesung?«, fragte Basti den Kerl, weil er sonst nichts zu reden wusste.

»Es sind Semesterferien«, erwiderte Leo kurz angebunden. Und schon wieder so ein empörtes Augenrollen von Emma.

Nein, es machte keinen Spaß hier zu sitzen, bei denen konnte man nur alles falsch machen.

Basti packte schnell Wurst und Käse auf eine Semmel und verabschiedete sich mit einem »Ich muss leider gleich los, muss heute früher ins Büro« von den jungen Herrschaften. War das jetzt spießig zu sagen, dass Emma noch Butter, Wurst und Käse nach dem Frühstück zurück in den Kühlschrank räumen sollte? Egal. Basti tat es trotzdem. Komischerweise folgten daraufhin aber keine entsetzten Blicke von Emma, sondern ein entspanntes: »Klar doch, Dad!«

Basti nahm die Semmel in die Hand, rief »Servus«, packte die Jacke und die Aktentasche und dachte: Weiber sind nichts für Anfänger, nicht mal für Väter mit Töchtern. Pardon! Frauen! Also, ein Macho bin ich ja nun wirklich nicht.

Wie gut, dass es im Büro keine solchen Irritationen gab, denn in seiner Statikabteilung arbeiteten nur Männer. Ein junger Schnösel war zwar als Chef an ihm vorbei die Karriereleiter hinaufgestiegen, aber dessen Ansagen waren trotz seiner unterirdischen Tiefbaudummheit wenigstens berechenbar.

VINCENT

Die Oma streckte den Kopf mit den Lockenwicklern im Haar aus dem Küchenfenster des Hanghauses, winkte ihm zu und rief freudig »Vincent«, nachdem er am verwitterten Gartenzaun die Klingel zu dem kleinen Einfamilienhaus gedrückt hatte.

»Moment, ich komm gleich!«

»Nicht nötig«, entgegnete Vincent und sprang, sich mit einer Hand am oberen Rand der Latten festhaltend, über den Zaun.

»Hallo?« Eine ältere Männerstimme rief mehr mahnend als fragend nach ihm.

Vincent drehte sich um. Es war der Nachbar.

»Ach, du bist es, der Vincent«, brummte der Mann beruhigt. »Ich hätt dich fast nicht mehr erkannt. Mit dem Bart, so groß, und die Haare so viel länger.«

Freundlich nickte Vincent mit dem Kopf. Das war halt das Land, oder vielmehr die »Kleinstadt«, wie Oma ihn immer korrigierte. Die Nachbarn beobachteten und kontrollierten alles, wie Mom und Dad nicht müde wurden zu schimpfen.

»Der Vincent!« Die Frau des Nachbarn tauchte hinter einer Hecke auf. Lauter alte Leute, lauter Rentner, die allesamt sehr viel Zeit hatten. Vincent grüßte erneut freundlich, so wie ihm die Großeltern das beigebracht hatten.

Als Junge war er mit der Schwester oft hier gewesen, wenn Mom einen Dreh hatte. Mit dem Opa hatte er die ganze Gegend erforscht und in den umliegenden Wäldern alles Mögliche gespielt: mittelalterliche Kämpfe, Expeditionen und sogar *Star Wars*, weshalb der Opa extra altmodische Videos besorgt und mit ihm geguckt hatte. Ein Holzstecken war dabei zu einem Leuchtschwert, ein umgefallener Baum zu einem Raumschiff und eine Felsformation zum geheimen Versteck von Meister Yoda geworden, obwohl Opa immer wieder den Inhalt der einzelnen Episoden verwechselt hatte. Trotzdem hatte er mit ihm die besten Jungenspiele dazu auf die Reihe gebracht. Während die Oma wie im Märchenbuch all die Dinge erledigte, die früher ausschließlich die Jobs von Frauen gewesen waren: Wäsche waschen, bügeln, kochen, putzen und Kuchen backen. Opa wusste noch nicht mal, wo in der Küche die Pfannen lagen, die sie als »extraterrestrische Empfangsgeräte« suchten, um sie im Garten aufzustellen.

»Wie der Gottlieb siehst aus!«, bemerkte die Nachbarin. »Der rote Bart, die längeren Haare. Und auch so breit gebaut. Runtergerissen der Opa!«

Wirklich? Sonst behaupteten alle, er sei seinem Vater wie aus dem Gesicht geschnitten, und der war als Schwiegersohn ja nun wirklich nicht mit dem Opa genetisch verwandt. Und der rote Bart – he, wann hatte der Opa auch so einen gehabt?

»Was machst denn jetzt?«, fragte die Nachbarin und streifte sich die Gartenhandschuhe ab.

Vincent verstand, wie die Frage gemeint war – was er denn nun nach Beendigung der Hotelkaufmannlehre weiter beruflich vorhatte. Das hätte er ihr sagen können, aber er wollte sich erstens der Oma zuwenden, zweitens im Sinne von Mom und Dad der Übergriffigkeit der Nachbarn einen Riegel vorschieben und drittens schlichtweg nicht den halben Nachmittag am Zaun verbringen, um Auskünfte zu erteilen.

»Was ich jetzt mache? Ich besuch die Oma«, antwortete Vincent freundlich, aber mit Schalk im Nacken und drehte sich mit einem »Schön, Sie mal wieder gesehen zu haben!« um.

Die Oma verstand seine geschickte Abwehr der Aufdringlichkeit, packte seine Hand, drückte ihn kräftig an sich und strich ihm übers Haar.

»Buberl!«, sagte sie strahlend zu dem zwei Köpfe größeren Enkelkind.

»Dann wollen wir nicht länger stören«, bemerkte die Nachbarin mit einem verärgerten Unterton.

»Das hätte die Meierhuberin jetzt gern, dass ich sie zum Kaffee einlade, wenn du da bist«, raunte Mathilde Vincent auf dem Weg ins Haus ins Ohr und grinste doch dabei so freundlich zu den Nachbarn, als würde sie diese herzlich gern mögen. »Bei denen ist doch gar nichts los, total tote Hose. Denen ist es stocklangweilig. Da lauern die nur auf Besuche in der Nachbarschaft und so junge Leute wie dich. Als ob die jetzt im Februar Gartenarbeit machen würden, hast gesehen, die Meierhuberin hat sich extra die Handschuhe angezogen, damit sie so tun kann, als wär sie zufällig draußen. Und dann haben die schon Sachen über mich erzählt, die hab ich selbst noch gar nicht gewusst!«

Vincent grinste. Klar, die Oma war – wie Mom und Dad immer sagten – »fit wie ein Turnschuh« mit ihren achtzig Jahren, lud Gäste ein, beteiligte sich an gefühlt allen Kirchenbesuchen, Bastelkreisen für katholische Hausfrauen, Beten für Tibet, oder was es wohl sonst noch alles gab. Außerdem überraschte sie seit Opas Tod vor drei Jahren alle immer wieder schubweise mit ihren Neuerungsvorhaben. Der neueste Plan war: »Ich brauche ein Handy! Und Internet! Das hat doch heute jeder!«

Mom hatte sich dem strikt verweigert. »Nein, das tue ich mir nicht an. Dann kommt jede Stunde ein Hilferuf zu einem Programm, das nicht funktioniert. Da kann ich meinen Job gleich an den Nagel hängen. Die meint ja eh, ich bin immer verfügbar als Freiberuflerin. Nein. *Act your age!* Die soll mal lieber sehen, welche Trockenblumen sie für welches Kirchengesteck verwendet!«

Auch Dad hatte zweifelnd die Stirn gerunzelt. »Hm, ich weiß nicht, soll Mathilde sich in ihrem Alter wirklich noch diesen technischen Neuerungen aussetzen? Wozu? Das kostet doch nur Nerven und verführt zum unkontrollierten Konsum. Vor zwanzig Jahren sind wir auch prächtig ohne Handy zurechtgekommen. Man muss ja nun wirklich nicht jede Mode mitmachen!«

Mode? Handy? Internet? Oida! Das waren die Basics, und die wollten die Eltern der Oma verweigern, sie so grausam hängen lassen? Also nicht, dass Vincent darauf erpicht gewesen wäre, einen verdammt langen Seniorengrundkurs zu geben. Aber dass die Eltern einfach zu faul oder zu bequem waren, um Mathilde den Anschluss an das Heute zu ermöglichen, ärgerte ihn. Noch dazu, wo die Oma ins Krankenhaus kam – zwar nur zu einer Routineuntersuchung, aber da brauchte sie doch ein Handy. Vincent erinnerte sich mit Schrecken an die Blinddarm-OP vor sieben Jahren, bei der man ihm das Smartphone abgenommen hatte, weil das in diesem Krankenhaus noch verboten gewesen war. Alle Freunde hatten ihm geschrieben oder Videos geschickt – und er lag im Bett, ohne das alles sehen zu können. Einsam. Dachte, alle hätten ihn vergessen.

»Im Krankenhaus gibt es auch ganz normale Telefone, mit Schnur und so, wie früher«, hatte Mom gemeint. »Damit kommt Mama auch zurecht. Sie will auch gar nicht ins Internet damit, sie will eh immer nur ratschen.«

»Aber wieso möchte sie dann unbedingt ein Handy?«

»Nur weil sie damit keine Gebühren zahlen muss. Ein Krankenhaustelefonanschluss kostet pro Tag. Ein Handy spart ihr Geld, aber uns kostet es tausendfach Nerven!«

Okay.

Aber wie oft hatte *Mom* ihn gelöchert mit Fragen?

»Ach, und dir musste auch niemand erklären, wie man Apps durch Wischen schließen kann?«, hatte Vincent mit einem Beispiel spitz gekontert.

»Das ist was anderes!« Mom war sichtlich angepisst.

»Und warum?«

»Weil … weil ich das beruflich brauche. Bei Mama ist es doch bloß, weil sie Geld sparen will und uns alle damit rücksichtslos beschäftigt«, hatte Mom barsch erwidert.

So what? Warum auch immer die Oma ein Handy wollte – *why not?* Und deshalb hatte er sich vom Dad den Fiat ausgeliehen und war hierhergefahren. Na gut, um ehrlich zu sein, vielleicht auch deshalb, weil sich in Omas Haushalt auch Dinge befanden, die er für seine erste eigene Bude gut brauchen konnte. Denn laut Moms Aussage und seiner eigenen Erinnerung hatte die Oma sicherlich gefühlt fünfhundert Bügeleisen, Schnellkochtöpfe oder Geschirrservice im Haus, da sie seit Menschengedenken Sonderangebote einkauft und alles gehortet hatte, weil das kleine Einfamilienhäuschen über einen unfassbar großen Keller mit entsprechenden Lagermöglichkeiten verfügte. In der Garage von Opa mussten außerdem noch alle möglichen Werkzeugsets, Benzinkanister, Bohrmaschinen und Sachen liegen, die jeder Mann brauchte. Denn auch der Opa hatte seit Menschengedenken jedes ALDI-Sonderangebot für Männer eingekauft und die Waren im Haus gesammelt.

»Was ist das denn?« Am Wohnzimmertisch zwischen den Eichenmöbeln musterte ihn die Oma, die gerade Kaffee und Apfelstrudel auf dem geblümten Geschirr servierte, skeptisch. Sie hatte sein Tattoo am Oberarm im Visier. Hatte Mom nicht gesagt, Oma brauche wegen des Diabetes regelmäßig Spritzen, sehe nicht mehr richtig und sei mehr oder weniger halb blind? Dabei hatte sie nicht mal eine Brille auf! Er hatte sich nur kurz geräkelt, und unter dem Ärmel des T-Shirts war die Körperzeichnung herausgelugt. Der Oma fiel auf, was sowohl Mom wie auch Dad entgangen war – sein Besuch im Tattoo-Studio vor zwei Wochen.

»Das ist eine Tätowierung, Oma, das hab ich mir machen lassen –«

»Du wirst doch nicht so blöd sein und dir auch noch den Namen eines Fräuleins, die man heute nicht mehr so nennen darf, da hinschreiben lassen?«, unterbrach ihn Oma und fügte, ohne eine Antwort abzuwarten, hinzu: »Du bist jung, Vincent, aber du bist klug. Ein wenig Weitblick musst schon haben! Ihr jungen Leute heiratet ja heute nicht mehr so schnell und wechselt ständig die Freudinnen. Da können der liebe Gott und ich nun auch nichts dagegen machen. Aber sei doch nicht so blöd, dich mit einer Tätowierung nur auf *eine* festzulegen!«

Wie? Hatte Mom nicht mehrmals erklärt, die Oma betrachte katholisch »reaktionär« außerehelichen Sex als Sünde, und ohne ein Heiratsversprechen bräuchte er ihr gar keine Freundin vorzustellen? Dabei gab es noch nicht mal ein Fräulein in Sichtweite, nicht mal ganz entfernt außer Sicht. Und schon gar nicht im Bett.

»Oma!« Vincent zog den Ärmel des T-Shirts zurück und zeigte Mathilde seinen Bizeps. »Und?«

Aufmerksam betrachtete Mathilde seine Körperzeichnung. »Aha, eine Rose, gar nicht so schlecht. Rosen waren schon immer die Königinnen unter den Blumen. Also, Hauptsache kein Name!«

Vincent griff zum Zucker und zum Milchkännchen, um sich den Kaffee in der Blümchentasse anzurühren.

»Das ist Kondensmilch«, erklärte Oma.

»Was ist Kondensmilch?«

Die Oma lachte auf. »Hab ich es doch gewusst, dass ich dich warnen muss. Also keine Kuhmilch, die hab ich nicht da. Franziska schimpft immer wie ein Rohrspatz, dass der Kaffee damit so scheußlich schmeckt.«

Vincent beschloss, diese Kondensmilch, was immer das war, einfach mal auszuprobieren. Er hatte schließlich auch schon die laktosefreie Packung Milch, die Dad versehentlich gekauft hatte, überlebt. Seither hatte Vincent ein tieferes Verständnis für Depressionen bei Allergikern sowie ein tieferes Verständnis für Probleme anderer auf der Welt und war noch erwachsener geworden.

Und doch kam sich Vincent dabei albern vor. Erwachsen sein hatte nun wirklich nicht in erster Linie damit zu tun, bei der Oma eine sogenannte Kondensmilch in den Kaffee zu schütten und sich an den laktosefreien Milcheinkauf von Dad zu erinnern. Vincent rührte kurz versonnen in der Tasse. Erwachsen werden hatte doch vor allem auch damit zu tun, sich der Realität zu stellen und nicht mehr zu Ganscha zu flüchten. Er sollte mit dem Kiffen aufhören. Also vielleicht nicht ganz, aber wenigstens mal für eine ganze Woche.

»Es geht mich ja nichts an«, meinte die Oma. »Aber du siehst nicht gerade glücklich aus. Wenn es dir nicht so gut geht, kannst du mir ruhig alles sagen. Ich ratsche nichts weiter.« Liebevoll blickte ihn Mathilde an.

Er antwortete nicht.

»In deinem Alter gibt es drei Möglichkeiten«, fuhr sie unbeirrt fort. »Entweder du hast gehörigen Liebeskummer, oder du säufst wie ein Loch, nein, warte, ihr Jungen hascht doch heute alle … oder du hast den falschen Beruf. Aber das wissen wir ja schon, dass dir die Lehre nicht gefallen hat, deshalb studierst du ja jetzt.« Mathildes Augen blitzten forschend.

»Oma!«, entfuhr es Vincent ehrlich bewundernd. »Das bringt es genau auf den Punkt! Also ähm … die verschiedenen Möglichkeiten.« Seine Kifferei ging die Oma nichts an. Sie würde sich nur Sorgen machen. »Aber vorerst mach ich erst einmal das Abitur nach und studiere noch nicht«, erklärte er.

Mathilde grinste triumphierend. »Hab ich also ins Schwarze getroffen. Die alten Weiber wissen halt manchmal doch was! Und vor allem wissen sie, dass ein Apfelstrudel gegen jeden Kummer dieser Art hilft. Lang zu! Ein gefüllter Magen ist die Grundlage einer gesunden Seele!«

Zehn Minuten später konnte die Oma die blödesten Fragen zum Handy stellen, und Vincent war nicht genervt. Im Gegenteil, es machte ihm Spaß, ihr zu erklären, was eine SMS war, ihr ein Telefonbuch auf dem Seniorenhandy einzurichten und ihr zu erläutern, dass die grüne Taste zum Auflegen diente. Er machte ihr sogar das Internet schmackhaft: Da könne sie alles bestellen, das sei wie ein riesiges Versandhaus. »Neckermann-Versand?«, fragte Oma begeistert. Hatte Vincent noch nie gehört, aber den Laden gab es tatsächlich. Sie müssten jetzt nur noch warten, bis ALDI-Talk die kleinste Flatrate freigeschaltet hatte.

Eine weitere Stunde später galt der Deal: Vincent würde Mathilde einen Computer besorgen, für sie ein »Internetversandhaus einrichten« und sie überhaupt öfter besuchen, zu Arztterminen oder den Kirchenbesuchen den Chauffeur geben, schwere Einkäufe erledigen oder auch mal Glühbirnen im Haus austauschen. Im Gegenzug überließ sie ihm den alten Passat von Opa, der in der Garage nur vor sich hin gammelte – und er könne sich alles aus dem Haus für seine erste eigene Wohnung, also dieses Wohngemeinschaftszimmer, mitnehmen, was er bräuchte.

Dabei hatte Vincent zunächst widersprochen. In der Stadt bräuchte er doch kein Auto und schon gar keinen so großen Wagen, er würde alles mit dem Fahrrad und den Öffis erledigen. Auch Dad fand es ja immer bescheuert, in der Stadt mit einem Auto die Luft zu verpesten.

»Papperlapapp.« Oma lächelte. »Dann lernst ein wunderbares Fräulein kennen, und womit willst du sie beeindrucken? Gut, du siehst wirklich sehr gut aus mit dem roten Bart und den lockigen Haaren. Aber das Aussehen ist bei uns Frauen zweitrangig, auch wenn wir das nicht zugeben können.«

Etwas baff wartete Vincent darauf, was die Oma sonst noch so von sich geben würde. Sie legte die Schürze ab, strich sich den Rock zurecht und ermahnte ihn, aufzupassen, weil die Kaffeetasse mit der scheußlich schmeckenden Kondensmilch auf die Tischdecke tropfte. »Frauen wollen jemanden, der notfalls sie und die Familie gut versorgen kann, Emanzipation hin oder her. Dazu brauchst eine gescheite Ausbildung. Und ein gescheiter Wagen dazu macht dich attraktiv für die Fräuleins, es ist doch immer die selbe alte Geschichte …«

»Oma, mit dem Passat beeindrucke ich keine! Und die Versicherung ... ich hab nicht das Geld.«

»Ach, das Geld! Das hab ich vergessen. Natürlich. Aber mach dir keine Sorgen, ich bezahle. Lief ja bisher auch immer mit der Versicherung weiter, obwohl keiner mehr das Auto gefahren hat. Und unterschätz den Passat nicht. Der ist doch schon ein Oldtimer und kann damit beeindrucken. Komm schon, nimm ihn!«

Unter den »gardinenzuckenden Blicken« – so die Oma – der Meierhubers ging Vincent zur Garage. Er wollte Mathilde mit dem Passat in die Mittwochsabendmesse zur Kirche fahren, um selbst damit wieder nach München zurückzukehren. Doch der Wagen sprang nicht an. Kein Mucks. Mist! Klar, die Batterie war leer! Wie lange hatte der Wagen jetzt so gestanden? Drei Jahre seit Opas Tod?

»Die Batterie ist leer«, bemerkte der Meierhuber, der urplötzlich wieder dastand – also »urplötzlich«, nachdem die Oma das Hoftor geöffnet hatte.

»Wir können die Mathilde aber auch gern mit zur Messe mitnehmen«, ergänzte seine Frau, »dann hast keine Umstände.«

Was die nicht sagten! Genervt ging Vincent noch einmal ins Haus zurück, um den Fahrzeugschein zu suchen, weil der weder im Handschuhfach lag noch in der Sonnenblende steckte. Und den brauchte er vielleicht für den Einbau einer neuen Batterie. Doch als er wieder aus dem Haus kam, hatte der Meierhuber schon ein Starthilfekabel von seinem nicht minder betagten Benz zu Opas Passat gelegt und forderte ihn auf, den Wagen zu starten, damit sich die Batterie wieder aufladen konnte. Die Oma setzte sich auf den Beifahrersitz und raunte ihm zu: »Nimm das an. Wir sind hier auf dem Land, also vielmehr in der Kleinstadt, da sind wir aufeinander angewiesen. Da muss man auch solche Leute wie die Meierhubers in Kauf nehmen. Die haben auch Vorteile, die kümmern sich darum, dass mir keiner nachts was über die Rübe knallt, als Witwe so allein im Haus, oder dass jetzt dein Passat wieder läuft«, erklärte sie.

Auf dem Weg zur Kirche begann Vincent die Oma bei ihren Erläuterungen zum Kleinstadtleben – wie »enger Horizont, aber hilfsbereit« – regelrecht zu bewundern. Die konnte sich und ihre eigene

Situation sogar von außen sehen und einschätzen. Was hatte er mit Kumpels schon Debatten über Stadt – Land oder Berlin – München geführt! Aber alle hatten immer nur das bessere Leben in der Stadt, auf dem Land, in München oder Berlin als das Beste überhaupt erklärt und nicht verschiedene Vor- und Nachteile erwogen.

»München ist doch ein Kaff!«

»Berlin ist nur vergammelt und gar nicht cool!«

»In der Stadt lebt man zur eigenen Unterhaltung. Auf dem Land zur Unterhaltung anderer«, stellte die Oma beiläufig fest, und diese unaufgeregte Weisheit feierte er. Keiner hatte mal ausgeführt, warum eigentlich München ein Kaff sei oder Berlin die einzige Großstadt Deutschlands. Niemand hatte überlegt, was da oder dort das Leben gut oder schlecht machte. Es ging eigentlich immer nur darum, die eigene Meinung bestätigt zu kriegen. Auch Mom und Dad konnten nicht diskutieren und Argumente austauschen, sondern wollten nur hören, das der andere die eigene Meinung bejubelte. Und offen sprachen die sowieso kein heikles Thema an. Also jedenfalls nicht vor ihm oder Emma. Und sogar beim Thema »Wo soll denn nun der neue Staubsauger hinkommen?« endete jede »Diskussion« mit einem: »Darüber sollten wir uns jetzt nicht streiten.« Woraufhin Mom den Staubsauger in den Abstellschrank stellte und Dad ihn später wieder in die Badezimmerecke verfrachtete.

Nachdem er Oma vor der Kirche abgesetzt hatte, organisierte diese noch einen Typen, der den Fiat zurück nach München bringen sollte, weil dieser ohnehin morgen dorthin müsse. Und Vincent fuhr mit dem Gedanken, dass die Oma die einzige Erwachsene in der Familie sei, da sie über den Tellerrand des eigenen Lebens hinausblicken und größere Zusammenhängen begreifen konnte, zurück nach München und freute sich jetzt erst so richtig über das unverhoffte Geschenk eines eigenen Autos.

Irgendwo auf der Autobahn zwischen Kaff »Land« und Kaff »München« und entferntes Kaff »Berlin« beschloss er, ab sofort und zwar radikal für ein ganzes Jahr mit dem Kiffen aufzuhören. Das musste er jetzt durchziehen. Das musste echt sein, und sei es zu dem Preis, den jede bescheuerte Suchtberatungstante in den Schulen so aufzählte:

Grundprobleme anpacken, notfalls den Freundeskreis wechseln und neue Aktivitäten suchen – na, eine neue Aktivität hatte er jetzt ja ohnehin schon gefunden: sich um die Oma kümmern. Guter Plan – das Kiffen aufhören. Nur heute Abend noch einmal, dann aber wirklich! Denn eins hatte er in Mathe gelernt – geht es zu leicht, ist es definitiv falsch.

EMMA

Und hier, sehen Sie – alles da. Herd. Spüle, Kühlschrank.« Emma versuchte, nicht den Eindruck zu erwecken, abgehetzt mit dem Fahrrad auf die letzte Minute hier aufgeschlagen zu sein. Möglichst unauffällig zupfte sie sich die unter dem Fahrradhelm zerzausten Haare zurecht.

Ihr Gegenüber, der aalglatte Zwerg, scherte sich nicht um seine ungepflegten Haare. Ein Typ so um die vierzig Jahre. Er zeigte gelangweilt auf die Küchenzeile im Miniappartement, ehe er sich wieder seinem Handy zuwendete, das gebrummt hatte, und tippte eifrig.

830 Euro für nicht mal 30 Quadratmeter! Im Kühlschrank waren die Fächer herausgebrochen, der Herd bestand aus zwei Kochplatten, der Spülenrand in der Arbeitsplatte sah verdammt nach Schimmel aus. Dazu, vor allem: nur ein kleines Fenster im ganzen Raum. Kein Lift. Fünfter Stock ohne Balkon. Wie sollte Leo da morgens gemütlich seine Zigarette zum Kaffee rauchen können? Die genoss er doch vor dem Duschen immer so. Fünf Stockwerke mit der Kaffeetasse in der Hand an den Leuten, die er sicherlich nach ihrem ersten Eindruck im Haus als »ranzige Assis« erachten würde, vorbeigehen, im Hinterhof qualmen und dann wieder zu ihr hochkommen. Turnte ihn das nicht komplett ab, bei ihr zu übernachten?

Diese »Anabolikafresse«, wie sie den Vermieter despektierlich innerlich nannte, starrte auf ihre Brüste – ob jetzt geistesabwesend oder schamlos offen, wusste sie nicht. Emma drehte sich um und ging noch einmal ins Badezimmer. Am Duschrand, da gab es keinen Zweifel wie bei der Arbeitsplatte, drang Schimmel aus den Silikonfugen. Und für diese Bude 830 Euro? Das hieß, zu dem Geld, das sie von den Eltern fürs Studium bekam, müsste sie noch zwei Tage pro Woche arbeiten gehen, um den Rest zu finanzieren. Aber wie, bei dem Praktikum ab nächster Woche und den Vorlesungen, die doch auch im kommenden Semester bestimmt auf alle fünf Werktage verteilt waren? Da blieb nur Gastronomie abends in die Nacht hinein. Das hieß dann wiederum, dass sie mit Leo an diesen zwei Abenden sowieso nicht zusammen sein könnte.

»Wär ja schön mit dir, aber bei deinen Eltern, he, das haut sich nicht!«, hatte Leo schon zuvor einmal gesagt, nachdem sie miteinander geschlafen hatten und er nicht ins Bad konnte, weil die Mama dort mit der Wäsche zugange war. Seither hatte er sich nur noch spärlich über WhatsApp gemeldet. Klar, Leo hatte ein Problem mit einem einundzwanzigjährigen Mädchen, das noch die Eltern im Gepäck hatte. Und dann heute der Super-GAU. Papa aufdringlich an der Badezimmertür, ob Leo Tee wolle. Wer steht schon morgens gern neben einer Frau auf, deren Papa oder Mama unverhofft auftauchen und irgendwelche blöden Fragen stellen wie: »Wann hast du heute Vorlesung?« Und nicht mal mehr Vincent war da, um alles aufzulockern. Im Gegenteil, nach dem Auszug des Bruders stürzten sich die Alten nur noch mehr auf sie – und Leo. Sie musste da raus.

Sie musste unter allen Umständen eine eigene Wohnung oder ein WG-Zimmer kriegen. Unter *allen* Umständen. Sie versaute sich doch sonst die Beziehung. Aber ein WG-Zimmer zu finden, dauerte ewig, wie sie von Vincent wusste. Und Vincent hatte dabei noch diesen einnehmenden Charme, der so schüchternen Menschen wie ihr nicht in die Wiege gelegt worden war.

»Ich geh jetzt feiern, genieß du den Abend hier«, hatte Leo vorletzte Woche mit einem süffisanten Blick auf ihre Anatomiebücher bemerkt, nachdem Mom gekocht hatte, alle zusammen zu Abend gegessen hatten, sie sich in ihr Zimmer zurückgezogen hatte und ihr nicht mehr nach ausgehen zumute gewesen war. Im Gegensatz zu Leos Fach Ethnologie, für das er keine Praktika brauchte und bei dem sich offenbar alle Termine aufschieben ließen, musste sie sich jetzt schon auf den Stoff vom nächsten Semester vorbereiten, weil sie wegen des Praktikums Kurse versäumen würde. Nein, an ihre mangelnde Vorbereitung wegen der Wohnungssuche sollte sie jetzt gar nicht erst denken, sondern sich hier und jetzt entscheiden, ob sie diese Bude zu diesem völlig überzogenen Preis nehmen sollte und also auf die Tube drücken musste und den Vermieter von sich überzeugen – oder ihm ins Gesicht sagen, wie unverschämt es sei, das Appartement zu diesem Preis anzubieten.

Ha, als könnte ausgerechnet *sie* jemandem so etwas ins Gesicht sagen. Das blieb so oder so ein frommer Wunsch. Sie könnte einfach auch gehen – es hing nur davon ab, ob sie die Wohnung nun wollte oder nicht. Aber sie musste sie wollen, es gab keine andere Möglichkeit auf dem Münchner Wohnungsmarkt. Es war ganz einfach so: Entweder sie blieb daheim wohnen und konnte dadurch die Zeit und Energie für das Studium sparen, um wirklich zu den Besten zu zählen. Oder sie nahm eine überteuerte Wohnung, musste nebenher arbeiten und fand bei all dem keine Zeit mehr, sich wirklich ganz in die Medizin zu vertiefen. Entweder sie blieb die »Streberin«, als die Leo sie schon in der Schule gesehen hatte – oder es war abzusehen, dass sie den Mann mit den schönsten braunen Augen, den zärtlichsten Berührungen und den lebhaftesten Ideen verlieren würde. Denn wer mochte schon mit so einem Ehrgeizling in weiblicher Form in der Elternwohnung zusammen seine Zeit verbringen? Niemand anderer als Leo konnte ihr – dezent, aber deutlich – auf den Kopf zusagen, dass sie wunderbar weiblich soft wäre, aber das irgendwie auch ein »aufdringliches Helfersyndrom« war. Studierte sie deshalb Medizin? War sie genauso konfliktscheu wie Mom, die jede Auseinandersetzung mit Dad vermied?

»Darf ich Sie zum Essen einladen?«, fragte die Anabolikafresse und glotzte wieder unverhohlen auf ihre Brüste.

»Nur wenn Sie nicht auf meine Titten starren und ich die Wohnung auch billiger kriege!«, hörte sich Emma sagen. Wow! Unglaublich, wie frech sie sein konnte. Hatte das wirklich sie selbst gesagt?

Der Typ lachte. »Super. Punktsieg. Wir gehen essen, und Sie kriegen die Wohnung. 750 Euro warm.«

Zwei Stunden und drei Gläser Wein später fixierte der Typ im Fischlokal wieder ihre Brüste, bemerkte dies aber peinlich berührt selbst und fragte sie lächelnd: »Und nun verraten Sie mir mal, warum eine so schöne, junge, kluge Frau wie Sie diesen exorbitanten Preis für so eine Wohnung akzeptiert. Wo liegt Ihr Problem?«

Emma blickte ihn an, Tränen schossen ihr in die Augen, sie sprang vom Stuhl auf.

»Sie kriegen die Wohnung, keine Sorge!«, beruhigte sie der Kerl. »Das war fürsorglich gefragt, ausnahmsweise von einem Immobilienhai wie mir! Und Sie müssen natürlich nicht darauf antworten!«

Sie setzte sich wieder, trank aber nur noch schnell das Glas Wein leer und rannte danach in die Nacht hinaus, an der nächsten Bushaltestelle vorbei, zurück in Richtung der elterlichen Wohnung. An der übernächsten Busstation hielt sie inne. Sie konnte doch jetzt nicht wieder zu Mami und Papi laufen. So wie immer schon. Immer schon in ihrem einundzwanzigjährigen Leben. Aber wo sollte sie hin, bis sie eine eigene Wohnung hatte?

Der Bus einer ihr unbekannten Nachtlinie stoppte am Wartehäuschen.

Emma stieg einfach ein. Ohne Fahrkarte. Ohne Fahrkarte? Sie wurde nervös, auch wenn so etwas in Anbetracht ihrer Lebenslage eigentlich scheißegal war. Und wenn sie beim Schwarzfahren erwischt würde? Emma fiel ein, dass Vincent immer erzählt hatte, dass nach 21 Uhr in Münchner Bussen keine Kontrolleure mehr unterwegs wären und es nur darauf ankäme, sich an dem Fahrer vorbeizuschleichen. Also lehnte sie sich im Sitz des öffentlichen Verkehrsmittels zurück. Am Buslinienplan las sie ab, wo sie umsteigen konnte. Es würde noch dauern, aber daheim bliebe dann sogar noch Zeit, in die Medizinbücher zu gucken. Denn falls sie die Wohnung wirklich bekam, funkte auch noch ein Umzug in die Vorbereitung zu den Prüfungen dazwischen.

Das Licht des Vollmonds brach sich in den schlecht geputzten Scheiben des Busses. Wieso genoss sie nicht einfach den Blick auf das Gestirn, sondern bemerkte das mies gereinigte Fenster? Ja, sie war für eine klare Optik, einen geraden Weg und deutliche Ansagen. Aber das Leben ging anders. Mit Kerlen wie Vincent, Leo oder diesem Vermietertypen, die auch mal eine falsche Abzweigung nahmen und Quatsch machten. Sie hingegen war doch so langweilig wie Dad, der zudem behauptete, dass zu viel Job nur unglücklich mache. Aber war Dad vielleicht einfach nur gefrustet, weil er in einer Midlife-Crisis steckte? Was ließ sie sich von solchen Rentner-Ansichten beeinflussen? Die

Work-Life-Balance musste sie für ihr eigenes Lebens schon selbst herausfinden. Sie sollte leben, denn die meisten Menschen *existierten* doch nur. Aber verdammt! Was dachte sie da schon wieder? Sie sollte sich endlich einfach nur noch treiben lassen und nichts, nichts, nichts mehr denken! Im Leben konnte frau nie klar auf Sicht fahren – das Leben bestand vielmehr aus mies gereinigten Scheiben, durch die frau souverän hindurchblicken musste, um den Himmel zu sehen.

Eine Busstation später drängten vier gleichaltrige Männer laut lachend herein, verstummten bei ihrem Anblick wie auf ein geheimes Zeichen, setzten sich im Halbkreis um sie herum und scherzten auf eine Weise, dass sie nicht wirklich Angst bekam. Der mit dem dunklen, indischen Teint, dem breiten Oberkörper und dem Hut auf dem Kopf sprach sie frech an: Jetzt habe er in ihr die Prinzessin gefunden, genau die, die er sich erträumt hatte. Wunderschön mit ihren langen blonden Haaren und den blauen Kulleraugen, ein himmlisches Wesen von einem anderen Stern. Die anderen drei Kerle stimmten dazu wie eine Hintergrundmusik im Film an: »I'm in love«, und Emma lächelte über die Show, die sie aus ihren Grübeleien riss. Ach, die Jungs waren vermutlich zugekifft, wie auch das Bruderherzchen Vincent es so oft war. So lieb und so verpeilt. Der Inder – wie sie ihn nun einfach nannte – forderte sie theatralisch, und indem er vor ihr auf die Knie fiel, auf, doch an der nächsten Haltestelle mit ihnen auszusteigen. Dort sei die beste Bar der Stadt, neu eröffnet, das »Tante Ida«, das kannte noch keiner.

»Komm mit!«, rief der Kerl noch mal und nahm ihre Hand. Emma widersprach nicht und tanzte förmlich mit diesen Jungs in den Klub hinein. Sie ließ sich vom Barkeeper – »für schöne Ladys gibt's den ersten Cocktail gratis« – auf einen Drink einladen, und tanzte, egal wie hölzern das vielleicht aussah, weil sie so ungeübt war. Irgendwann dachte sie tatsächlich gar nichts mehr und tanzte nur noch. Jemand bemerkte: »Cool, dein Style.« Zu ihrem eigenen Erstaunen interessierte es sie momentan gar nicht, wer ihr eins der größten Komplimente ihres Lebens gemacht hatte.

FRANZISKA

D*ie Haselallergie, nur jucken und niesen. Ich kann leider nicht!* Enttäuscht las Franziska die Whatsapp-Nachricht der Freundin. Wie schade! Ja, diese Pollen legten schon im Februar los und die Freundin jedes Mal lahm. Das hatte sie vergessen. Dabei hätte sie so gern das neu eröffnete Restaurant mit Wintergarten im Westpark mit ihr inspiziert. Die halbe Crew hatte davon schon geschwärmt. Aber was konnte man schon gegen eine Hypersensibilität machen?

Und der hat auch eine Allergie, in ganz schlimmem Ausmaß, die steht bloß nicht in einem Pollenflugkalender, weil sie ganzjährig ist, dachte Franziska, als sie Basti schnarchen hörte. Ihr Mann war wieder mal schon am frühen Abend auf dem Sofa eingeschlafen. Der hat die AAA, die Anti-Ausgeh-Allergie! Sie schlug schon gar nicht mehr vor, doch mal zusammen in ein Restaurant oder gar eine Kneipe zu gehen – seit Jahren hatte sie als Antwort stets zu hören bekommen: »Wieso sollen wir Geld woanders ausgeben, wo es doch daheim so gemütlich ist?« Dabei ging es ihm in diesem Fall ausnahmsweise gar nicht ums Geld, denn wenn sie mit Suzi oder Kollegen ausging, dann forderte er sie sogar immer auf: »Knausere nicht, mach es dir schön!«

Suzi mit ihrer Allergie gegen Hasel und verlässliche Männer hatte leicht reden. Sie pflegte gern zu sagen: »Du hast wenigstens einen Kerl!«

»Und wozu soll der gut sein?«, erwiderte Franziska darauf ironisch.

»Na ja, der kann dir zum Beispiel – Blumen zum Valentinstag schenken oder Löcher in die Wand bohren, je nach Talent!«

»Und dafür muss ich dann Sex mit ihm haben«, hatte Franziska scherzend zurückgegeben. »Ich kann mir selbst Blumen kaufen und übrigens sogar wirklich eine Bohrmaschine bedienen, wenn auch ungern!«

»Und masturbieren kannst du auch allein, oder?«, hatte die eloquente Suzi entgegnet. »Du bist schon ein richtiges Ich-kann-alles-allein-Fräuleinwunder!«

Seufzend räumte Franziska das Obst mit Bastis ALDI-Sonderangebotsäpfeln in die Schale und hörte den Nachrichtensprecher aufgeregt von einem neuen Virus in China reden. Sie ging ins Bad, um die Waschmaschine zu befüllen. Deutlich weniger lag hier, ohne Vincents Teile. Denn mit seinem Küchenjob und seinen vielen Unternehmungen draußen hatte er fast täglich mindestens einen kompletten Satz Jeans, Sweater, T-Shirts und bunte Boxershorts in die Wäschetonne gelegt. Die Socken der beiden Männer hatte sie nach dem Trocknen oft verwechselt, und Sohn und Mann hatten jeweils beim anderen danach im Schrank gesucht. Hätte sie sich auch noch merken sollen, wer nun gerippte oder wuschelige und welche Farbe trug oder wer gerade Socken entsorgt hatte? Wobei Basti eigentlich nie etwas aussortierte. Hätte sie eigentlich wissen müssen, fiel ihr aber jetzt erst ein beim Anblick des Wäscheberges, den sie vor der Waschmaschine sortiert hatte. Vincent hatte das ohnehin mit Humor genommen und vorgeschlagen, ihre »Waschkünste« zu einem Geschäft auszubauen. Sie sollte einen Waschsalon eröffnen und ihn »lost socks« nennen. Franziska hatte laut auflachen müssen. Und nun war er vor einer guten Woche ausgezogen, der Vincent, und mit ihm dieser wunderbare Humor.

»Mach mal halblang«, befahl sich Franziska, während sie helle Wäsche zur Seite schob. »Emma wohnt ja noch bei uns, Gott sei Dank. Und sei doch froh, dass der Vincent nicht ewig im Hotel Mama hängen bleibt!«

Männerunterhosen waren jetzt hier jedenfalls nur noch beige dreckig. Oder dunkelbraun. Zerschlissen viele, weil Basti darauf wartete, dass ALDI endlich wieder mal welche in einer Aktionswoche anbot. Andere Marken mochte er nicht – seit wie lange eigentlich schon? Seit gefühlt mindestens zwanzig Jahren. Aber Moment mal: Waren ihre eigenen Slips, BHs und Socken nicht auch in einem trostlosen Zustand? Franziska ging zu ihrem Kleiderschrank und nahm ihre eigenen Kleidungsstücke unter die Lupe. Vergilbt. Der Stoff teilweise ausgefranst. Von einem BH war ein Verschluss ausgerissen. Eine Socke mit Loch. Nein, so ging das nicht. Sie hatte jetzt ein aufmerksames Auge und sortierte durch. Nein, sie würde sich nicht so verwahrlosen lassen. Das Zeug musste auf der Stelle weg. Und stattdessen Seidenunterwäsche her?

Seidenunterwäsche! Giovanni. Ach was, Giovanni! Der hatte sich auch nach drei Tagen immer noch nicht bei ihr gemeldet, und es war fraglich, ob er es überhaupt jemals machen würde – so wie nach der letzten Ankündigung vor knapp zwanzig Jahren. Aber nein, sie zog doch nicht für einen Mann Seidenwäsche an, sondern nur für sich selbst. Und außerdem war ein mannabhängiger Plan schon einmal gründlich danebengegangen.

Vier Wochen vor der Hochzeit hatten Basti und sie vereinbart, dass jeder jetzt noch etwas machen könne, was er oder sie später nie mehr machen würde, sie hatten sich quasi noch vier Wochen »Narrenfreiheit« zugestanden. Einzige Bedingung dabei: Der andere durfte es nicht erfahren, damit sie sich nicht unnötig verletzten. Sie war zu Giovanni gefahren, nicht sofort, aber irgendwann in diesen vier Wochen. Hatte sich neue Seidenunterwäsche und ein sündhaft teures Parfum gekauft. Sie hatte bei ihm geklingelt, ihn im Flur überrascht, ihn geküsst, wohl wissend, dass er sich dies immer erträumt hatte. Sie wollte mit ihm schlafen, hemmungslos, leidenschaftlich, lustvoll. Nur ein einziges Mal. Sie hatten sich zärtlich und stürmisch zugleich entkleidet, Giovanni hatte sie zu seinem Bett gezogen, um einen Moment Geduld gebeten, weil er für sie Duftkerzen aufstellte, Musik auflegte und das grelle Licht ausknipste. Doch während er den besten Rotwein eines bestimmten Jahrgangs und zwei Gläser aus der Küche holte, hatte sie sich schnell Unterwäsche und das Nötigste übergestreift und war mit den restlichen Klamotten in der Hand aus seiner Wohnung geflohen. Hatte aufgeatmet, als die Tür hinter ihr ins Schloss fiel, und war die Treppen hinunter und auf die Straße gestürmt und zwei Ecken weiter, zu einem Taxistand. Erst dort schlug ihr Herz wieder ruhiger. Hier würde er sie nicht mehr finden und einholen können. *Ich melde mich!*, hatte er ihr danach noch geschrieben. Ein altmodischer Brief, der immer noch unter der Abdeckung im Schmuckkästchen lag.

Wie oft hatte sie sich daran erinnert? Der Film war immer und immer wieder mal in ihr abgelaufen, meist im Zeitlupentempo, denn nur so waren alle Details präsent, vom Geruch der Rosenduftkerzen, der seidenen, grauen Bettwäsche über den Song »Take a look at me now« bis hin zur Narbe über den Grübchen seines Hinterns.

Franziska schaltete die Waschmaschine ein und eilte zum Rechner. Nur für sich selbst würde sie sich die Seidenunterwäsche leisten, nein, bestimmt nicht für Giovanni!

Sie klickte sich durch die Wäscheabteilungen verschiedener Versandhäuser und bestellte nicht nur Baumwollslips, Push-up-BHs und pflegeleichte Wollsocken, sondern auch eine sündhaft teure Lingerie in Seide und Zartrosa. Zartrosa! So wie Emma ihr schon mal empfohlen hatte, weil es »gut zu einer jung gebliebenen Frau in ihrem Alter« passen würde. Das hieß zwar bei näherer Betrachtung, sie sei eine alte Schachtel und hätte Pastellfarben nötig – aber die Tochter hatte sich liebevoll um ihre Attraktivität bemüht.

Franziska blieb noch bei der neuen H&M-Mode hängen, und Basti schnarchte weiter. Emma war vermutlich mit Leo aus und würde wohl bald kommen, um noch zu lernen. Die Mama wollte sie nun nicht mehr so spät im Krankenhaus anrufen, außerdem hatten sie sich heute ohnehin schon gesprochen, Mathildes Aufenthalt in der Klinik war nur lästige Routine. Sollte sie sich einen Wein aufmachen, Freundinnen anrufen oder nein – warum nicht allein in dem neuen Restaurant vorbeischauen? Vielleicht traf sie dort ja Bekannte? Früher hatte sie so etwas doch auch gemacht und war nicht nur verabredet aus dem Haus gegangen. Aber ach, sie war einfach zu müde, und es war doch so chillig in den eigenen vier Wänden mit den Solar-Bodenlampen auf dem Balkon, die sich nach Sonnenuntergang samt Sternenmuster einschalteten, und den Weg zum nahen Federbett verführerisch auf ein paar Meter verkürzten. Aber stand nicht in der ersten Fassung des neuen Drehbuchs für Dubois dieser Satz des Antagonisten, der sie nicht mehr losließ: »Der Baby-Blues ist nur ein milder Vorgeschmack des Die-Kinder-sind-außer-Haus-Blues. Wenn du auf das Heimkommen der Kinder wartest, wartest du doch nur auf das Leben, das du nicht mehr leben kannst.«

»Abwarten heißt, die Kontrolle über sein Leben zu verlieren«, überlegte Franziska. Sie packte ihre alte Unterwäsche und ein weiteres Drittel ihres Kleiderschrankinhalts anfallsartig in nur fünf Minuten in Plastiksäcke, zog sich die Schuhe an und brachte alles zum Müllhäuschen mit dem Altkleidercontainer im Hinterhof.« Als sie wieder in die Wohnung im vierten Stock zurückkehrte und Bastian weiter auf dem

Sofa schnarchend liegen sah ohne dass er auch nur ansatzweise etwas von ihrer Aktion mitbekommen hatte, dachte sie: »Wer glaubt, Klamotten wegzuwerfen würde befreien, kratzt nur an der Oberfläche. Du musst wie Aschenputtel deine Gefühle in gute und schlechte Töpfchen aussortieren.«

MATHILDE

Das Handy, das Vincent ihr eingerichtet hatte und das auf dem Krankenhausnachttisch neben ihr im Sockel zum Aufladen stand, zeigte vier Uhr und drei Minuten an. Wenigstens öffnete diese protestantische Zwiderwurz im Bett neben ihr um diese Zeit den Mund nur noch zum Schnarchen und erklärte nicht mehr unablässig, was andere zu tun oder zu lassen hatten. Mit »das macht man doch nicht« endete fast jede Bemerkung von ihr. Weil die Krankenschwester den Besuch selbst eine Vase für die Blumen hatte suchen lassen (»Wofür werden die bezahlt? Das macht man doch nicht!«), weil der Sohn angerufen hatte, als gerade das Abendessen kam (»Das müsste der doch wissen, das macht man doch nicht, jetzt anrufen!«) und weil Mathilde die Käseecken, die sie nicht mehr hatte essen wollen, in ihre Tasche gelegt hatte, um sie nach der Entlassung mit heimzunehmen (»Also wirklich, macht man das?«). Ach, nicht ärgern, dachte Mathilde. Wenn sie schon nicht schlafen konnte, dann sollte sie jetzt einfach das Beste daraus machen. Und das Beste war, Vincents Situation zu durchleuchten. Denn der hatte ein Haschproblem, dessen war sie sich sicher, so wie der geschaut und auf ihre Bemerkungen reagiert hatte. Kam doch auch ständig in den Nachrichten, dass die Jungen weniger Zigaretten rauchten, aber dafür umso mehr »kifften«, wie das heute hieß. Vielleicht half ihm ja auch schon der Passat, den sie ihm deshalb überlassen hatte – wie oft schon hatte ein Auto junge Burschen vom Saufen weggebracht. Ob Drogen nun vom Staat erlaubt waren wie Alkohol oder verboten wie Hasch – im Prinzip war es doch ein und dasselbe, wobei die Kifferei natürlich attraktiver war, weil jedes Verbot speziell junge Männer erst recht reizte.

Ob Franziska von Vincents Problem wusste? Wahrscheinlich nicht. Und der Schwiegersohn Basti bekam sowieso nichts mit, da konnte man ja schon froh sein, dass er verstanden hatte, dass seine Frau zweimal auf der Entbindungsstation gelegen hatte, um anschließend jeweils mit einem Säugling, also einem Kind wieder nach Hause zu kommen. Wie hatten sie und Gottlieb seinerzeit nach den Geburten von Emma und Vincent darüber gelästert, was der Bastian für ein Fadhaferl war! Aber sie hatten sich im Laufe der Jahre korrigieren müssen, in dem Sinne, dass ein Fadhaferl manchmal auch gar nicht so schlecht ist. Der Bastian war schon ein Braver, einer, der was auf die Familie hielt. Also hatte sich die Tochter doch gar nicht so einen schlechten Ehemann ausgesucht, wenn auch bestimmt aus ganz anderen Gründen, denn das Sakrament der Ehe und die katholischen Gebote waren Franziska zu ihrem, Mathildes, Leidwesen ungefähr so wichtig wie grüne Marsmännchen.

Niemand wäre noch auf der Station unterwegs, da konnte sie sich ruhig auf den Weg in die Krankenhauskapelle machen, auch wenn sie das Zimmer nicht allein verlassen sollte wegen irgendwelcher Medizin, die man ihr gegeben hatte. Papperlapp! Sie war topfit. Die Frage war nur, ob die Kapelle, wo sie für Vincent beten wollte, jetzt überhaupt geöffnet hatte.

Mathilde streifte sich den Bademantel mit den großen Taschen über, schlüpfte in die blauen Filzhausschuhe und schlich sich aus dem Zimmer 106, über den Flur und am Stationszimmer der 4C mit der Nachtschwester vorbei, die im schummrigen Licht in ihr Handy vertieft war. Helfer hatten an der Teestation für den Morgen schon alles aufgefüllt. Gespülte Gläser mit Rautenmuster standen bereit, die Teebeutel reichten von Assam über Roibos bis hin zu einfacher Kamille. Zuckerbeutelchen, Zitronensaft, Milchpulvertütchen und sogar Servietten waren neben Wasserflaschen in funktionalen, durchsichtigen Boxen angeordnet. Mathilde dachte an die komfortable Größe der Bademanteltaschen und ging dann doch leise weiter zum Lift um die Ecke. Dort blickte sie noch mal auf den Plan des Klinikums, der alle Räume anzeigte. Ja, im Erdgeschoss hinten links befand sich die Krankenhauskapelle. Ein Leichtes war es, mit dem Lift dorthin zu gelangen – falls Fahrstühle auch nachts funktionierten.

Gott hat gewiss auch nachts geöffnet, überlegte Mathilde und dankte auf den letzten Metern zur Kapelle schon mal dem Herrn für ihre gute Gesundheit, denn das Vorhofflimmern, wegen dem sie ins Klinikum eingewiesen worden war, hatte sich beim Belastungs-EKG als »Zufall« erwiesen. Es war da, ja, aber nur ab und zu. Also musste sie weder operiert werden noch dauerhaft solch ein Zeug wie Marcumar einnehmen. Nur auf die Entlassung morgen warten. Wie gesund sie in ihrem Alter doch noch war! Na ja, der Diabetes war zwar vorhanden, aber den hatten auch schon manche Jüngere, also, das zählte nicht. Andere, wie die Meierhuberin, die noch dazu sieben Jahre jünger als sie war, hatten mittlerweile schon einen »Medikamenten-Mercedes«, wie die Pillenspender mit Unterabteilungen für verschiedene Tages- und Nachtzeiten hießen. Sie mussten jeden Tag so viele Tabletten schluckten, dass sie vorher gut zu sortieren waren, um nur ja keine zu vergessen.

Die Tür zum kleinen Gotteshaus war offen. Mathilde betrat die Kapelle, fand sofort den Schalter gleich links für das elektrische Licht an den Seitenwänden des Raums, bekreuzigte sich, kniete sich auf eine hintere Bank und betete einen Rosenkranz. Erst als sich ihre Augen an das trotz der Seitenbeleuchtung dämmrige Licht gewöhnt hatten, bemerkte sie die neben dem Altar stehenden Kerzen zum Anzünden. Die Möglichkeit hatte niemand genutzt, und deshalb sah sie kein einziges heruntergebranntes Licht. In welcher unchristlichen Welt lebten sie eigentlich? Fundamentale Werte wie Ehe, Familie und Gottesglaube zählten nicht mehr! Mathilde freute sich darüber, dass sie für Notfälle immer ein Markstückerl und zwei Fuchzgerl – genauer einen Euro und zwei 50-Cent-Münzen, wie es heute hieß – bei sich führte, und stellte gleich drei Kerzen für Vincent in die Halterung, damit er von der Hascherei wegkäme. Da jede Kerze 50 Cent kostete, war noch eine vierte drin. Sollte sie nicht gerechterweise auch für Emma eine anzünden? Nein, das Mädel war so brav und strebsam, da brauchte es keinen höheren Beistand.

Nach drei Vaterunser für Vincent betete Mathilde dann aber noch ein kerzenloses Vaterunser für Emmas Seelenfrieden sowie dafür, dass sich das Mädchen mal wieder bei ihr blicken ließ. Gott in Form seines Geistes und des Kruzifixes in der Krankenhauskapelle konnte sie sich anvertrauen, deshalb dachte sie: Wenn man eine zukünftige Ärztin als Enkelkind hat, ist das natürlich optimal. Es kommen ja immer mehr Zipperlein und noch viel Schlimmeres im Alter. Aber darf ich so egoistisch an mich denken? Muss ich nicht vielmehr ihr Wohl im Auge haben? Denn das Mädel wollte so sehr eine gute Ärztin werden, dass sie ständig lernte, und sie hatte von Augsburg nach München gewechselt, weil dort die Lehre viel besser sei. Falls da nicht noch etwas anderes im Spiel war, von dem ihr Franziska natürlich nichts erzählen würde. Ein Kerl vielleicht, dem sie verfallen war? Was für einen Blödsinn macht man schon als junges Fräulein? An diese Zeit ihrer »Jugendsünden« mochte Mathilde lieber gar nicht zurückdenken.

Sie wollte sich gerade bekreuzigen und wieder aufstehen, als ein junger Mann um die dreißig und im Arztkittel hereinkam und im Mittelgang stehen blieb, zum Altar starrte, aber die Hände nicht zum Gebet faltete. Hatte er Tränen in den Augen? Früher, ohne die Sehschwäche durch den Diabetes, hätte sie das erkannt. Jetzt blieb ihr nichts anderes übrig, als den Mann anzusprechen.

»Geht es Ihnen nicht gut?«, fragte sie.

Der Mann nickte, erstaunt über ihre Anwesenheit und abwesend zugleich. »Wissen Sie, ich hab hier schon alle möglichen Patienten behandelt. Aber jetzt ist meine eigene Mutter mit einer tiefen Beckenvenenthrombose eingeliefert worden. Da kann ich auch nur … beten, dass sich das Ding nicht löst.«

»Praktisch kann ich Ihnen leider nicht helfen«, erwiderte Mathilde. »Aber geistig – ich hab einen guten Draht nach oben! Versprechen kann ich nichts, aber ich versuch mein Bestes.«

Der Weißkittel lächelte.

Mathilde stand auf, zündete für die übrigen 50 Cent noch eine Kerze an und versprach dem Arzt, ein Vaterunser für seine Mutter zu beten und ein Ave-Maria obendrein. Gerührt bedankte sich der Mann und stellte sich als Enrico Salvatore aus Bergamo in Italien vor.

»Der Herr wird es richten«, sagte Mathilde. »Denken Sie immer daran: Von allen Sorgen, die wir uns machen, treffen die meisten nicht ein!«

Salvatore begann zu weinen, lautlos, männlich. »Das werde ich Ihnen nicht vergessen!«

Auf dem Rückweg stellte Mathilde fest, dass die Nachtschwester immer noch in ihr Handy vertieft war. Ruhig, alles ganz ruhig. Kein Piepsen, nichts, keine blauen und weißen Kittel wie tagsüber hektisch unterwegs. Im schummrigen Licht der Station 4C hätte sie herumgeistern können, wie sie wollte. Sie konnte auch Teebeutel – die doch für alle zur Verfügung standen, auch wenn sie selbst keinen Tee trank – einstecken. Mathilde griff zu, beschränkte sich aber auf fünf Stück pro Sorte. Deshalb blieb die ganze rechte Bademanteltasche noch leer. Die Gläser mit den Rauten waren ein spontaner Entschluss. Eins davon müsste doch gut in die andere Tasche passen. Ja! Es saß exakt. Und ein zweites und ein drittes ebenso, denn die ließen sich stapeln. Und die schepperten auch nicht, weil sie eng an dem Stoff lagen.

So leise wie möglich schloss Mathilde die Tür zum Zimmer 106 hinter sich und wollte den Tee und die Gläser im Schrank mit der rosa Kennzeichnung in ihrer Tasche verstauen. Plötzlich setzte eine irrsinnig laute Musik ein: »Vamos a la playa, o-ohohoh …« O Gott, das war ihr Handy, mit diesem Lied, das Vincent ihr als Klingelton aufgeschwatzt hatte! Die Zwiderwurzen fuhr prompt in ihrem Bett hoch und knipste das grelle Licht an. »Was ist denn hier los?«

Mathilde brauchte einen Moment, um sich zu fangen. Sollte sie zuerst die Beute im Bad ungesehen vor der Bettnachbarin verstecken oder zuerst ans Handy gehen? Zuerst das Handy, sonst klingelte es noch die ganze Station zusammen! Mathilde eilte schnell zu ihrem Nachtkästchen. In der Hektik verfing sie sich jedoch an einem Kabel am Bettgestell und stürzte. Klirrend rutschten Gläser und Tee zur Melodie »Vamos a la playa« aus dem Bademantel.

»Hilfe!«, rief jetzt auch noch die Nachbarin.

»Drücken Sie bloß nicht den Notfallknopf, mir geht es gut!«, rief Mathilde, ohne zu wissen, ob sie je wieder aufstehen konnte und ob die Nachbarin das bei der lauten Musik überhaupt verstanden hatte.

Mathilde konnte sich hochziehen – nein, sie hatte sich zum Glück nichts gebrochen. Sie nahm das Handy aus dem Sockel, drückte den grünen Knopf, und endlich hörte dieses Lied auf. Aber niemand war dran. Geistesgegenwärtig warf sie die Bettdecke über den Tee und die Gläser auf dem Boden und zischte der Nachbarin zu: »Machen Sie das Licht wieder aus! Es gehört sich einfach nicht, jemanden anderen grell zu beleuchten, wenn ihm gerade ein Malheur passiert ist.«

Die Nachbarin gehorchte, schwieg und schlief bald wieder ein. So konnte Mathilde ihre nächtliche Beute doch noch in der kleinen Reisetasche sichern, ehe auch sie endlich wieder im Bett lag.

»Ach, Gottlieb, warum bist nicht mehr da?«, schimpfte Mathilde leise. »Ich hätt dir so gern erzählt, wie ich mich gerade aus der Affäre gezogen habe. Das hätt sogar deiner überkorrekten Beamtenseele gefallen. Gehst mir immer noch ab, du und deine Art zu sagen ›Das geht mich alles nichts an!‹. Dabei warst du doch so neugierig wie ein junger Hund.« Mit dem Gesicht ihres verstorbenen Gatten als junger Mann vor Augen schlief Mathilde ein.

GOTTLIEB

Dramatischer hätte der Einstieg in diese erste Beurlaubung nach der dreijährigen Sperrfrist kaum ausfallen können. Gespannt wie ein Flitzebogen hatte er natürlich sofort und zuerst Kurs auf das Haus genommen. Aber seine Frau war nicht daheim und weder in der Kirche noch bei den Nachbarn noch im Ort bei der katholischen Seniorengruppe zu finden. Voller Liebe – also Liebe zu Mathilde – hielt Gottlieb inne und streifte kurz durch den Mischwald hinter dem Haus. Obwohl er in der Natur gar nicht mehr ruhiger werden konnte, als er jetzt schon war, genoss er wie damals den Anblick der weißlichen Birkenrinden, des immergrünen Efeus und der kräftigen Tannen, ehe er nach München aufbrach. Vielleicht war seine Frau nach seinem Ableben ja nun öfter bei der Tochter, dem Schwiegersohn und den Enkeln zu Besuch? Denn ausgezogen aus dem Haus war sie definitiv nicht, wie nicht zuletzt ihr Apfelstrudel auf der Küchenarbeitsplatte verriet. Nachdem er den komplizierten »Flugplan« – oder wie hieß das eigentlich? – für befristete Aufenthalte auf Erden endlich kapiert und kurz darauf bei seiner Tochter Franziska und deren Familie gelandet war, vergaß er sogar seine Mathilde, denn er wurde mitten ins Geschehen der Lebenden gestoßen.

Zuerst sah er Vincent, der einen gestutzten Vollbart trug und in den vergangenen drei Jahren vom Jugendlichen zu einem erwachsenen Mann gereift war. Der Enkel fuhr mit *seinem* Passat rückwärts vor das Münchner Mehrfamilienhaus und hätte um ein Haar einen anderen Wagen gerammt. Um Gottes willen! Wie konnte Mathilde einem Fahranfänger wie Vincent – denn das musste er rein rechnerisch dem Alter nach sein! – nur sein Auto überlassen? Vincent bremste und legte dann auch noch den Gang nicht richtig ein, weshalb der Motor aufheulte. Siebzehn Jahre hatte Gottlieb den Wagen wie seinen Augapfel gehütet – und Mathilde hatte den Passat nun einfach so diesem Jungspund gegeben? Nur gut, dass er als Körperloser nicht mehr ins Schwitzen kommen konnte. Emma – die zu einer wunderschönen jungen Frau mit langen blonden Haaren erblüht war – kam aus der Haustür des Mehrfamilienhauses auf Vincent zugelaufen und umarmte ihn.

»Bruderherzchen, danke, danke, dass du mir hilfst! Leo wollte schon längst da sein und mit mir Kisten packen, aber er ist verschollen.«

»Ach nee, der Herr Leo mal wieder ... wusste gar nicht, dass dein Niveau bei Männern bis zur anderen Seite der Erdscheibe sinken kann«, bemerkte Vincent spöttisch und drückte dabei doch seine Schwester zärtlich an sich. »Hast aber Glück im Unglück mit mir. Seit ich nicht mehr kiffe, kann ich morgens bei Umzügen helfen und muss nicht warten, bis der Urin wieder clean ist.«

Emma lächelte dankbar. »Seit wann kiffst du denn nicht mehr?«

»Um genauer zu sein: Ich *werde* nicht mehr kiffen!«

Emma lächelte. »Sehr gut, und mehr sag jetzt nicht dazu, du weißt schon, ich, die Medizintante ...«

»Und ich sag jetzt nix zu dieser Aktion, in so eine völlig überteuerte Bude zu ziehen. Oder doch: Du bist bescheuert. Aber gut, endlich bist du mal so bescheuert, um mit deinem Dachschaden den Blick in den Himmel und auf große Träume im Universum frei zu haben und nicht ständig den guten Menschen von Sezuan auf Erden zu geben!«

»He, du kennst *Der gute Mensch von Sezuan*? Und nicht bloß den nächsten Dealer?«

Vincent boxte der Schwester zärtlich auf den Oberarm und fragte mit Blick zum vierten Stock: »Wie sieht's oben aus?«

»Mom ist schwierig, weil ich ausziehe.«

»Seit wann hast du den Mietvertrag?«

»Seit gestern!«, erklärte Emma.

Beide Enkelkinder nahmen den Lift in den vierten Stock zu einer Wohnung, deren Eingangstür offen stand und vor der Umzugskisten gestapelt waren.

Oben, ah! Gottlieb fiel wieder ein, dass Franziska und ihre Familie in dieser Etage wohnten. Er war zwar öfter mal mit Mathilde zu Besuch hier gewesen, hatte das aber wieder vergessen und verächtlich unter »kein eigenes Haus« abgebucht.

Franziska! Seine Tochter stand in der Wohnungstür. Mit Tränen in den Augen. Wann hatte er sie zuletzt weinen gesehen? Sie hielt sich doch immer so sehr unter Kontrolle.

»Emma, ich versteh das nicht! Wie kannst du so ein völlig überteuertes Appartement nehmen? Du musst mindestens zwei Tage in der Woche arbeiten, damit du die Miete bezahlen kannst. Wir können dir nicht mehr Geld geben.«

»Ich will auch gar nicht mehr Geld, hab ich doch schon gesagt.«

Franziska strich der Tochter fast verzweifelt übers Haar. Emma ließ sich das widerwillig gefallen und bemerkte: »Musst du nicht zum Dreh?«

Franziska nickte. »Ich müsste schon längst dort sein … Aber dein Medizinstudium – *du* hast immer gesagt, da kann ich nicht nebenbei arbeiten, das muss ich schnell und gut durchziehen.« Ein Schluchzen nahm Franziska die Stimme.

»Mom, ich weiß schon, was ich tue!«

Emma drängte sich an Franziska vorbei, Vincent entschuldigte sich mit einem hilflosen Heben der Arme, Schulterzucken und Augenaufschlag bei seiner Mutter und stapfte der Schwester hinterher.

Schwiegersohn Bastian saß am Esstisch, aß eine Wurstsemmel und trank ein Spezi. Hatte der keine Arbeit mehr, oder warum war der an einem Donnerstag um diese Uhrzeit daheim? Und überhaupt, so eine loftartige Wohnung mit so einem blödsinnigen Grundriss, wie ihn sich Tochter Franziska unbedingt eingebildet hatte. Ohne Flur. Trat man durch die Wohnungstür, stand man direkt in der Küche und im Wohnraum, die ineinander übergingen. Von dort aus zweigten die einzelnen Zimmer ab – jedes Familienmitglied hatte ein eigenes. Aber das Ehepaar besaß nicht mal ein gemeinsames Schlafzimmer. Also nein, das hätte er niemals gewollt, nachts nicht neben seiner Mathilde zu liegen, womöglich gar nicht gemeinsam zu frühstücken oder abends zusammen auf dem Sofa die bayerischen Nachrichten anzusehen. Erstaunlicherweise hatten aber die Tochter und der Schwiegersohn trotzdem ganz normal eine Familie gegründet und die Enkelkinder – das musste er wirklich zugeben – richtig gut erzogen.

»Soll ich helfen?«, fragte Bastian, als Vincent und Emma Kisten, einen zerlegten Schrank und einen Sessel aus der Wohnung trugen.

»Nein, Dad, brauchst du wirklich nicht, hab ich doch schon gesagt!«, meinte Emma im Vorbeigehen. Die Enkeltochter war wohl ganz nach der Tochter geraten – auch Franziska hatte als junge Frau immer darauf bestanden, alles allein und ohne die Hilfe anderer zu lösen.

»Du willst diesen überstürzten Auszug auch noch unterstützen?«, fragte Franziska ihren Mann aufgelöst. Der Tonfall war zwar gerade noch freundlich, aber sie versprühte mit ihren Augen das Gift von hundert Kreuzottern gleichzeitig.

Kaum waren Vincent und Emma mit den sperrigen Teilen, die nicht in den Aufzug passten, im Treppenhaus verschwunden, also außer Hörweite, bemerkte Bastian betont gelassen: »Was hast du denn? Sei doch froh und stolz. Emma muss sich auch abnabeln und macht das halt jetzt so. Und Vincent holt das Abitur nach! Die gehen doch einen guten Weg! Sei froh, dass sie selbstständig werden. Wär dir lieber, dass die Kinder bis zur Rente bei uns wohnen bleiben?«

»Du verstehst wirklich gar nichts«, entgegnete Franziska gefährlich ruhig. Sie sah aus, als würde sie ihrem Mann am liebsten an die Gurgel springen.

»Was gibt es da zu verstehen? Wir haben zwei Kinder aufgezogen, die nun Gott sei Dank ihren eigenen Weg gehen und nicht blöd daheim rumhängen und sich beglucken lassen.«

Franziska starrte ihren Mann reglos an.

»Und warum bist du jetzt nicht im Büro?«

Keine Antwort.

Gut, nein ungut, besonders einfühlsam war das von Bastian nicht gerade. Wie hatte Mathilde damals darunter gelitten, als Franziska ausgezogen war. Wie eine Wahnsinnige hatte sie jeden zweiten Tag Apfelstrudel gebacken und ihn der Tochter hinterhergeschickt, einmal sogar bis in die USA – obwohl sie natürlich hätte wissen müssen, dass das Gebäck bis zur Ankunft in den Vereinigten Staaten verdorben war und Franziska sich ohnehin nicht mehr so schnell melden würde. Aber das hatte Mathilde einfach ignoriert, obwohl sie sonst speziell bei Lebensmitteln auf jeden Cent und jedes Sonderangebot gesehen hatte, so wie er bei Geräten und Werkzeugen. Die Weiber, die Mütter waren, traf so ein Auszug der Kinder offenbar einfach viel mehr als die Männer, die Väter waren.

Ui! Hier wurde einem ja wirklich was geboten! Tochter Franziska wollte offenbar das Wasserglas, das sie gerade in der Hand hielt, auf Bastian schleudern, der mit dem Rücken zu ihr stand, hielt aber gerade noch inne, als ihr Mann sich zu ihr drehte. Kurzerhand schmiss sie es einfach auf den Boden.

Entsetzt starrte Bastian seine Frau an.

»Was ist denn das, Franziska? War das Absicht?«

»Nein, natürlich nicht!«, versuchte Franziska sich herauszureden. In ihrer Stimme lag ein Zittern.

Zweifelnd blickte Bastian sie an, fragte aber nicht weiter nach. Schwerer Fehler, kommentierte Gottlieb die Reaktion seines Schwiegersohnes innerlich. In so einem Gefühlssturm durfte man seine Frau nicht allein lassen und musste nachhaken. Das durfte man nicht mit einer bequemen Lüge umschiffen. Das würde sich bitter rächen.

Als Vincent und Emma wieder in der Wohnung auftauchten, um die nächsten Kartons zu holen, griff Bastian beiläufig zu Kehrschaufel und Besen und erklärte auf die Frage zu den Scherben diplomatisch ausweichend: »Kinder, bei Umzügen geht immer was zu Bruch. Das ist wie eine Art Naturgesetz.« Nerven hatte er jedenfalls, der Basti, dachte Gottlieb anerkennend. Der Mann blieb wirklich gelassen. Oder verstand er die tiefere Dimension des Geschehens einfach nicht?

Nachdem Vincent und Emma die Kartons, Möbel und Tüten mit Kleinkram hinausgetragen hatten und in seinem Passat zu Emmas neuem Zuhause fuhren, wäre hier vermutlich zwischen Tochter und Schwiegersohn noch einiges aus dem Theaterstück *Wenn Blicke töten könnten!* zu sehen gewesen. Aber Gottlieb sehnte sich nach seiner Mathilde und machte den Abflug.

Dieses Mal verstand er den komplizierten Flugplan schneller und landete innerhalb kürzester Zeit im Haus – und bei seiner Mathilde, die eine kleine Reisetasche auspackte und neue Gläser mit Rauten in den Küchenschrank räumte. Dabei hörte sie wie früher Bayern 2. Das

Wohnzimmer und die Terrasse waren unverändert geblieben, mit dem Eichentisch und den Gartenstühlen, über die sie sich einst so gestritten hatten. Und im Schlafzimmer stand das Ehebett noch so wie bei seinem Abschied – mitsamt seiner Abendlektüre, der Lesebrille und dem Rosenkranz auf dem Nachtkästchen. Mathilde hatte alles so belassen wie vor drei Jahren! Was für eine wunderbare Frau, die ihn durch nichts und niemanden ersetzt hatte.

Was für ein Glück! Im umgekehrten Fall hätte er nämlich gar nichts tun können, denn der oberste Chef hatte seinen Aufenthalt auf Erden nach der Dreijahressperrfrist mit einer Anweisung verknüpft: Er dürfe sich in nichts einmischen, so schwer es ihm vielleicht auch fallen würde, denn sonst sei ihm der Rückweg in den Himmel für immer versperrt.

Nichts leichter als das, dachte Gottlieb nach diesem ersten Urlaubstag.

FRANZISKA

Auf einem Hügel am Rande des Westparks blieb Franziska stehen und sah auf die Spaziergänger, Skater, Jogger, Fahrradfahrer und ein Seniorenpaar mit Rollatoren hinab. Alle gingen einer Beschäftigung nach – und sei es nur der eines vergnüglichen Spaziergangs im späten Winter. Bloß *sie* streifte verstört durch die Großstadtstraßen an Geschäften, Litfaßsäulen, Wohnhäusern und parkenden Autos vorbei.

Nein, diesen Gefallen würde sie Basti nicht tun, ihm noch einmal ihre Verletzung wie bei Emmas Abschied eben zu zeigen. Dieser Schmerz würde wieder vergehen. Mit ihren zweiundfünfzig Jahren wusste sie, dass die Zeit helfen würde. Aber sie wusste auch, dass sie so nicht arbeiten konnte, weshalb sie zum ersten Mal ihren Drehtag einem schlechten Kamerakollegen überlassen hatte. Sie musste jetzt nur durch das Gröbste durch, sich wieder fangen, ehe sie dem Gatten erneut unter die Augen trat.

Es begann zu regnen. Das passt, dachte Franziska. Im Regen würde nicht weiter auffallen, wenn sie zu weinen begann und sich Tränen aus den Augen wischte. Sie sollte einfach durch den Park gehen und dann wieder Richtung Zuhause. Eine Stunde Fußweg. Bis dahin würde sie sich gefasst haben.

Vom Hügel aus entdeckte Franziska im hinteren Teil des Parks den Wintergarten eines Restaurants. War es nicht genau das, das sie mit Suzi neulich hatte besuchen wollen? Ja, doch, das musste es sein. Was für ein Glück, dass das Handy erfunden worden war – und mit welchem sie neulich versehentlich mitten in der Nacht beim Umstellen des Weckers die Nummer von Mathilde gewählt hatte. Gut, das zählte nicht unbedingt zu diesem Glück.

»Suzi, ich bin's! Hast du spontan Lust, heute in das neue Restaurant zu gehen, oder ist der Pollenflug der Hasel noch zu stark?«

»Bei uns fängt es gerade zu regnen an, und da kommt man doch nur zu Fuß oder mit dem Fahrrad hin«, erklärte die Freundin am anderen Ende der Leitung.

»Hier regnet es auch ein bisschen«, antwortete Franziska. »Aber ich muss dir was gestehen: Ich bin nicht aus Zucker.« He, sie konnte sogar schon wieder scherzen!

»Hm … eigentlich wollte ich ja … aber weißt was? Immer ist *eigentlich* was und nichts mehr spontan«, meinte Suzi. »Und die Hasel ist nicht so schlimm, wenn es regnet.«

Franziska lächelte und dachte an das englische Sprichwort: *Life isn't about waiting for the storm to pass, it's about learning to dance in the rain!*

»Genau meine Gedanken!«, erwiderte sie freudig. »Aber ich muss dich vorwarnen, meine Stimmung ist nicht gerade rosarot.«

»Dir geht's also beschissen, willst du damit sagen? Wenn *du* das schon mal so zugibst …«

Suzi kannte sie einfach richtig gut und verstand sie sofort. »Mit deinem Einfühlungsvermögen bist du genau das Gegenteil von Basti«, stellte Franziska fest.

»Na, wenn das so ist, dann komm ich natürlich erst recht!«, rief Suzi ins Telefon. »Es ist sinnlos, über Männer zu jammern. Wir müssen lernen, mit dem vorhandenen Material zu arbeiten.«

EMMA

Emma blickte aus dem Fenster der ersten eigenen Wohnung. War das überhaupt Schimmel, den sie da bei der Wohnungsbesichtigung wahrgenommen hatte? Oder hatte sie sich getäuscht? Mit Scheuermittel hatten sich jedenfalls die meisten schwarzen Stellen entfernen lassen. Daran hatte sie sich gemacht. Immerhin. Denn ansonsten wusste sie nicht, wo sie anfangen sollte: Klamotten aus Umzugskartons auspacken, googeln, in welchen Läden es Duschvorhänge gab, Tempopackungen als Klopapierersatz bereitlegen, den Toaster irgendwo in den Kisten suchen oder doch Tisch und Stühle und diese rollbare Kleiderstange zusammenschrauben und aufstellen? Und dabei waren noch nicht mal Lebensmittel in der Bude, weder Milch, Kaffee, Tee oder Brot und Marmelade für morgen zum Frühstück. Wie blöd konnte frau eigentlich sein, nicht mal an diese Basics zu denken? Aber nein, sie war nicht blöd. Sie war nur völlig ungeübt darin, von zu Hause auszuziehen.

Vincent war nach dem Transport mit Opas Passat sogar noch mit ihr zu IKEA gefahren. Denn Mom hatte ihr geraten, bloß nicht alle Möbel ihres Jugendzimmers daheim zu zerlegen und mitzunehmen, weil sich diese IKEA-Teile, wie das Schlafsofa, nie wieder gut zusammensetzen ließen und sie stattdessen lieber die 400 Euro für die Neuausstattung annehmen sollte, die Mom ihr mit Tränen in den Augen in die Hand gedrückt hatte. Auch Vincent hatte dazu genickt, obwohl der doch keine Ahnung hatte, weil er sein WG-Zimmer möbliert beziehen konnte. Sie lief jetzt aber zu handwerklichen Höchstleistungen auf und schraubte ganz allein eine rollende Kleiderstange zusammen – und bemerkte erst danach, dass ihre neuen Künste im Nirwana verpufften, wenn Kleiderbügel fehlten und sie ihre Lieblingsstücke nur über die Stange werfen und nicht übersichtlich aufhängen konnte. Noch schlimmer – nicht mal ein Glas Wasser konnte sie sich einschenken, weil sie außer an Kerzen, vier Teller, Töpfe und Besteck bei IKEA nicht an Gläser gedacht hatte.

Dabei hatte sie sich vorgestern Abend noch vorgestellt, wie sie mit Leo zusammen in den Möbelhäusern Einrichtungsgegenstände aussuchen würde, wie sie zusammen lachend und scherzend und voller Freude über die superschnelle Zusage des Vermieters Kissen aussuchten, Betten ausprobierten oder einen Kaktus für die Fensterbank erstanden. Am Abend, so hatte sie sich vorgestellt, hätten sie dann bei Kerzenschein zusammen in der Badewanne gelegen, und Leo hätte mit Bier auf sie und diese Bude angestoßen. Und jetzt war sie ohne Leo neben sich aufgewacht und beschäftigte sich mit Schimmel am Spülenrand und im Bad und diesen nicht vorhandenen Utensilien, die bei den Eltern ganz selbstverständlich da gewesen waren: Gläser, Klopapier, ein Besen, Kleiderbügel, eine Schale mit Obst und, und, und … Das war ein Berg an Einrichtungsarbeit, den sie nicht einfach in einer Stunde abtragen konnte. Alltagswahnsinn! Da würde sie strukturiert vorgehen, sich Besorgungslisten schreiben müssen und nicht versuchen, ein Loch mit dem anderen zu stopfen oder gar zeitaufwendig zu improvisieren. Das ergab keinen Sinn. Leo würde sich heute nicht mehr melden, weil er einen Kurierjob hatte. Sie brauchte also wenigstens nicht auch noch einzuplanen, sich für seinen eventuellen Besuch aufzuhübschen – obwohl dafür alles im Kosmetikbeutel bereitgelegen hätte. Denn Schminkzeug und alle Toilettenutensilien verstand sie dank ihrer Reisen richtig gut und schnell zu packen. Da wäre alles vorhanden.

»Es kommt, wie es kommt, da kannst eh nichts ändern. Immer nur ein Theater um nichts!«, pflegte Dad gern zu sagen, wenn er wie immer ruhig blieb, obwohl Mom zum Beispiel forderte: »Wir können doch nicht einfach so hinnehmen, dass die Eigentümergemeinschaft einen Zaun zu den Nachbargrundstücken aufstellen will, nur damit niemand wild Müll ablegt. Das zerstört doch das ganze offene architektonische Wohnkonzept!«

»Aber wenn die das mehrheitlich so wollen, dann lass sie halt.«

»Man kann doch probieren, sie umzustimmen«, hatte Mom auf ihrer Einstellung beharrt und daraufhin alle möglichen Nachbarn angerufen, um sie zu einem gemeinsamen Essen einzuladen. Was wiederum Dad immer brummiger gemacht hatte. »Das sät doch bloß Zwiespalt und wird eh nichts ändern«, bemerkte er.

»Und woher weißt du das?«, fragte Mom.

»Weil ich es ehrlich gesagt auch gar nicht schlecht finde, wenn nicht jeder auf unser Grundstück kommt. Daheim … da will man doch seine Ruhe haben!«

Mom war beleidigt gewesen, hatte nichts mehr gesagt und war später mit ein paar Nachbarn in ein Lokal essen gegangen. Sollten diese Zäune jetzt eigentlich errichtet werden? Wie war das ausgegangen?

Emma beschloss, das Bettgestell gar nicht erst auszupacken oder aufzubauen und sich für heute Dads Meinung anzuschließen: »Es kommt, wie es kommt.« Morgen würde sie dann aber doch, wie Mom es immer formulierte, »alles in die Hand nehmen« und einen Plan machen, was wann und wo zu besorgen war, um die Bude nicht nur überhaupt bewohnbar zu machen, sondern zu einem tollen Zuhause zu gestalten.

Erleichtert vertagte Emma die lästigen Themen und wendete sich dem zu, worauf sie am meisten Lust hatte – sich in die Medizin vertiefen und den Arztbericht der Oma lesen, den ihr Mama auf ihre Bitte hin eben über WhatsApp geschickt hatte.

Leichtes Vorhofflimmern, der bereits bekannte Diabetes und erhöhtes Cholesterin, das im Alter von achtzig Jahren als normal gewertet wurde. Aber sie bräuchte noch andere Laborwerte, die in diesem Bericht nicht standen. Moment! Hatte nicht der Prof in der Antrittsvorlesung genau auf das Cholesterin Bezug genommen, als er die Grenzwerte und deren Kriterien der Festlegung zur Diskussion stellte? Am Beispiel des Cholesterins hatte er aufgezeigt, wie eine Lebensmittelindustrie – in diesem Fall jene, die Margarine produzierte, wenn sie sich recht erinnerte – komplett falsche Studien in die Welt setzte, um die eigenen Produkte besser zu verkaufen. Jahrzehntelang hatten daraufhin die Leute nicht nur vermehrt zur Margarine gegriffen, sondern zudem Eier vom Sonntagsfrühstück verbannt. Die Pharmaindustrie war auf den Zug aufgesprungen und hatte Cholesterinsenker zu einem überhöhten Preis angeboten.

Medizin ging anders. Redlich. Mit dem Eid des Hippokrates. Wie konnten sich Ärzte nur so korrumpieren lassen? Der Prof der Antrittsvorlesung hatte auch darauf Bezug genommen – in der alltäglichen Praxis müsse man sich eigentlich auf Studien verlassen können, hätte nicht die Zeit, alles zu überprüfen, und müsse der Lehrmeinung vertrauen. Dabei könnten sogar Laien oft die Wahrheit hinter solchen Studien erkennen, wenn sie nur die Auftraggeber und die Studienanordnungen genauer unter die Lupe nehmen würden. Sagte der einfach so. Hinterfragten Ärzte denn wirklich nichts mehr? Nein, so würde sie nicht enden! Und der erste Schritt in diese Richtung war, den Arztbericht von der Oma noch einmal genauer zu prüfen. Da konnten Besorgungslisten, Umzugskartons und traurige Gefühle für Leo wirklich warten. Es gab nichts Spannenderes als den menschlichen Körper.

Eine halbe Stunde später neigte Emma zu der Ansicht, dass im Falle der Oma mit ihrem Vorhofflimmern Cholesterinsenker vermutlich doch sinnvoll seien. Da klingelte es an der Tür. Leo! Und sie stand hier in den Schlabberklamotten, die Haare nur schnell zu einem Pferdeschwanz zusammengebunden und ohne Wimperntusche! Leo überraschte sie mit einem altmodischen Nelkenstrauß »zum Einzug«, küsste sie und zog sie zärtlich auf die Matratze, die noch nicht im Bettgestell lag. Danach schliefen sie so leidenschaftlich wie schon lange nicht mehr miteinander.

Na also, dachte Emma, als sich Leo hinterher eine Zigarette anzündete und sie zum Fenster hinausrauchte. Es kommt, wie es kommt. Hat sich also doch gelohnt, der Auszug. Daheim bei Mom und Dad wäre Leo bestimmt nicht so spontan aufgetaucht. Eltern turnten ja auch wirklich die Erotik ab.

Leo musste wieder zu seinem Kurierjob, schlug aber noch vor, abends auszugehen, und schien überrascht, dass sie sofort zustimmte.

»Wundert mich«, scherzte er, »dass du nicht erst hier Ordnung schaffen willst.«

Emma lächelte. »Und übrigens, ich weiß, wo wir hingehen. Ein ganz neuer Klub, richtig cool: Tante Ida!«

»He, bist du dir sicher, dass du weißt, was cool ist?«, meinte Leo. Sicher scherzend. Aber ihre Stimmung ging runter, tief runter. Nur weil sie nicht so oft ausging und neulich dort mit ihrem eigenen Style getanzt hatte, konnte sie doch wohl trotzdem beurteilen, was cool war.

Abends gefiel Leo der Klub sichtlich, aber er sagte nichts dazu. Der würde doch nie zugeben, dass es ihm hier richtig taugte, bloß weil *sie* es war, die diese Bar vorgeschlagen hatte. Oder doch? Denn später meinte er, dass es hier echt mega wäre, aber seine Kumpels alle an der Münchner Freiheit seien und er deshalb noch dorthin aufbrechen wolle.

»Jetzt noch?«, fragte Emma. Es war schon nach Mitternacht.

»Mach mal locker! Nein, du bist schon locker. Fahren doch sogar noch Busse. Aber geh du mal lieber heim, und ich nehm noch einen Absacker!«

Sie verabschiedeten sich im Wartehäuschen der Busstation schnell mit Küsschen, weil Leos Linie schon einfuhr. Emma würde noch zehn Minuten warten müssen. Doch dann tat sie etwas, das sie selbst nicht für möglich gehalten hätte: Sie kehrte einfach um und ging allein in den Laden zurück. Protestlos nahm sie die Cocktails an, die der Barkeeper von Tante Ida ihr spendierte, weil ihr Besuch »eine lohnende Investition sei, Tausende männliche Gäste mit ihrem Style anzulocken«. Sie tanzte und tanzte und trank und trank.

Am nächsten Morgen wachte Emma auf der Matratze in ihrer neuen Wohnung auf und wusste nicht mehr, wie sie gestern, also vielmehr heute, hierhergekommen war. Sie richtete sich auf, ließ sich aber sofort wieder ins Kissen zurückfallen, weil sich in ihrem Kopf ein Presslufthammerschmerz breitmachte. Aufzustehen schien ihr unmöglich, sie checkte nur schnell das Handy.

Guten Morgen, Schwesterherzchen. Vincent mit grinsenden und die Zunge rausstreckenden Emojis. *Komme später vorbei, bringe dir Aspirin und Frühstück. Penn weiter. Wenn ich was kenne, dann deinen Zustand.*

Woher weißt du?, tippte Emma schnell.

Drei Megagrinsen-Emojis. *Hab dich von Tante Ida abgeholt und heimgebracht nach deinem »Notruf nachts um drei«.*

Shit! »Notruf nachts um drei« war ihrer beider Code, wenn Emma nach einer Nachricht den Bruder nachts an Mom und Dad vorbei in die Wohnung gelotst hatte, damit die Eltern nicht merkten, dass Vincent betrunken oder bekifft war. Und jetzt war *sie* der Notruf!

Nach und nach kamen die Bilder zurück. Ja, Vincent hatte sie regelrecht aus der Bar gezerrt, obwohl sie plötzlich doch noch hatte bleiben wollen. Ungewöhnlich scharf hatte der Bruder sie angefahren: »Du kommst jetzt mit! Mach dich hier nicht zum Affen!«

Emma schickte Vincent so viele Herzen zurück, wie die Tastatur hergab, und beschloss zugleich, dass Dad unrecht hatte. Nichts kommt einfach so, wie es kommt. Vielmehr ergeben sich aus einer neuen Bar, aus Fluchtbewegungen des Freundes und der drögen Öffis plötzlich ganz neue Dinge, wie bei ihr jetzt eine zärtliche, erwachsene Vertrautheit zum Bruder, die sie vorher nicht so gespürt hatte. Emma dachte: Nimm das Leben nicht so ernst, du kommst da eh nicht lebend wieder raus.

FRANZISKA

An diesem ersten Märztag schien die Sonne wie zum Hohn so stark durch die Südfenstertüren des Wohnlofts, dass die Kräuter auf der Kücheninsel schon wieder welk aussahen, obwohl Franziska sie morgens erst gegossen hatte.

»Es bleibt jetzt milder, sagt der Wetterbericht«, erklärte Basti, der am Küchentisch in kurzen, viel zu engen Kaki-Cargo-Joggers in die Zeitung vertieft saß, aber bemerkte, dass Franziska die Gießkanne aus dem Badezimmer holte und am Spülbecken auffüllte.

Nein, sie würde nichts darauf antworten, auch wenn ihr auf der Zunge lag: »Nur noch zwei Tage, dann wird's bestimmt noch mal kalt.« Sie würde doch mit ihrem Mann keinen Wetterdialog wie in einem Altersheim führen. War das nun nach dem Auszug der Kinder die Zukunft ihrer ehelichen Gespräche?

Franziska nahm das Gulasch und vier Zwiebeln aus dem Kühlschrank. Moment! Wieso vier Zwiebeln? Die Augen füllten sich mit all den Tränen, die sie bei ihrem Herumstreifen durch die Straßen, dem Durchqueren des Parks und beim Treffen mit Suzi nicht hatte weinen können. Kurios, versuchte sich Franziska selbst zu trösten. Ich bin vermutlich der einzige Mensch auf der Welt, der beim Anblick von Zwiebeln schon weint, und nicht erst beim Kleinschneiden. Sie wischte sich mit dem Handrücken die Augen trocken, legte zwei Zwiebeln wieder ins Gemüsefach zurück und sagte sich, dass sie nun weniger Arbeit hätte. Nur für zwei Leute zu kochen statt für vier – oder gar acht, bei den vielen ein und aus gehenden Freunden von Emma und Vincent – war weniger aufwendig. Viel weniger Gemüse schneiden, und das Fleisch musste sie nicht in zwei oder mehr Portionen nacheinander in der Pfanne anbraten, damit sich schnell die Poren schlossen. Aber machte es in der Summe wirklich einen so großen Unterschied, ob für zwei oder vier oder acht Personen gekocht wurde, wenn man das Einkaufen und generell den Aufenthalt in der Küche auch berücksichtigte? Außerdem würden sich auch die Wäscheberge weiter deutlich reduzieren.

Denn Emma hatte sich ja auch oft mehrmals täglich umgezogen. Was hatten sie geschimpft und gelacht über die ewige Unschlüssigkeit von Frauen, deren wahre Emanzipation daran scheitere, dass sie sich nicht zwischen einem bequemen H-&-M-Pulli und einem engen Hallhuber-Top entscheiden konnten? Franziska hörte förmlich die Stimmen der Kinder, die zwanzig Jahre ihr Kochen begleitet hatten.

»Shit! Das schwarze Spitzenshirt ist ja noch in der Wäsche! Mom, wie soll ich denn nun …«

»Mom? Wann gibt es Essen? Ich muss noch zur Münchner Freiheit!«

Und gleich darauf waren die letzten Fragen wieder vergessen, weil ein Leo an der Wohnungstür klingelte, Emma mit einem Kuss überfiel. Oder weil zwei Kumpels von Vincent die Schuhe an der Tür auszogen, dabei halblaut irgendeinen Rap abspielten, ehe sie Franziskas Frage: »Wollt ihr mitessen?«, bejahten und scherzten, sie seien extra jetzt gekommen, weil es bei ihr wie im Sternerestaurant schmecke. Sie zogen immer die Schuhe an der Tür aus – als hätten sie und Basti das jemals spießig gefordert. Die Kids wollten das selbst so bei ihren Freunden. Und jetzt zog hier niemand mehr schnell die Schuhe aus und ließ sie vor der Eingangstür zum Loft stehen. Jetzt brachte sie niemand mehr aus dem Kochkonzept, niemand klingelte mehr und niemand durchbrach diese Stille im Raum, die sie beim Enthäuten der Zwiebeln innerlich als »Totenstille« bezeichnete.

Ach, was stellte sie sich an, dachte Franziska, als sie das Fleisch (nur eine Pfanne!) mit wenigen Zwiebeln anbriet. Auch die vielen »Taxifahrten«, die meist mit einem zuckersüßen »Mom, kannst du mich mal schnell …« erbeten wurden, würden nun wegfallen. Sie überschlug die Minuten und Stunden grob im Kopf. Das waren doch mindestens sieben Stunden reine Fahrtzeit pro Woche gewesen! Dabei hatte Vincent im Gegensatz zu Emma einen Führerschein, aber er wollte nie gern Auto fahren. Erst jetzt offenbar, mit dem Passat ihres Vaters, was Bastis Theorie auf den Kopf stellte, dass die Großstadtjungs von heute einfach ökologisch weiterentwickelt wären als die Landeier. Also, die männlichen, wie Basti natürlich hinzufügte, denn er vermied es penibel, Frauen abzuwerten, die er ohnehin für »die bessere Hälfte der Menschheit« hielt.

Franziska starrte auf das Fleisch und die Zwiebeln, ließ den Tränen ihren Lauf, nahm ein Küchentuch und drehte sich zum Fenster, um in den blauen Himmel blicken und sich unbemerkt von Bastian die Augen trocken wischen zu können. Nach einundzwanzig Jahren waren sie nun plötzlich weg, die Kinder, die natürlich keine Kinder, sondern junge Erwachsene waren. Innerhalb eines Monats waren beide ausgezogen. Emma vor drei Tagen noch dazu Hals über Kopf in ein völlig überteuertes Appartement, für das sie zwei Tage in der Woche völlig unterbezahlt arbeiten gehen musste!

»Was hast du denn?«, äffte sie innerlich Bastian nach. »Sei doch froh und stolz. Emma muss sich auch abnabeln und macht das halt jetzt so. Und Vincent holt das Abitur nach. Die gehen doch einen guten Weg! Sei doch froh, dass sie selbstständig werden. Wär dir lieber, dass die Kinder bis zur Rente bei uns wohnen bleiben?« Wie hatte der seelenruhig in seine Wurstsemmel beißen können, während Emma sehenden Auges in ihr Unglück zog und das auch noch als »Erwachsensein« bezeichnete? Denn vermutlich war sie nur wegen diesem Leo ausgezogen, von dem sie sich so kleinmachen ließ.

Was für ein einfühlsamer Vater und Gatte! Strotzend vor Verständnis und Empathie! So einen blöden Kommentar wie »Was hast du denn?« würde sie sich nicht noch einmal anhören, nie mehr! Und deshalb wendete sich Franziska erst wieder der Küchentheke und ihm zu, als sie einen blödsinnigen Einfall hatte und die Tränen versiegten.

Knoblauch! Sie konnte jetzt ja wieder welchen ins Gulasch geben, so wie früher. Emma und Vincent mochten die Knollen nicht. Emma befürchtete, dann danach zu stinken, und Vincent behauptete, Knoblauch würde alle Geschmackssinne killen. Laut Vincent verwendete der Küchenchef im Hotel ihn nur, wenn die anderen Zutaten nicht mehr prickelnd frisch waren. Vor allem Bastian aber hatte Knoblauch immer vehement abgelehnt, ohne die Gründe dafür näher zu erläutern. Dabei hatte er ihn früher, als sie noch kinderlos waren, meist schlichtweg nicht bemerkt. Wie gut, dass sie vor ein paar Tagen für einen Dip, den sie hatte ausprobieren wollen, gleich zwei Knollen gekauft hatte. Heute würde sie die doppelte Menge des Rezepts in das Gulasch geben – schließlich hatte sie etwas nachzuholen, und überhaupt war doch einer ihrer Grundsätze, dass jeder noch so scheußlichen Lage im Leben etwas Positives abzugewinnen sei. Außerdem konnte Bastian ja – weil sie sich das Kochen teilten – bei seinem Küchendienst auch wieder ganz nach seinem Gusto verfahren und zum Beispiel Kümmel in den Salat geben. Kümmel, den sie und Emma nicht mochten und den Bastian doch immer wieder »eingeschmuggelt« hatte mit der Bemerkung: »Ist doch nicht viel und gut für die Verdauung«. Nur sie Idiot hatte immer Rücksicht auf die anderen genommen und bestimmte Gewürze – wenn überhaupt – nur in homöopathischen Dosen verwendet. Und keinen Knoblauch mehr.

Franziska schälte die Zehen, holte die Knoblauchpresse aus der Schublade und vergewisserte sich, dass Bastian dies nicht bemerkte. Aber der saß an dem länglichen Tisch mit Platz für zwölf Personen und blätterte weiterhin vertieft in der Tageszeitung, die er sich heute wohl mal ausnahmsweise wieder gekauft hatte – normalerweise lasen sie schon seit einigen Jahren die Nachrichten nur noch digital. Aber gut, Hauptsache, ihn interessierte Politik mal wieder mehr. Im Gegensatz zu den vielen Diskussionen in der Studentenzeit waren sie beide in den vergangenen Jahren zu solchen Themen immer mehr verstummt. Vielleicht passte es Bastian auch einfach nicht, dass sie, Franziska, zunehmend gewiefter und argumentationsstärker wurde, weil bei den Drehs plötzlich wieder oft politisch diskutiert wurde. Dadurch war sie ihm in den Gedankengängen meist einige Schritte voraus. Nicht dass sie klüger gewesen wäre als er, aber er rieb sich nicht mehr im Austausch mit anderen. Im Gegenteil, er fiel wieder in uralte Ansichten zurück, entwickelte sich eher zurück als vorwärts und wiederholte nur, was sie vor fast dreißig Jahren am Kneipentisch von sich gegeben hatten. Dass die SPD als Vertreter der Arbeiterschaft so abgehalftert hatte, quittierte Basti heute nur mit: »Aber sie haben sich gegen die Nazis gestellt!«

Hallo? In welchem Jahr lebten sie denn? Und wo lebte ihr Mann eigentlich? Lebte er überhaupt noch, oder war er bloß ein wiederkäuender Wetterbericht auf zwei Beinen?

Franziska gab den Knoblauch, Tomatenmark und Paprika zu dem angebratenen Fleisch. Sie rührte die selbst gemachte Rinderbrühe ein und legte den Deckel auf den Topf, um das Gericht garen zu lassen.

Basti blieb in die Zeitung vertieft wie ein Astronaut *lost in space*. Nein, der bekam gar nichts mit. Franziska verschwand in ihr Zimmer, um noch mal in der Klinik anzurufen, in der ihre Mutter wegen einer blöden Herzgeschichte zur prophylaktischen Untersuchung gelegen hatte. Sie hatten bei der Mama nichts gefunden, also alles harmlos, aber die Medizin studierende Tochter hatte unbedingt den Arztbericht lesen wollen, den Mathilde vergessen hatte. Den hatte Franziska angefordert und auch gleich bekommen, aber Emma hatte festgestellt, dass bestimmte Laborwerte fehlten, und hatte sie nett darum gebeten, doch diese bitte auch noch für sie einzuholen. Franziska hatte versprochen, sich auch darum zu kümmern.

Na prima, dachte sie – die Kinder waren weg, aber die Sekretärinnenjobs erledigte immer noch sie.

Während sie in der Warteschleife der Klinik hing und ihr wieder Tränen in die Augen stiegen, zählte sich Franziska noch einmal systematisch und fast mit innerlicher Gewalt alle Vorteile auf, die der Auszug der Kinder mit sich brachte. Neben weniger Wäsche, Taxifahrten und Seelsorgegesprächen würde sie vor allem auch wieder mehr Freiheiten gewinnen: spontan ausgehen mit Suzi wie neulich, an Tagen ohne Dreh ausschlafen (weil *sie* doch immer auf ein gemeinsames Frühstück gepocht hatte und deshalb nicht selbst liegen bleiben konnte) oder nackt durch die Wohnung laufen. Warum weinte sie also? Sie verstand sich selbst nicht. Sie hatte doch nie gegluckt, sondern war im Gegenteil hinter ihrer Karriere her gewesen und hatte deshalb oft ein schlechtes Gewissen gehabt, sich nicht genug um die Kinder zu kümmern. Jetzt hatte sie »freie Fahrt«, aber freute sich nicht mal ansatzweise darüber. Im Gegenteil. Ein Loch tat sich auf, eine Sackgasse bei der Vorstellung, weder morgen noch übermorgen genervt den Wecker ausstellen zu müssen, um als Morgenmuffel das Frühstück für die Familie herzurichten und danach von dem wunderbaren Chaos und Durcheinander direkt ins Leben geschubst zu werden.

Es half alles nichts, sie konnte sich nicht dem Schmerz ergeben, sie musste einfach immer wieder die Vorteile der veränderten Situation im Blick haben. Nur zu einem Punkt fiel ihr partout nichts Positives ein: Was sollte sie der neuen Zweisamkeit mit ihrem Gatten noch abgewinnen? Da klickte sie sich – weiter in der telefonischen Warteschleife des Krankenhauses hängend – lieber durch verschiedene Blogs von Fotografen, als mit Basti in einem Raum zu verweilen. Ihr Mann war doch zum Spießer vor dem Herrn mutiert – obwohl er selbst nicht müde wurde zu betonen, dass er ja ganz und gar unspießig sei und niemand vor seiner Wohnungstür die Schuhe ausziehen müsse. Wieso bemerkte sie eigentlich erst jetzt, dass er innerlich so was von abgestorben war? Allein neben ihm und ohne die Lebendigkeit der Kinder würde sie eingehen wie eine Primel, wie Mama immer zu sagen pflegte.

Woher kam eigentlich dieses Sprichwort? Gingen Primeln wirklich so schnell ein? Oder war das so gemeint: Da sitzt jemand wie eine frühere Form des Homo sapiens, der zwar Laute von sich geben kann und auch Wörter versteht, aber den tieferen Sinn von Kommunikation noch nicht verstanden hat. »Wir essen jetzt«, »Am Dienstag kommt der Klempner« oder »Kannst du Brot einkaufen?« konnte dessen Hirn begreifen oder umsetzen, aber darüber – und über Baumarktprospekte – hinaus war da nur noch sehr wenig, was eine geistreiche, menschliche Kommunikation auszeichnete.

Die Kinder hatten alles überdeckt in ihrer Lebendigkeit. War Basti schon immer so gewesen oder erst jetzt im Alter zu einem Mann ohne Eigenschaften mutiert?

Nachdem sie mit einem Klinikarzt mit italienischem Akzent über endlose Warteschleifen gescherzt, die Zusendung der Details des Berichts zugesichert bekommen und sich bei Instagram angemeldet hatte, ohne die ganze Menüführung zu verstehen, war auch das Gulasch fertig gegart. Basti saß immer noch mit der Zeitung am Tisch. Sie teilte das Essen aus und bemerkte trocken: »Vielleicht ändert sich das Wetter doch bald, wir sollten uns für alles wappnen, in diesen stürmischen Zeiten.« Basti kapierte natürlich keinen Funken dieser Anspielung, sondern erörterte vielmehr ernsthaft die Vor- und Nachteile verschiedener Wetter-Internetseiten.

Franziska blickte offenbar so fassungslos zu diesem Alpha-Langweiler, mit dem sie seit achtundzwanzig Jahren zusammen war, dass er sie fragte: »Ist irgendwas?«

Und der, der sie gefragt hatte: »Wie geht es dir, was kann ich für dich tun?«, war ein Alpha-Verpisser, denn er meldete sich nicht. Irgendjemand sollte mal einen Film mit dem Titel drehen: »Männer sind seltsame Tiere.«

BASTIAN

Da hatte er doch den richtigen Riecher gehabt, als er sich heute Morgen nach ewiger Zeit am Kiosk mal wieder eine gedruckte Zeitung gekauft hatte – der Sonntagsausgabe lag ein Wohnmobilprospekt bei, der ihn magisch anzogen hatte. Selbstverständlich hatte er ein kritisches Verhältnis zu Konsum und Werbung und auch zu Verbrennungsmotoren. Und sie besaßen auch keinen Goldesel. Aber er konnte sich ja mal informieren, was so ein Teil kostete. Oha – unter 80 000 Euro war da nichts Vernünftiges zu bekommen! Und das nur mit einem Motor von Fiat und nicht von Benz. Ganz zu schweigen davon, wie bescheuert die Inneneinrichtung mit einer offenen Dusche geplant war. Moment! Bastian blickte auf, durch das Küchenloft und die Fenstertüren nach draußen. Das war *die* Idee! Bei seinem kleinen Bruder Christian auf dem Land, in einer seiner Scheunen, stand immer noch der VW-Transporter, den er seinerzeit anno-was-wusste-er-schon bei der Versteigerung der pleitegegangenen Spedition Burger günstig erstanden hatte. Der Motor des Kleinlasters war topp, die Karosserie auch. Da musste nicht groß herumgeschraubt werden. Aber ein Innenausbau wäre trotzdem eine – gelinde gesagt – schöne Herausforderung. Natürlich mit Küche, Bad, Wohnbereich und allem Schnickschnack, den man heute so in einem Wohnmobil hatte. Zwei komfortable Betten unterzubringen, war easy. Aber vier? Die Kinder sollten ja auch jederzeit mitkommen können. Da würde es beim Innenausbau um Millimeter gehen. Wenn der Esstisch direkt unter dem hinteren Fenster läge, konnte man eine Schiebevorrichtung mit Auszug für die Betten einbauen. Aber ein hinteres Fenster gab es bei dem Transporter bisher nur in seinem Kopf. Das müsste erst noch eingebaut werden – und dazu sah er sich nicht in der Lage. Aber er konnte auch nicht einen teuren Handwerker damit beauftragen. Nein, da mussten noch mal ganz neue Pläne gemacht und alles genauer durchdacht werden. Und dazu musste er sich, so gut es ging, informieren.

Basti blickte kurz auf. Franziska stand mit dem Rücken zu ihm an der Küchentheke, blickte durch die Fenster nach draußen und machte wohl gerade eine kleine Pause beim Zubereiten des Abendessens. Den Zutaten nach zu schließen, handelte es sich um Gulasch, für das sie das Fleisch immer bei einem teuren Metzger einkaufte, aber das nahm er hin, auch wenn es ihn ärgerte, unnötig so viel Geld auszugeben. Er fixierte sie kurz. Wischte sie sich etwa Tränen aus den Augen? An seiner unverfänglichen Bemerkung über das Wetter eben konnte es nicht liegen, er hatte doch nur versucht, ein Gespräch mit ihr aufzunehmen.

Ach, das war es! Die Zwiebeln vom Türken um die Ecke lagen auf der Theke. Die waren immer so frisch und so scharf, dass Basti beim Einkaufen schon gescherzt hatte, kein Hollywood-Schauspieler würde jemals mehr Probleme mit dem Weinen haben, wenn er sich nur hier in diesem Laden mit diesen Zwiebeln versorgte. Hasan hatte dankbar breit gegrinst und von der sorgfältigen Auswahl im Großmarkt erzählt. Jede Steige prüfte er höchstpersönlich morgens um fünf Uhr und fiel nicht darauf herein, wenn ihm hin und wieder ältere Ware untergeschummelt werden sollte. Leute wie Hasan hatten noch eine Berufsehre im Leib und waren nicht dem schnellen Euro hinterher.

»Der schnelle Euro« – mit Blick auf die Kücheninsel dachte Bastian an die Worte Franziskas, beim Küchenbauer ginge es zu wie auf einem orientalischen Basar. Einbausummen ließen sich teilweise um 5000 Euro nach unten verhandeln. Das war eigentlich gar nicht die Art von Franziska, aber beim Kauf der Eigentumswohnung vor zehn Jahren hatte er ihr in Anbetracht dessen, dass er selbst gerade beruflich mit einem Großbauprojekt unter enormem Stress stand, einfach alles überlassen müssen. Auch die Verhandlungen mit der Bank zur Hypothek, bis hin zur ganzen Küchenplanung. Die Zinsen hatte sie eigentlich richtig gut verhandelt, und die Küche war höchst funktional geworden – so ungern es Bastian zugab, da alles ohne seine Mitwirkung in Sparsamkeits- und Baukompetenz geschehen war. Franziska hatte es geschickt verstanden, alte Eichenmöbel wie ein Küchenbüfett seiner Oma mit neuen Einbauküchenschränken in Weiß mit viel Platz für Geschirr zu kombinieren. Nie im Leben wäre er auf die Idee gekommen, eine Kochinsel in den Raum hinein zu planen, obwohl er als

Statiker täglich Umgang mit Architekten und auch Innenarchitekten pflegte und deren Thema auch solche Wohnraumgestaltungen waren. Vom offenen Küchenbereich aus zweigte für jeden ein einzelnes, abschließbares Zimmer ab – für ihn, Franziska, Emma und Vincent. Stolz erzählte Franziska jedem Gast, dass sie eine Art »Familien-WG« seien. Er persönlich hatte zwar immer ein gemeinsames Schlafzimmer mit seiner Frau vermisst. Aber Franziska hatte ihn plausibel gefragt: »Und wie stellst du dir das vor? Wie soll das gehen bei nur neunzig Quadratmetern?« Sie hatte natürlich recht. Wohnraum in München war so unglaublich teuer, dass ungewöhnliche Lösungen gefragt waren und gefunden werden mussten. Und wer konnte das besser als Franziska? Moment, nein, *er!* Er würde jeden Quadratmillimeter im Wohnmobil zu nutzen verstehen! Und zugleich aber ein Bett einplanen, in dem sie nebeneinander schlafen konnten. Dann käme es vielleicht durch zufällige Berührungen auch wieder zu mehr Sex, für den man sich nicht extra aufsuchen musste.

Bastian durchforstete noch mal den Wohnmobilprospekt, um sich Anregungen zu holen, blätterte in der Zeitung – und entdeckte *noch* eine Werbebeilage, die eines Matratzenherstellers. War das nicht ein Zeichen, dass seine Idee eben genial gewesen war? Für den Innenausbau würde er zwar zahlreiche Baumärkte konsultieren müssen, aber diese Matratzen konnte er nach Maß bestellen, ganz einfach über das Internet. Er hielt die Zeitung so, dass Franziska nicht sehen konnte, dass er sich nicht mit Politik, sondern mit Konsum beschäftigte. Denn *er* hatte lautstark das Wort ergriffen, wenn sich die Kinder neue Klamotten, neue Geräte oder wieder andere Sportsachen wünschten und ihm dazu die Websites der entsprechenden Produkte zeigten. »Ich kaufe, also bin ich«, pflegte Basti dies ironisch zu kommentieren. Es gab ja immer mehr große Konsumketten, auch im Baumarktbereich. Und deshalb gab es zwar im Viertel noch einen Gemüsehändler, aber keinen kleinen Laden, in dem Schrauben und anderes Werkzeug verkauft wurden und in dem er gern etwas mehr bezahlt hätte, um ihn zu unterstützen. Was für ein Mist. Vor zwanzig Jahren war so einer noch hier gewesen. Alles verschwunden, alles weg. So wie der Hintern seiner Frau, dessen Rundungen eines Tages auch verschwunden waren.

Nicht dass Bastian sich daran gestört hätte, er bewertete doch seine Frau – oder überhaupt eine Frau – nicht nach ihrem Äußeren. Franziska war immer noch sehr attraktiv und »pflegte sich«, wie sie immer betonte. Aber die Rundungen waren weg. Und eigentlich noch mehr – der ganze Sex war auch weg. Sie hatten seit mindestens einem Jahr nicht mehr miteinander geschlafen, warum auch immer – hauptsächlich wohl wegen des nicht vorhandenen gemeinsamen Schlafzimmers.

Basti seufzte lautlos, bemerkte, dass seine Frau nicht mehr im Küchenloft war, und studierte noch einmal eingehend den Wohnmobilprospekt, ehe er auf die Idee kam, wie die Kinder mit dem Smartphone die Websites der Baumärkte aufzurufen, um die Preise für Bodendielen, Duschschläuche und Holzzuschnitte zu vergleichen. Nur mal zur ersten Orientierung. So alt war er schließlich auch noch nicht, um nicht mit technischen Neuerungen mithalten zu können. Verärgert stellte er jedoch fest, dass die Menüführung der Seiten auf dem Smartphone anders war als auf dem Rechner und er viel zu lange brauchte, um die einzelnen Produkte zu finden. Aber das war ohnehin noch zu früh. Zunächst musste er den kleinen Truck auf dem Land noch einmal inspizieren und eine Bestandsaufnahme machen. Danach konnte er einen Masterplan zum Umbau erstellen. Und danach mit seiner Franziska und den Kindern im Wohnmobil womöglich durch die USA reisen. Gut, das ging nicht von heute auf morgen. Aber er war auch nicht mehr zwanzig, und es musste nicht mehr alles sofort geschehen. Wie hatte sein Vater immer gesagt: »Gut Ding braucht Weile.«

Außerdem, so fiel Basti ein, hatte er nun auch mehr Zeit, weil die Kinder nicht mehr hier wohnten und Frühstück und Abendessen dann bedeutend kürzer ausfallen würden, vor allem, wenn nicht noch Freunde der Kinder hier zu Besuch waren oder gar Emmas Freundinnen – zusammen mit Franziska wurde dann ewig Mode oder Kosmetik erörtert oder wer mit wem gut konnte. Wenn die Kinder gleichzeitig verreist oder sonstwie unterwegs gewesen waren, hatte er mit Franziska nicht viel geredet, man hatte sich nach dem Frühstück schnell ins Büro oder zum Dreh verabschiedet und beim Abendessen auch nicht lange verratscht, und er hatte sich danach meist schnell in sein Zimmer zurückgezogen.

Franziska kam in den Küchenbereich zurück, servierte das Gulasch und aß schweigend ihm gegenüber.

»Ist was?«, fragte er, denn sie blickte plötzlich so ganz anders drein.

»Nein, nichts, was soll schon sein?« Das klang beleidigt und nicht so, als ob seine Frau mehr dazu sagen wollte.

Wenn er jetzt nachhakte, wozu er durchaus in der Lage gewesen wäre, würde sie vielleicht wieder vom neuesten Ärger beim jüngsten Dreh berichten. Aber nach all den Jahren interessierten ihn diese Filmleute nicht mehr wirklich. Es war doch immer das Gleiche, die waren alle eitel und hielten sich für den Nabel der Welt. Hatte Franziska selbst auch gesagt. Er war auch nicht mehr eifersüchtig und vertraute seiner Frau voll und ganz. Mit einem von »dieser Bagage« – O-Ton Franziska – fing sie nichts an. Er konnte das ganz entspannt sehen. Außerdem hätte sie garantiert wieder mit ihm geschlafen, wenn ein anderer im Spiel gewesen wäre.

Markus, ein Kollege, hatte ihn definitiv von dieser Ansicht überzeugt, nachdem sie über ein Jahr lang bei jedem Mittagessen darüber debattiert hatten. Markus' Frau hatte einen anderen, und der arme Kollege registrierte damals quasi in Echtzeit, ob der andere präsent war oder nicht. Tagtäglich hatte er, Bastian, sich die Mutmaßungen anhören müssen (»Sie hat sich heute geschminkt, sie wird ihn treffen!« »Sie hat sich heute geschminkt, sie wird ihn garantiert nicht treffen, das macht doch keine Frau, sich vor dem Ehemann zu schminken und dann mit einem anderen ins Bett zu gehen!«). Abgesehen davon, dass Bastian so ein unwürdiges Schauspiel nicht mitgemacht hätte und er Markus im tiefsten Inneren bei allem Verständnis für ein Weichei hielt: Dessen Beobachtungen interessierten ihn eigentlich nicht die Bohne, und er hielt dessen Mitteilungsbedürfnis für ziemlich übertrieben.

»Wenn sie plötzlich wieder mit dir schläft, läuft was mit einem anderen!«, hatte Markus irgendwann abschließend zusammengefasst. »Das machen die Weiber, um dich in Sicherheit zu wiegen. Verweigert sie sich, hast du noch gute Karten.« Diese Aussage war Basti im Gedächtnis hängen geblieben. Markus war zwar nicht der Hellste, aber wo er recht hatte, hatte er wohl recht. Deshalb war sich Bastian auch sicher, dass Franziska ihm damals kurz vor der Hochzeit, als er höchstpersönlich auf den saudummen Vorschlag gekommen war, sich noch mal »die Hörner abzustoßen«, doch treu geblieben und sich nicht mit diesem Schnösel aus der Nähe von Altenmarkt – wie hieß der noch mal? Giovanni? – vergnügt hatte. Sie hatte ihn getroffen, das hatte er mitbekommen, er hatte sie eifersüchtig ziehen lassen – doch als sie nach diesem Rendezvous heimkam, war weder an Zärtlichkeiten noch an einen Beischlaf zu denken gewesen. Im Gegenteil. Franziska hatte ihm zum ersten und einzigen Mal eine regelrechte Szene gemacht und ihm vorgeworfen, so empfindsam wie ein Kieselstein zu sein. Mit einem befriedigten Lächeln war Basti in jener Nacht eingeschlafen. Jetzt wusste er, warum: Er hatte gegen die Konkurrenz gewonnen, wenn seine Frau plötzlich so zickig wurde!

Trotzdem wurmte ihn das heute noch, denn er selbst war damals gnadenlos gescheitert. Der wahre Kern seines Vorschlags hatte vermutlich darin gelegen, einmal die Freiheit zu haben, mit dieser attraktiven Blondine aus dem Büro ins Bett zu steigen. Ja, Blondine. Klischee hin oder her. Sie war einfach blond gewesen und die Tittengröße unfassbar. Aber an die mochte er gar nicht mehr denken. Sie hatte seine Avancen nach fünf Sekunden mit einem mehr als schroffen »Hast du sie noch alle, Alter?« in den Boden gestampft – und das hatte alle Annäherungsversuche dieser Art für alle weiteren Jahre und Jahrzehnte schon im Ansatz in den Boden gestampft.

Schwamm drüber! Unwichtig! Über zwanzig Jahre her. Es fiel ihm auch nur ein, weil Franziska ein wenig so wie damals schaute, irgendwie im Aufbruch, mit einem Funkeln in den Augen und unzufrieden. Und nichts, so gar nichts mehr sagte, obwohl er sie doch gefragt hatte, ob was sei. Aber kapiere einer die Weiber. Pardon, die Frauen! Denn wer Frauen versteht, kann auch durch null teilen!

Er bohrte lieber nicht nach, um sich den gemütlichen Abend auf dem Sofa nicht zu versauen, denn auch überraschender Besuch war abgewendet, nachdem Franziska nicht mehr auf die »überfällige« Einladung an die Nachbarn bestand. Gott sei Dank. Er wollte unbedingt die erste Folge der neuen Staffel des ZDF-Krimis sehen, die endlich ausgestrahlt wurde. Und morgen musste er früh raus, schon um halb sieben im Büro sein, weil er sich vergangene Woche trotz des Neuauftrags der Firma zwei Tage freigenommen hatte, um Emma bei Bedarf beim Möbelaufbauen behilflich zu sein. Auf Stand-by. Also nur für den Fall der Fälle, falls sie ihn doch gebraucht hätte, denn aufdrängen wollte er sich natürlich nicht, wenn das Mädchen seinen Auszug ohne die Alten schaffen wollte.

Als sich Bastian später gedankenlos ein Radler aus dem Kühlschrank nahm, hielt er inne – heureka! Er hatte schon wieder eine Idee. Überhaupt: die Idee des Jahrhunderts! Also gut, das war übertrieben. Aber zumindest war es die beste Idee des letzten Jahrzehnts. Franziska würde Bauklötze staunen, wenn er ihr diesen Vorschlag unterbreitete!

VINCENT

Shit! Dritter Versuch. Schon wieder war er aus der Online-Anmeldung für die FOS geflogen. Welche Idioten hatten eigentlich dieses Formular programmiert? »Wir werden digital« hieß bei Institutionen dabei: Umständlichkeiten vom Feinsten! Die Maske speicherte auch keine Daten, jetzt also alles noch mal neu eingeben. Name, Geburtstag, Noten einzelner Fächer und so weiter. Mom würde jetzt schimpfen: »Warum musst du auch immer alles auf den letzten Drücker machen?« Doch was hieß »letzter Drücker«? Es war jetzt 14 Uhr, bis 24 Uhr hatte er noch Zeit.

Aron schrieb schon wieder: *Hab gutes Zeug. Lust auf Mittagessen?* Aron hatte ihn schon zum Frühstück eingeladen. Natürlich nicht wirklich zum Essen. Doch so tarnten sie alles mit Drogen, der Freund und Helfer hätte sonst zu leicht alles erschließen können. Aron war nach dem ersten Joint zum Frühstück schon dicht. So viel wie der Kumpel hatte er nie gekifft. Oder? Vincent starrte aus dem Fenster und überlegte, ob er heute bei seinem selbst gewählten Trockenlegungsprogramm eine Pause machen sollte. Zwei Meter weiter im Regal lag das gute Gras, daneben die Papers und der Tabak. In einer mit Fischen verzierten Schale, die ihm Mom mal in einen Adventskalender gesteckt hatte und die er als Erstes hier im WG-Zimmer ausgepackt und aufgestellt hatte, warum auch immer.

Erst die Oma, dann die Schwester. Beide hatten ihm geholfen, nicht in die Fischschale zu greifen. Erst die Oma mit dem Passat. Dann die Schwester mit dem Umzug und später dieser Nachtaktion bei Tante Ida. Ihre Nachricht war gleichzeitig mit der von Aron gekommen, ob er nicht ein gutes *Nachtessen* mit ihm an der Münchner Freiheit genießen wolle.

Er hatte sich für die Schwester entschieden, und es war ihm leichtgefallen, weil Emma Hilfe brauchte. Vielleicht auch, weil der sportliche Ehrgeiz wegfiel, die Eltern auszutricksen und alles vor ihnen zu vertuschen? Vielleicht, weil er nicht mehr kindisch rebellieren musste? Oder wollte er bei der Schwester einfach ein erwachsenes Versprechen einhalten? Denn von ihr gab es keinen Druck. Aber doch eigentlich auch nicht von Mom und Dad. Also wenn überhaupt, dann von Mom. Denn Dad hatte keinen Schimmer. Mit dem hatte er schon voll zugedröhnt zu Abend gegessen, und er hatte nicht mal bemerkt, welche Dosis er zuvor geraucht hatte. Und Mom fragte zwar immer mal wieder nach, aber nicht heftig genug. Und wenn er richtig dicht war, hatte er es verstanden, ihr aus dem Weg zu gehen. Gut, hatte Vincent bisher immer gedacht. Die ließen ihn in Ruhe. Doch jetzt warf er den Alten fast vor, nie weitergebohrt zu haben. Das hätte ihm vielleicht geholfen. Mehr Druck. Sanktionen vielleicht? Nein, Quatsch, die machten das eigentlich schon richtig. Im Hotel, vor allem in der Küchenzeit, hatte er auch mehr als Druck gehabt und war dem Schnee ausgewichen. Das konnte er drehen und wenden, wie er wollte. Scheiß Prozess, erwachsen zu werden, da musst die Verantwortung für dich selbst übernehmen! Also er. Schwesterherzchen lernte hingegen endlich mal, etwas lockerer zu werden. Lebte, ganz untypisch für sie, noch im Umzugschaos.

Vincent schob die Fischschale hinter einen unübersichtlichen Wäschestapel, begann mit der Eingabe der Daten für die FOS erneut und musste grinsen. Emma, die immer brave Streberin, wusste seit gestern auch mal, was Maloche bedeutet, denn sie begann in der Gastronomie als Bedienung, um die Bude zu bezahlen. Das Geistlein hatte keine Vorstellung davon, was das hieß. In der Küche flogen auch heute noch wie sonst in keiner Branche die Watschen. Das war Stress pur, zwanzig verschiedene Essen gleichzeitig hinzukriegen. Okay, sie bediente nur, aber auch da musste sie den werten Popo ziemlich schnell in Bewegung setzen und konnte sich ihre Zartbesaitung aber so was von abschminken. Er war gespannt darauf, wie sie den ersten Rüffel vom Chef überleben würde. In Tränen aufgelöst. »Mensch, der ist ja so was von gemein, dieser Typ!« Auch wenn der nur sagte, sie solle mal ein bisschen schneller ihren Hintern bewegen. Schwesterherzchen hatte doch keine Ahnung vom Leben!

Und er? War echt noch mal was anderes, ohne die Alten in der eigenen Bude zu leben. Keine Kontrolle, alle Freiheit – und dabei so orientierungslos, obwohl er Monate auf den Auszug hingefiebert hatte. Ironie des Schicksals. Er hatte immer gedacht, dann könne er kiffen, wie es ihm passte, Tag und Nacht. Doch nur ein paar Tage danach hatte er den Plan gefasst, das aufzugeben.

Vincent ignorierte Moms Whatsapp-Nachrichten *(Wie geht es euch? Vincent, Emma, meldet euch doch bitte mal! Es ist so leer hier ohne euch. Ich vermisse euch so!)* und verschob die Entscheidung zu einem Mittagessen mit Aron. Erst mal musste er endlich diese Online-Anmeldung gebacken kriegen.

Magst ein gutes Essen? Bist eingeladen. Vincent starrte auf das Handy. Das schrieb nicht Aron oder ein Kumpel, sondern Emma. War die jetzt völlig durchgeknallt und fing mit Drogen an, wo er gerade damit aufhörte? Quatsch! Vincent entspannte sich wieder. Sie war den ersten Arbeitstag in der Mittagsschicht im Restaurant, und die hauten wohl die übrig gebliebenen Essen für das Personal und deren Freunde zum Schleuderpreis raus.

Ja!, tippte Vincent schnell und machte sich auf den Weg. Bei der Schwester gab es keine Fischschälchen. Zwar auch keine auszufüllenden FOS-Formulare, aber was war jetzt wichtiger, was hatte Priorität für sein Leben? Zum Abi kiffen oder clean das Abi versäumen? Für heute entschied er sich, das Grünzeug zu meiden und durchzuhalten.

Er aß mit Emma und ihrer verdammt gut aussehenden Bedienungskollegin Lara, die einen kleinen Trödelmarkt kannte, bei dem es angeblich alles gab, was Emma oder auch Vincent noch in der Bude fehlte. Vincent hatte eine bessere Idee. Nach Emmas Schicht – und wenn er endlich diese FOS-Anmeldung erledigt hatte – würden sie zu Omas »Mega-Warenlager« fahren. Die hatte doch sicher nicht nur zig Gläser übrig, sondern auch Geschirrtücher und Kaffeemaschinen. Lara könne gern auch mitkommen, er habe einen eigenen Wagen, einen Passat.

Emma sah ihn grinsend an und bemerkte lapidar: »Meinst du nicht, zu viel Familie schadet der psychischen Gesundheit?«

Vincent lachte. Diesen Satz hatte er selbst ihr noch vor vier Wochen an den Kopf geknallt.

FRANZISKA

Franziska wischte die Fensterrahmen im Loft mit Scheuermittel, obwohl es schon finster war. Wie lange hatte sie das schon machen wollen, war aber nie dazugekommen. Nach fast komplett reinigungsfreien Jahren waren die richtig versifft.

Basti schnarchte wieder auf dem Sofa. Wer der Täter im ARD-Mittwochs-Krimi war, würde er heute wohl nicht mehr erfahren. Oder jemals überhaupt noch? Kam diese Billigserie eigentlich in die Mediathek? Wer unter hundert Jahren guckte denn überhaupt noch Krimis? Die Jüngeren tummelten sich auf YouTube und tauschten sich auf WhatsApp aus. Aber nicht *ihre* Jüngeren. Weder Emma noch Vincent schrieben ihr zurück in der Familiengruppe.

Die haben zu tun mit Umzug und Studium und FOS-Bewerbung und Jobs und Liebschaften, sagte sich Franziska vor. Wie oft hatte sie selbst nur ganz knapp geantwortet, wenn sie auf einem Dreh gewesen war. Und dabei hatte eine Mutter zwar auf die Kinder schnell zu reagieren, aber umgekehrt nicht die Kinder auf die Mutter. Also, falls es da überhaupt eine Pflicht gab.

Eine Pflicht, sich zu melden, gab es auch nicht für Giovanni. Trotzdem hatte sie es erwartet. Und es ärgerte sie einfach maßlos, dass er es nicht tat. Ja, er war ein Meister der Komplimente, aber auch einer der falschen Versprechungen? Die neue Seidenunterwäsche lag unberührt in ihrem Teil des Kleiderschranks. Seidenunterwäsche! Im Kleiderschrank! Und was machte sie? Sie putzte die Fensterrahmen. Wie bescheuert war sie eigentlich? Das ging einfach nicht, dass ihr Putzniveau über ihrem Intelligenzniveau lag. Und wenn sie schon endlich, also unglücklicherweise jetzt wieder so viel Zeit hatte, warum rief sie dann nicht wenigstens ihre Mutter an und kümmerte sich etwas mehr um sie?

»Alles in Ordnung, Franziska?«, fragte Mathilde nach der Begrüßung.

»Ja, natürlich, wieso fragst du, Mama?«

Franziska klemmte den Hörer zwischen Schulter und Ohr, klickte die Seiten mit dem Fotoblog weg und nesselte an dem neuen H-&-M-Pulli herum, der nach einmaligem Tragen schon Schwächen in Form von Fuseln zeigte.

»Wie geht es *dir*, Mama? Gesundheitlich alles gut?«

»Ja, ja, alles bestens! Aber du klingst so komisch! Ist mit dir und Bastian alles in Ordnung?«

Wieso unterstellte Mama ihr eigentlich immer, dass ihre Beziehung oder vielmehr die Ehe nicht gut lief? Auch wenn die Mama jetzt recht hatte.

»Natürlich, alles in Ordnung, wie kommst du darauf, dass dem nicht so ist?«

»Weil du dich so anhörst. Als ob du mir was verheimlichst«, insistierte die Mutter.

Wunden Punkt getroffen. Das konnte Mathilde schon immer.

»Mama, Vincent und Emma sind gerade ausgezogen. Das ist irgendwie nicht so leicht wie gedacht. Und außerdem, ich weiß gar nicht, wie ich sagen soll … es ist irgendwie so leer alles. Und Basti ist irgendwie so … ihm scheint das gar nichts auszumachen.«

»Der braucht halt, bis er das kapiert. Der war schon immer so langsam, dass du froh sein kannst, wenn er nicht im Rückwärtsgang denkt.«

Wieder eine Punktlandung der Mama. Aber sie würde einen Teufel tun und das zugeben.

»Na ja, ich frag mich …« Franziska unterbrach sich selbst, um der Mutter nicht zu viel zu erzählen. »Ich frag mich halt, wie das weitergehen soll.«

»Aha.«

»Was heißt ›aha‹?«

»Na einfach ›aha‹.«

»Kannst du das vielleicht mal übersetzen? Also in eine verständliche Sprache außerhalb des katholischen Gebetskreises?«

Was war denn in sie gefahren? Wieso machte sie die Mama wie eine Pubertierende an? Schweigen am anderen Ende der Leitung. Wenn Mathilde ihrem katholischen Landleben nachging, war das doch in Ordnung. Was ging es sie, Franziska, an? Wurde sie jetzt nicht *vice versa* übergriffig wie Mama früher?

»Entschuldige, Mama, ich bin zu grob ... ich hab wohl gerade eine kleine Krise.«

»Aha, kleine Krise ...«

Dieses erneute »Aha« ließ Franziska auf der Stelle ihre Entschuldigung und die offenen Worte von vorhin bereuen.

»Was soll dieser Ton? Stell dir vor, Mama, ich bin schon über fünfzig, und du musst mir nicht mehr die Windeln wechseln.«

»Das hatte ich auch nicht vor! Für deinen XS-Arsch gibt es sowieso auch keine passende Größe.«

Franziska schnappte nach Luft. Jetzt konnte *sie* nur noch erwidern: »Aha.«

Am meisten ärgerte sie dabei nicht, dass ihre Mutter ihr Kontra gab – das war sie gewöhnt, seitdem sie das Licht der Welt erblickt hatte –, sondern die Wortwahl »XS-Arsch«. Das konnte Mathilde nur von Vincent oder Emma übernommen haben. Kein Meierhuber oder eine Gebetskreisdame würden den Begriff verwenden. Vincent hatte zwar ganz bestimmt nicht über ihren Popo als XS-Arsch gesprochen, und Emma erst recht nicht. Aber die Mutter hatte die Wortwahl garantiert von ihren Kindern aufgenommen und aufgesogen, weil diese so oft »XXL« oder »XS« mit anderen Wörtern kombinierten.

»Hat dich Vincent besucht?«, fragte Franziska.

»Ja, stell dir vor, zusammen mit Emma und einer Freundin von ihr, nettes Mädchen, war er da.«

Waren die schon wieder dort gewesen? Fuhren jetzt die Kinder samt Freunden zur Oma statt zu ihr? Sie wollte ja wirklich nicht eifersüchtig sein und freute sich natürlich darüber, wenn Kinder und Oma einen guten Kontakt pflegten. Wenn sie dort in *ihrem* Elternhaus zusammen lachten, wenn sie der Oma das Internet beibrachten oder deren Warenlager aus Sonderangeboten plünderten. Aber trotzdem passte es ihr nicht.

Franziska erschrak über die daraus folgenden Gedanken: Wenn die Kinder jetzt öfter bei der Oma statt bei ihnen weilten, konnte das nur daran liegen, dass Basti sie aus dem Haus vertrieben hatte. Nicht direkt natürlich, aber indirekt, froh darüber, dass niemand mehr seine Altherrenruhe störte. Und das hieß wiederum, dass dieser Mann hier eine Gruft aufmachte und sie mit diesem Kerl hier künftig lebendig begraben war – oder vielmehr, um wahrhaftig zu sein, dass sie sich selbst hatte lebendig begraben lassen.

Was sollte sie schon mit einem Mann anfangen, der von der »Idee des Jahrhunderts« sprach und damit weder eine Firmengründung, eine Weltreise oder einen Drehbuchstoff meinte, sondern im Gegenteil ihre Gefühle damit verletzte? Der hatte doch ernsthaft vorschlagen, eines der Kinderzimmer auszuräumen und dort ein gemeinsames Schlafzimmer einzurichten!

»Du scheinst ja nicht begeistert von dieser Idee?«, hatte er auch noch gefragt. Nur mit Mühe und Not hatte sie einen lauten Aufschrei unterdrückt und nicht etwa gezischt: »Dann zieh doch *du* aus! Dann bist du weg, aber die Kinder können wieder in ihre Zimmer kommen!«

Mit dieser Idee wollte Basti doch nur unbewusst unmöglich machen, dass die Kinder noch ein Zuhause hatten, wenn etwas schieflief oder sie hier bloß mal bei Liebeskummer übernachten wollten. Deshalb hatte sie Emma schließlich auch so viel Geld für ein neues Bett und neue Möbel gegeben. Über all das hinwegsehend, versprach er sich von seinem Vorschlag sicher auch wieder Sex mit ihr, wenn sie erst nebeneinander schlafen würden, was er mehrmals erwähnt hatte.

Aber da hatte er sich gehörig verrechnet. Erstens ließ sie es nicht zu, dass eines der Zimmer der Kinder ausgeräumt wurde. Und zweitens gab es mit einem so unsensiblen Trampel wie ihm erst recht keinen Sex mehr.

Am liebsten wäre Franziska in den Fiat gestiegen, um zu ihrem Elternhaus zu fahren. Einerseits war ihr danach, sich bei der Mama auszuheulen, andererseits wollte sie die Kinder sehen. Beides war absurd. Als ob sie bei der Mama Verständnis für Eheprobleme finden könnte. Und es war ja noch bescheuerter, als Fensterrahmen zu putzen, zur Mutter zu fahren, um dort auf Besuch der eigenen Kinder zu warten.

Trotzdem dachte sie über einen »Überraschungsbesuch« nach, ließ das Vorhaben aber sogleich wieder fallen, als Mathilde nach der telefonischen Verabschiedung plötzlich noch hinzufügte: »Kind, komm ja nicht auf die Idee, dich wegen dieser Krise scheiden zu lassen, das vergeht schon wieder. Da kommt nichts Besseres nach. Und die Ehe ist heilig, ein Sakrament!«

Mit den Worten »Dein XL-Katholizismus geht mir so was von auf die Nerven!« legte Franziska auf.

MATHILDE

Ihr Herz pochte, als sie den Höhrer auflegte. War das der Stress, vor dem die Ärzte sie gewarnt hatten? Ach was, mit der Franziska war es noch nie leicht gewesen. Die hatte sich noch nie was sagen lassen, selbst nichts von sich Preis gegeben und sich stattdessen in etwas hineingesteigert. Und deshalb würde sie jetzt auch nicht gleich nach dieser Unverschämtheit » XL-Katholizismus« einen Herzinfarkt bekommen – sonst hätte sie den schon seit fünfzig Jahren ständig erlitten.

»Siehst, Gottlieb, hab ich es doch richtig gemacht!«, murmelte Mathilde auf dem Weg zum Bad, um dort das Gebiss in den Reinigungsbehälter zu legen. Dieser Giovanni hatte nämlich bei ihr angerufen und nach der Nummer von Franziska gefragt, weil ihre Tochter da wohl etwas falsch notiert hätte. Beide hätten sich neulich zufällig getroffen, »nach Jahren«, wie der Giovanni einmal zu oft betonte und was Mathilde stutzig gemacht hatte. Warum unterstrich er das so? Doch nur um darauf zu verweisen, dass in dieser Zeit nichts gewesen sei. Denn damals, sie konnte sich noch gut daran erinnern, kurz vor der Hochzeit von Franziska, hatte er der Tochter schöne Augen gemacht. Zu schöne. Über die Meierhuberin, die damals im zehn Kilometer entfernten Haushalt von Giovanni putzte, hatte sie alles erfahren. Und außerdem war in der ganzen Gegend bekannt, was für ein Stenz dieser Schweizer war. Und der wollte jetzt wieder Kontakt zu ihrer Tochter aufnehmen? Ausgerechnet in deren Ehekrise? Als hätte sie es geahnt, was sie eben bestätigt bekommen hatte, hatte sie in weiser Voraussicht gesagt, sie habe keine Handynummer der Tochter und der Herr Giovanni solle es auch gefälligst unterlassen, Franziska auf dem Festnetz anzurufen, denn die Tochter sei glücklich verheiratet.

Mathilde streifte sich das Nachthemd über, schaltete das Radio mit dem katholischen Sender Horeb zu der Gutenachtgeschichte ein, schlug ihre Bettdecke zurück und dachte mit Blick auf Gottliebs Seite im Schlafzimmer, dass sie diese nun endlich einmal ausräumen musste. Sonst hätten die Tochter und die Enkelkinder eines Tages die Arbeit, nicht nur ihr gesammeltes Zeug zum Wertstoffhof zu bringen, sondern auch das vom Gottlieb. Dessen Zeit war schon länger abgelaufen als die des Joghurts, den sie heute im Kühlschrank entdeckt hatten. »Haltbar bis 2009« stand darauf. Unvorstellbar, wie der so weit nach hinten hatte rutschen können … oder doch? Jedes Sonderangebot hatte sie vor das andere gestellt. Und sie war zu klein gewesen, um auch ganz oben hinten im Kühlschrank auszusortieren. Oder zu bequem? Oder zu alt? Erst Vincent, auf der Suche nach Nutella, hatte das entdeckt.

Wie schön das war, wenn die Enkelkinder sich wieder blicken ließen und plötzlich wieder Leben im Haus war. Denn nicht nur Vincent kam wie versprochen öfter, sondern auch Emma war heute mit einer Freundin aufgetaucht und hatte ihr genau erklärt, was der Arztbericht aus der Klinik bedeutete. So genau, wie Mathilde es eigentlich gar nicht wissen wollte. Aber sie sagte natürlich nichts, um das Mädchen in seinem jugendlichen Medizineifer nicht zu stören. Selbstverständlich hatten die Enkel sie auch besucht, weil sie etwas brauchten. Aber das stand ihnen ja zu. Und die Rautengläser aus der Klinik hatten jetzt einen guten Verwendungszweck – bei Emma in der ersten eigenen Wohnung.

Mathilde hatte nach diesem Besuch jedenfalls einen sensationellen Plan in Angriff genommen: »Alles muss raus!« Und sie, ja, *sie* hatte Lebensmittel in die Restmülltonne geworfen. Augen zu und durch! Möglich war das zwar nur durch die Ermunterung von Vincent und Emma gewesen, die ihr erklärt hatten, dass sie ihr Nachkriegsverhalten, alles zu horten, endlich aufgeben müsse, aber immerhin. Mathilde war stolz auf sich – und stand noch einmal auf. Sie inspizierte den Küchenschrank mit den Backutensilien. Tatsächlich. Da lagen Mandeln mit dem Haltbarkeitsdatum bis 2002! Ein Wunder, dass da noch keine Würmer drin waren. Im Nachthemd ging Mathilde zur Restmülltonne vor der Garage und warf nicht nur die Mandeln, sondern auch noch Oblaten (Ablaufdatum 2014) hinein. Das musste ihr eine Meierhuberin und eine Frau Hinterschmidt erst einmal nachmachen! Die konnten vielleicht gut katholische XL-Gebetskreise eröffnen, aber nicht ausmisten.

Ruhig und befriedigt über ihr Tagwerk legte sich Mathilde – ihren Gottlieb immer noch vermissend – wieder ins Bett. Sie konnte aber nicht einschlafen, denn ein klein wenig plagte sie das schlechte Gewissen, ob sie sich bei der Tochter und diesem Giovanni nicht doch zu sehr eingemischt hatte. Immerhin hatte sie aber im Gegensatz zur Meierhuberin überhaupt ein schlechtes Gewissen – deren Gewissen war doch nur rein, weil sie es nie benutzte. Mathilde wusste jedoch, wie man ein schlechtes Gewissen bekämpfte, sie griff zum Rosenkranz und betete für Franziska. Schon beim zweiten Gesätzchen schlief sie darüber ein.

GOTTLIEB

Was ging hier vor? Warum um Himmels willen warf seine Frau Lebensmittel weg? Nachdem Mathilde im Nachthemd im Backregal in der Küche noch irgendetwas gesucht hatte und dann schon wieder zur Mülltonne geeilt war, seufzte sie mit Blick auf seine leere Betthälfte, griff zum Rosenkranz und schlief mitten im Gebet ein. Fast hätte er gesagt: »unschuldig wie ein Engel«. Aber Mathilde war weder ein Engel noch unschuldig. Sie hatte es immer noch faustdick hinter den Ohren, wie er festgestellt hatte, als ein Anrufer um Franziskas Handynummer bat und sie behauptete, diese nicht zu kennen. Dabei hing doch beim Telefon eine Liste, auf der ganz oben mit einem besonders dicken Stift geschrieben stand: *Handy Franziska* und eine Nummer dazu.

Dabei war sie ein Schatz, ihm bis weit nach dem Tod treu geblieben und hatte ihre kaum zu bändigende Energie darauf verwendet, eine gute Oma zu sein. Bei all ihren Falten war sie immer noch attraktiv, also, falls Himmelswesen wie er das überhaupt zu beurteilen verstanden. Wieso hatte er Depp ihr eigentlich nach dem ersten Ehejahr nie mehr gesagt, wie sehr er sie liebte, und auch Zärtlichkeiten nur äußerst sparsam eingesetzt? Gut, das ließ sich, im Nachhinein gesehen, mit der Maulfaulheit der Männer seiner Generation erklären, genauer damit, dass ein Mann Schwäche zeigte, wenn er über Gefühle sprach. Aber das war nur der eine Teil der Wahrheit. Der andere Teil lag in seinem Wesenszug, den er nie verstanden hatte und den auch seine Tochter Franziska unglücklicherweise von ihm geerbt zu haben schien. Sie war ihm ähnlich. Schon als kleines Mädchen. Und während er die im Nachthemd schlafende Mathilde zärtlich anblickte, erinnerte er sich an das »Nachthemd-Drama«.

Mathilde hatte von Tante Rita, ihrer mittlerweile längst verstorbenen Schwester, das Geschenk in Empfang genommen – ein Nachthemd für die kleine Franziska, die damals vielleicht sieben Jahre alt gewesen war.

»Was für ein edler Stoff!«, hatte Mathilde bemerkt.

»Der kratzt!«, hatte Franziska patzig erwidert. »Und sieht scheußlich aus! Zieh ich nicht an.«

Mathilde hatte die Tochter gepackt und an den Schultern geschüttelt. »Sei nie wieder so undankbar!«

Franziska hatte zu weinen angefangen, war in ihr Zimmer gerannt, hatte die Tür hinter sich zugesperrt und Mathilde damit zur Weißglut gebracht.

»Mach sofort auf!«, rief Mathilde und klopfte an die Zimmertür.

»Nein!«, antwortete Franziska.

»Doch!«, schrie Mathilde. »Sonst setzt du morgen keinen Fuß vor die Tür!«

Zitternd hatte Franziska geöffnet und Mathilde dem weinenden Mädchen das Nachthemd von Rita übergestreift.

Mitten in der Nacht stahl sich Franziska später zu ihm, ins Ehebett, kuschelte sich an ihn und weinte leise. Er hatte ihr über den Kopf gestreichelt. »Es gibt für jedes Problem eine Lösung«, hatte er fast hilflos geflüstert. Was hätte er auch sagen sollen, um seiner Frau nicht in den Rücken zu fallen und die Tochter trotzdem zu trösten?

Irgendwann war Franziska eingeschlafen und dann auch wieder aus dem Ehebett verschwunden. Er hatte gehofft, nun sei alles wieder in Ordnung, und das Mädchen habe sich beruhigt. Was für ein Blödsinn auch, wegen einem Nachthemd so ein »G'schieß« zu machen!

Doch schon am nächsten Abend stand die kleine Franziska plötzlich in einem Schlafanzug vor ihnen und wünschte artig: »Gute Nacht!«

»Woher hast du diesen Schlafanzug?«, fragte Mathilde empört.

»Von der Meierhuber Renate«, antwortete die Tochter triumphierend.

»Du kannst doch nicht von den Nachbarn etwas zum Anziehen nehmen!« Mathilde war außer sich. »Die glauben jetzt, dass wir uns das nicht leisten können! Schande machst du uns, Schande!«

»Du willst bloß, dass ich der blöden Tante Rita gefalle. Ich will das kratzige Nachthemd von ihr aber nicht anziehen!«

»Streitet doch nicht«, hatte Gottlieb eingegriffen. Doch das fachte den Zank der beiden nur noch mehr an.

»Das Mädchen gehört besser erzogen, du verziehst sie zu sehr!«, ging Mathilde ihn an.

Am nächsten Tag zwang sie das Mädchen dazu, den Schlafanzug mit einer Entschuldigung zu den Meierhubers zurückzubringen.

Ein paar Tage später stand Franziska erneut in einem Schlafanzug vor ihnen und erklärte, den Stoff vom Taschengeld gekauft und es selbst genäht zu haben.

»Unmöglich!«, schimpfte Mathilde. »Du lügst, so etwas kann man nur mit der Maschine nähen, und du hast keine. Auch noch lügen! Schäm dich in Grund und Boden! Woher hast du den Schlafanzug?«

»Gefunden!«, behauptete Franziska jetzt.

»Lüg nicht!« Mathilde packte das Mädchen an den Schultern.

»Doch!« Franziska ließ sich nicht einschüchtern.

»Wer einmal lügt, dem glaubt man nicht, auch wenn er dann die Wahrheit spricht«, dozierte Mathilde zornig.

»Du lügst doch auch immer, wenn du zu Tante Rita sagst, dass du dich freust, dass sie uns besucht. Und zu uns sagst du: ›Muss die dumme Kuh schon wieder kommen?‹«

»Das … das ist eine Notlüge, das ist etwas anderes«, stammelte Mathilde. Die Kleine hatte ihre Achillesferse getroffen.

Mathilde riss ihr den Schlafanzug vom Körper und zog ihr das Nachthemd von Rita über. Franziska wehrte sich zunächst, musste aber infolge ihrer körperlichen Unterlegenheit aufgeben und ließ es sich schließlich weinend gefallen.

»Das machst du nie wieder«, drohte Mathilde. »Etwas stehlen!« Gnadenlos fügte sie hinzu: »Vier Wochen Hausarrest!«

Woher dieser Schlafanzug nun wirklich stammte und ob er zurückgegeben wurde – daran erinnerte sich Gottlieb nicht mehr. Aber eins wusste er auch heute noch: Seit diesem Streit hatte seine Tochter nie mehr mit seiner Frau gekuschelt und sich auch nur noch manchmal ganz verstohlen an ihn, den Vater, gedrückt. Das Verhältnis der beiden hatte sich in der Pubertät weiter verschlechtert, und wenn überhaupt, hatte sich die Tochter nur *ihm* ansatzweise geöffnet. Und das auch erst, nachdem er ihr seinen Fotoapparat zur Verfügung gestellt hatte.

Franziska war damit durch die Straßen und Wälder gelaufen und hatte bald ein feines Auge für Motive entwickelt. In der Dunkelkammer warteten sie beide oft zusammen darauf, wie das Bild im Entwicklungsbad nach und nach sichtbar wurde und ob es überhaupt noch ins Fixierbad und unter die Presse kam. Gottlieb wusste bald zu deuten, wie die Bemerkungen zu einem morschen Ast oder die Nahaufnahme eines gelben Huflattichs den Gemütszustand des Mädchens spiegelten. Franziska drückte ihre Gefühle nicht mehr in Worten aus, sie suchte vielmehr Bilder dafür, die sie in der Dunkelkammer kommentierte: »Schau, wie traurig alles aussieht« oder »wie lustig und schön diese Blumen sind«.

Ob Frau und Tochter sich überhaupt noch an dieses Schlafanzug-Theater erinnerten? Nach dem Abitur war Franziska ausgezogen und hatte sich nur selten blicken lassen. Aber nach dem Ende ihres Studiums und der Hochzeit mit Bastian verstanden sich Mutter und Tochter wieder besser. Seit der Geburt der Enkelkinder bisweilen sogar richtig gut, denn Mathilde und er hatten Franziska als Großeltern immer gern unterstützt, damit die Tochter weiter in ihrem neuen Job als Kamerafrau arbeiten konnte. In diesem Punkt trafen sich die beiden Frauen. Vielleicht, weil Mathilde selbst gern Karriere in einem Beruf hätte machen wollen, aber er das bei seiner Frau nie zugelassen hätte. Denn *er* wollte, dass seine Frau zu Hause blieb und sich um Haushalt und Kind kümmerte. So wie er damals eben meinte, dass es sich so gehörte.

Enkelkind Emma studierte jetzt auch ganz selbstverständlich Medizin, anscheinend mit großer Leidenschaft, wie er ihren begeisterten Ausführungen entnahm.

»Und wenn ich meinen Facharzt habe, will ich sieben Kinder!«, hatte Emma auf der Terrasse verkündet.

Mathilde hatte gelacht. »Das geht dann aber nur mit Kindermädchen, du weißt ja gar nicht, was das heißt, Kinder aufziehen.«

Brüderlich schroff hatte Vincent gestichelt: »He, du tickst ja echt nicht richtig. Sieben Kinder? Am besten noch mit diesem so ungeheuer zuverlässigen Leo? Geh mal lieber nach Afrika und rette die Welt!«

»Wer behauptet, dass mich Afrika interessiert?«

»Völlig egal, von wo aus du die Welt retten willst, Schwesterherz – du träumst! Das ist kein Kuschelkurs, so wie du dir das vorstellst, fein gepampert zwischen Abi, Sozialausflug und Uni.«

»Nee, Bro, bloß kein Sozialneid, nur weil du dir …« Mit Blick auf Mathilde hielt Emma in ihrem Satz inne. »Also, all das Zeug, weil du so fertig gewesen bist, dass du deshalb die Schule geschmissen hast! Ich war nur einen Tick klüger als du. Hab früher kapiert, worauf es ankommt. Darüber solltest du mal dringend nachdenken«, hatte Emma gekontert.

Gottlieb schmunzelte – und sah, dass Mathilde das Gleiche dachte wie er: Zwei junge Leute Anfang zwanzig stritten sich darüber, wer mehr vom Leben verstand! Dazu sagte man am besten gar nichts und ließ sie ihre Erfahrungen machen. Wobei auch Erfahrung nicht alles bedeutet, denn jeder konnte jahrelang etwas falsch machen, ohne es zu merken.

Er ließ sich ganz langsam schwebend neben Mathilde im Bett nieder, auf seiner angestammten Seite. Würde sie im Schlaf vielleicht seine Anwesenheit spüren? Er streichelte ihr als zarter Lufthauch über die Wange. Das konnte ja nun wirklich nicht als Eingriff ins irdische Geschehen gewertet werden, oder? Voller Zärtlichkeit ließ sich Gottfried zu der Ansicht hinreißen: Die Frau ist Gottes Entschuldigung für den Mann!

BASTIAN

Wir müssen reden«, sagte Franziska mit gefährlich ruhiger und doch fester Stimme, acht Tage nachdem Emma ausgezogen war. Er war so perplex, dass er in seiner Frühstücksvorbereitung innehielt und sie anstarrte. Franziska nahm ihm das Marmeladenglas aus der Hand, das er gerade auf den Küchentisch stellen wollte.

»Moment!« Was wollte sie von ihm?

Er ging zur Kücheninsel, stellte die Kaffeemaschine ab, nahm die Eier aus dem Kocher und bemerkte, dass er versehentlich vier statt nur zwei hineingelegt hatte. Das kam davon, wenn sich die Routine änderte. Nun waren zwei weiche Eier übrig. Er hatte ja das Frühstück immer nur am Wochenende gemacht und hatte jetzt – geistig schon halb im Büro und bei dem Gedanken, ob er vorher nicht doch noch beim Obi vorbeischauen sollte – nicht wirklich darauf geachtet. War auch irgendwie komisch, Frühstück nur für die Hälfte der Belegschaft zuzubereiten.

Franziska lächelte seltsam, als er sich zu ihr an den Tisch setzte. Ah! Jetzt! Sie hatte bestimmt ein schlechtes Gewissen, weil sie seinen Vorschlag für das gemeinsame Schlafzimmer ablehnen wollte, und deshalb leitete sie das Gespräch so ernsthaft ein. Dabei sah sie in ihrem Flanellschlafanzug ganz zerbrechlich aus, dünner geworden, ein paar Falten mehr im Gesicht. Sie duschte immer erst nach dem Frühstück und bemerkte dazu gern: »Sehr rücksichtsvoll vom Badezimmerspiegel, dass er beschlägt, wenn ich aus der Dusche komme.« Der Schlafanzug war eigentlich zu groß für sie, das gehörte sich aber so, wie Emma einmal lang und breit erklärt hatte – »Oversize« oder so ähnlich hieß diese Mode. Es wirkte ein wenig, als ob sich seine Frau mit einem Männerschlafanzug vor irgendetwas schützen wollte.

»Du musst nichts sagen, ich weiß schon, da brauchen wir nicht mehr reden.«

»Wie bitte?«

»Dann behalten wir halt die Kinderzimmer, wie sie sind. Ich hab ja bloß gemeint. Lassen doch viele Eltern die Kinderzimmer so, wie sie sind, aber die Kinder kommen doch nicht zurück.«

Basti biss in die Marmeladensemmel und schielte auf das Handy, in dem er die neuen Baumarktprospekte gebookmarkt hatte. Franziska schlug das Ei auf.

»Nein, Bastian!«

Wieso nannte sie ihn Bastian? Das tat sie nur, wenn es richtig ernst wurde.

»Es geht so nicht mehr weiter!«

Da halfen bloß Scherze. »Ja, ja, ich bin auch dafür, dass du wieder wie früher das Frühstück übernimmst. Das war jetzt nur eine … wie soll ich sagen ›Interimszeit‹«.

»Nein, Bastian, es geht um mehr!«

Er legte die Semmel auf den Teller. Das klang zu ernst, die Stimme, der Blick dazu. Das wurde richtig ungemütlich.

»Ich frag mich, ob wir uns nicht besser trennen sollten.«

Er starrte sie an.

»Was?«

Franziska sah ihm fest in die Augen.

»Warum?«, fragte er. »Hast du einen anderen?«

Hatte sich Markus getäuscht? Schlief sie deshalb schon so lange nicht mehr mit ihm?

»Nein!«

Das klang ehrlich und überzeugend – und irritierte ihn deshalb noch viel mehr.

»Hast du deine Tage?«, fragte er wider besseres Wissens.

»Falls es dir entgangen sein sollte: Ich habe meine Tage schon seit drei Jahren nicht mehr.«

»Sex haben wir auch schon seit Jahren nicht mehr«, entfuhr es ihm.

»Ja, und das hat vermutlich einen Grund. Vielleicht ist alles längst vorbei, und wir machen uns nur noch etwas vor. Ich hab die ganze Nacht nicht geschlafen und darüber nachgedacht.«

»In nur einer Nacht fegst du … wie lange sind wir zusammen …?«

»Wenn es nicht so traurig wär, würd ich jetzt lachen. Der Klassiker: *Er* weiß nicht mal, wie lange wir zusammen sind.«

Blitzschnell rechnete Bastian nach. Hochzeit im Mai 1997. Davor fünf Jahre wilde Ehe. »Siebenundzwanzig Jahre«, erklärte er.

Sie blickten sich in die Augen. »Reisende soll man nicht aufhalten«, dachte Bastian.

Zugleich überforderte es ihn komplett, sich ein Leben ohne Franziska an der Seite auszumalen.

»Ja, wenn du meinst«, sagte er. »Ich kann dich zu nichts zwingen. Aber wir sollten uns nicht streiten.«

Franziskas Augen verengten sich gefährlich.

»Du meinst also … also, du glaubst auch, dass es aus ist mit uns?«

»Das hab ich nicht gesagt, aber wenn wir uns schon trennen oder scheiden lassen, dann bitte anständig. Nicht so wie andere Paare. Ohne Streit und Vorwürfe und das ganze Zeug.«

Franziska nickte, wieder entspannter. »So waren wir noch nie. Und nicht nur wegen der Kinder.«

»Das soll fair ablaufen«, meinte er. »Ruhig und unaufgeregt.«

»Prima!«, erwiderte Franziska. »Das kriegen wir besser hin als andere Paare mit ihren Rosenkriegen.«

»Aber selbstverständlich, Franziska. Wir haben uns noch nie blöd gestritten. Und das werden wir auch jetzt nicht tun.«

Mit einem ungläubigen Blick in seine Richtung sagte Franziska »danke«, stand auf, nahm ihre Wäschestücke und verschwand damit ins Bad. Sie riegelte die Tür hinter sich ab.

Gut, das hatte sie seit Jahren schon so gemacht, immer aus Rücksicht auf Vincent, um als Mutter dem pubertierenden Sohn nicht nackt über den Weg zu laufen. Aber jetzt waren sie doch zu zweit. Und überhaupt – was meinte sie mit dem Satz: »Ja, und das hat vermutlich einen Grund«? Hatte sie also doch einen anderen? Seine Franziska? Unvorstellbar.

Das »ruhig und unaufgeregt« von eben kehrte sich plötzlich ins Gegenteil um. Wie ein Idiot klopft er an der Badezimmertür und fragte, ob sie einen anderen habe.

»Nein, natürlich nicht!«, schallte es ihm entgegen.

»Aber was ist denn dann los?«, fragte er hilflos durch die geschlossene Tür.

»Nichts, gar nichts.«

Genau das hatte er über all die Jahre immer geantwortet, wenn er seine Ruhe hatte haben wollen.

Basti setzte sich wieder an den Frühstückstisch, aber es hatte ihm den Appetit verschlagen. Ausgerechnet heute, wo er vier weiche Eier gekocht hatte, aß niemand mit, denn auch Franziska hatte nur ein paar Bissen zu sich genommen. Weil ihm nichts Besseres einfiel, starrte er stumpfsinnig auf die Sonderangebote von Toom. Er sollte jetzt lieber ins Büro gehen. Alles wie immer machen. Es war ja nicht wirklich zu verstehen, was hier vor sich ging. Was für einen Sinn würde es noch ergeben, einen Lastwagen zum Wohnmobil umzubauen, wenn die eigene Frau darin nicht mitfahren wollte? Ganz zu schweigen von den Kindern.

Vielleicht hatte Franziska auch nur ausgesprochen, was er schon ein paarmal gedacht hatte: Da stimmt doch was nicht mehr. Wie blöd war er eigentlich gewesen, so lange auf Sex zu verzichten?

Aber wollte sie wirklich so von einem Tag auf den anderen die Ehe aufkündigen? In seinem Hirn ratterte es. Das konnte doch nicht sein! Ganz bestimmt nicht. Nicht nach siebenundzwanzig Jahren. Das sagt man doch nicht einfach so am Küchentisch morgens vor der Arbeit beim Frühstück. Was hatte man ihm im Büro schon über Frauen in der Midlife-Crisis erzählt. Er hatte es nur nicht wahrnehmen wollen. Der Auszug der Kinder – *das* machte ihr so zu schaffen. Nein, bevor er sich darauf einstellte, Single zu werden, wartete er lieber erst einmal ab.

Er musste seiner Frau nur endlich mal wieder ein Geschenk machen und sich nicht nur mit der Arbeit oder Wohnwägen beschäftigen. Das hatte er zu lange vernachlässigt, und manche Probleme ließen sich ganz einfach lösen, wenn man nur aufmerksamer war. Oder ein gemeinsames Schlafzimmer hatte und einfach mal wieder miteinander schlief. Aber das wollte ja Franziska nicht. Oder? Moment! Darüber hatten sie gar nicht mehr gesprochen.

Er würde heute Abend ganz klischeehaft Blumen und eine Flasche Wein mit heimbringen. Die naheliegendsten Lösungen und die einfachsten Mittel bewirkten oft die größten Wunder.

FRANZISKA

Sie legte die Kabel noch einmal von hinten über die Ohren, so wie es ihr Vincent gezeigt hatte, und startete mit den Ohrstöpseln und der Playlist »Outdoor« zum ersten Lauf seit über zehn Jahren. »Lass sie gehn!«, sang Peter Fox. Das sollte mal jemand Basti vorspielen. Aber nein, bei ihm hörte die Musik anno 1970 mit den Beatles und »Let it be« auf. »Let it be«! Bloß nichts in die Hand nehmen und verändern. Egal. Seine Sache. Es ging sie nichts mehr an, wo er wann und warum stehen geblieben war.

Sie lief. Wenn auch hechelnd und völlig außer Kondition, aber sie lief wenigstens. Keinen Gedanken mehr an »Wie kann der nur …?« verschwenden. Nein. Schau nach vorn. Go for it! Lauf! Ein Strauch schlug schon Knospen, und Krokusse, Narzissen und Schneeglöckchen blühten im Park am Wegrand auf.

Krieg den werten Popo hoch! Genau den, der sich wieder runden sollte. Bau Muskeln auf. Du musst straffer werden, das Wabbelige wegtrainieren. Du hast dich getrennt! Jetzt bist du wieder auf dem Markt. Aber älter. Verdammt viel älter. Bei den Falten ist eh Hopfen und Malz verloren. Unsinn, eigentlich waren es noch echt wenige für »ohne Botox«. Weiter! Nicht aufgeben! Kneif die Arschbacken zusammen! Mach nicht schlapp!

Franziska pausierte keuchend auf der nächsten Bank im Park beim See und beobachtete die Enten, die keine andere Aufgabe hatten, als hier rumzuschwimmen. Wenn sie doch bei Bastian bliebe, würde sie sich körperlich nicht so quälen und schon kurz nach neun durch einen Park laufen und danach noch mal duschen müssen. Stattdessen könnte sie sich, da sie nur einen kurzen Nachmittags-Nachdreh hatte, ganz gechillt im Pyjama mal in Ruhe durch die geförderten Filmprojekte klicken.

Nein, wirklich keine Option. Eine der blödesten Überlegungen seit Langem. Klar kam der Gedanke auf, bei ihrer sportlichen Trägheit.

Wenn Faulheit eine olympische Disziplin gewesen wäre, hätte sie in den letzten Jahren den vierten Platz belegt, damit sie nicht auf ein Podest steigen musste. Aber was warf sie sich da vor? Ihre Faulheit war doch ein Witz gegen Bastis *Mund*faulheit. Noch schlimmer, er war auch »gefühlsfaul«. Der hat sie wirklich nicht mehr alle. Da fragt sie ihn vorhin, ob sie sich nicht besser trennen sollten, und er antwortet nur »Wenn du meinst«, von ein paar kleinen Nachfragen abgesehen. Hochsensibel natürlich, während sie duscht, also nackt in einem Raum steht. Zu dem sie ihm zwar keinen Zutritt gewährt, wo sie aber ganz bloß und ungeschützt ist. Und da schreit er auf sie ein, ob sie einen anderen hätte – er, der sonst den Mund nie aufkriegt, außer er hat ihn gerade mit Speisen voll! Was Besseres, als zu fragen, ob sie einen anderen hätte, fiel ihm nicht ein. Am liebsten hätte sie »ja« gerufen, hatte es sich aber gerade noch verkniffen.

Sie forderte sich zu einem weiteren Tritt in den eigenen Hintern auf und setzte in den völlig veralteten und unmodischen Jogginghosen, dem billigen T-Shirt und einer Fleecejacke für vier Euro ihren Kampf gegen den Schlabberkörper fort. Schritt für Schritt. Laufend. Bloß nicht gleich überfordern oder zu viel von sich erwarten, sie musste sich hochtrainieren. Realistische Ziele setzen. Nicht frustriert sein, wenn es nicht so lief, im wahrsten Wortsinn. Nicht beeindrucken lassen von den jungen Frauen und Männern, die sie in höchst modischen, sportlichen Outfits überholten. Glänzende Stoffe – »atmungsaktiv« hieß das, fiel ihr ein. Sogar beim neuen Trockner gab es jetzt ein Programm »Sportsware«. Franziska hatte es der Familie bewusst verschwiegen, denn sonst hätten wieder die Debatten eingesetzt, warum sie es nicht verwendete. Warum begriff eigentlich niemand, dass sie noch etwas anderes im Kopf hatte außer neuer Technik bei Trocknerprogrammen? Warum war sie überhaupt schon immer für die Wäsche zuständig gewesen? Seit Jahren, seit Jahrzehnten, wenn sie es genau überlegte: seit siebenundzwanzig Jahren. Seit sie mit Basti zusammengezogen war, hatte sie immer die Wäsche gemacht. Gut, Basti hatte auch einiges im Haushalt übernommen. Das war nicht das Problem, so wie bei Suzi. Die hatte sich scheiden lassen mit der Begründung: »Im Gegensatz zu meinen drei Kindern kann mein Mann nicht einmal die Jacke an der Garderobe aufhängen.«

Franziska war schon wieder außer Atem und beschloss, eine weitere Pause auf der nächsten Parkbank einzulegen. Man trennt sich doch nicht wegen brauner C-&-A-Unterhosen. Aber nein, es war ja nicht die Wäsche. Es war dieses: »Ja, wenn du meinst …« Man kämpfte doch um eine Frau, die man liebt! Basti machte jedoch nicht mal Anstalten, in eine Arena zu steigen, im Gegenteil, er schien ganz froh zu sein, daraus flüchten zu können. Hatte sie in der Nacht zuvor noch gezweifelt, so war ihr nach diesem Frühstücksgespräch klar geworden: Nein, es ergab keinen Sinn mehr. Lieber ein Ende mit Schrecken als ein Ende ohne Schrecken. Wobei das »Ende mit Schrecken« ja eigentlich unspektakulär unerschreckend war. Basti hatte es sofort wie sie gesehen: bloß kein Drama veranstalten, friedlich bleiben, sich vernünftig trennen. Das musste sie ihm wirklich hoch anrechnen. Er hatte ihr keine wirkliche Szene gemacht, außer ganz kurz vor der Badezimmertür. Wobei … Liebt man den anderen eigentlich, wenn man bei so einer Ansage am Frühstückstisch nicht mal eine Szene macht? Basti stampfte siebenundzwanzig gemeinsame Jahre einfach emotionslos in die Tonne und bereute in diesem Augenblick vermutlich mehr, aus Versehen vier statt nur zwei Eier gekocht zu haben, so sparsam, wie er war. Er predigte doch dauernd: »Lebensmittel dürfen wir wirklich nicht vergeuden. Hier, bei uns in der Küche, fängt der Klimaschutz an, im Kleinen!«

Deshalb hatte sie abgelaufene Lebensmittel immer heimlich entsorgt, beim Sommerputz, den Basti schwachsinnig fand. Sie hatte den Sommerputz irgendwann einmal eingeführt, als die Kinder schon etwas größer waren und sich ein Reinemachen nicht mehr so anfühlte, als würde frau mit Nutella im Mund Zähne putzen.

»Just do it!«, murmelte Franziska vor sich hin und startete wieder, ehe ein Wadenkrampf sie erneut außer Gefecht setzte und aufschreien ließ.

»Alles okay?«, fragte ein junger Mann im Alter von Vincent, der an ihr vorbeirauschte.

Eigentlich eine nette Frage. Aber der mitleidige Blick in seinen Augen verriet ihr, dass er sie eher für eine aus einem Seniorenheim geflüchtete Alte hielt als für eine Frau im Aufbruch in die besten Jahre.

Der Couch Potato-Seniorenmodus von Basti hatte offenbar auf sie abgefärbt und sie zu einer älteren Frau außer Form gemacht, ohne

Hintern, ohne Kondition, ohne attraktiven Körper. Er ließ sich gehen – und sie sich mit ihm. Siebenundzwanzig Jahre mit diesem Mann waren genug. Bloß nicht daran denken, dass er auch gute Seiten hatte! Nur ja nicht alles vor sich selbst schönreden, um schließlich mit ihm in eine Altersstarre zu fallen. »Ja, wenn du meinst …« – das war das Ende. Hätte er gesagt: »Du spinnst, wir lieben uns doch!« Oder: »Ja, wir haben eine fette Krise, aber lass es uns noch mal probieren!« – das wären klare Ansagen gewesen. In einem Ring, in dem sie vielleicht hätten weiterkämpfen können. Aber das tat er nicht. Und genau deshalb war es auch vorbei mit ihnen.

Franziska machte sich durch den Wadenkrampf humpelnd auf den Weg zurück und dachte beim Anblick einer Ente, die ihren Jungen etwas in den Schnabel stopfte, an Mathilde. Ihre katholische Mutter würde kopfstehen, wenn sie von der Trennung erführe.

Aber das war *ihr* Leben, in das sich die Mama nun wirklich nicht mehr einzumischen hatte. Sollte Mathilde doch selbst den Rest ihrer Tage neben Bastian verbringen, wenn sie es neben ihrem Schwiegersohn aushielt. Dagegen war Papa – Gott hab ihn selig – ja ein geistiges Feuerwerk gewesen! Gottlieb hatte noch mit achtundsiebzig Jahren erklärt, er wolle das Einfamilienhaus umbauen lassen, damit sie es später besser vermieten könnte, aber selbstverständlich für sie ein Zimmer immer reserviert halten. Das war eine Vision und eine Ansage. Basti hingegen hatte von der »Idee des Jahrhunderts« gesprochen, ein Kinderzimmer auszuräumen. Ein Kinderzimmer ausräumen! Wie froh war sie selbst über all die Jahre immer gewesen, noch ein »Daheim« und ein Zimmer bei Papa zu haben, für den Notfall, das wäre immer da gewesen, auch wenn sie es nicht in Anspruch genommen hatte. Aber auch in Bezug auf die Kinder war Basti so sensibel wie ein Felsbrocken – er hatte einfach in eine Wurstsemmel gebissen, während seine Tochter Hals über Kopf auszog.

Die Wade schmerzte plötzlich nicht mehr, und Franziska konnte beim Verlassen des Parks und beim Einbiegen auf die Stadtwege wieder ganz normal gehen, an einer Bäckerei mit dem Duft der Morgensemmeln, einem Dönerladen und einem kleinen Café vorbei. Dieses Café war neu. Jedenfalls hatte sie es noch nie bemerkt.

Zehn Meter hinter dem Café kehrte sie wieder um. Warum dort nicht einen Espresso macchiato trinken? Die Zeiten, in denen man in Deutschland nur ungenießbaren Kaffee vorgesetzt bekam, waren vorbei. Und sie musste nicht »heim« – im Gegenteil, sie war weder den Kindern noch einem Mann verpflichtet. Ha, sie musste sich an die Freiheit gewöhnen, die sie nun wieder hatte!

Sie bestellte einen Espresso samt einem kleinen italienischen Dolce, das sie sich nach diesem Lauf redlich verdient hatte, und hörte den Tischnachbarn laut sagen: »Hey, Siri, füge die Nummer 017689723675 den Kontakten hinzu!«, ehe er den Laden mit seinem Kumpel verließ.

Franziska fiel ein, dass sie nun nicht nur viele Freiheiten *von* etwas hatte, sondern auch *zu* etwas. Alles stand ihr nun offen! Auch und vielleicht sogar ein anderer Mann. Warum hatte sich Giovanni nicht mehr gemeldet? Hatte er ihre Nummer vielleicht verlegt oder verloren? Warum hatte sie es nicht so wie die Jungen eben gemacht – die Handynummern nicht auf Papier notiert, sondern gleich in das Gerät eingetippt und zur Kontrolle dem anderen eine Nachricht geschickt? War das alles mit einem iPhone – worauf das »Hey, Siri« schließen ließ – nicht ganz einfach zu handhaben? Aber *sie* würde Giovanni doch finden können – im Gegensatz zum Weg andersherum, denn ihre Telefonnummer hielt sie wegen einiger ihrer Schauspielerfreunde und deren Stalker geheim. Er arbeitete ja immer noch für Zeitungen. Google würde helfen!

Als Franziska das Smartphone entsperrte, sah sie siebzehn ungelesene Whatsapp-Nachrichten. Du lieber Himmel!

Nein, nicht »du lieber Himmel«. Sohn Vincent tippte einfach immer, wie er gerade lustig war, und fasste Nachrichten nicht so wie sie zu einer einzigen zusammen. Es ging weder um Drogen noch um Liebeskummer noch um die Anmeldung bei der FOS. Nein, Vincent wollte nur wissen, wie man Bolognese kocht und wie man eine Arbeitsplatte reinigt.

Franziska schmunzelte. Gut so, wenn der Junge nun alles selbst lernte, spät zwar, aber immerhin. Spät, weil Basti – noch ein Grund mehr, ihn zu verlassen – den Kindern immer alles abgenommen hatte. »Das mach ich schon!«, war stets seine Aussage gewesen, wenn sie die Kinder in die Haushaltspflicht hatte nehmen wollen. Doch am Ende hatte nicht *er* es gemacht, sondern *sie*. Wieso hatte sie immer verdrängt, dass er die Kinder so verzog? Ein Scheißvater zu einem schlechten Ehemann also noch dazu. Allabendliches Vorlesen zu Kinderzeiten hin oder her.

Ah, antwortete Franziska, ja, *Arbeitsplattenreinigung ist wirklich extrem kompliziert. Du brauchst ein Mittel aus dem Drogeriemarkt, vulgo Spülmittel, einen Lappen und etwas Verstand.*

Mit einem Tränen lachenden Emoji antwortete Vincent.

Danke, Mom, wusst ich doch, dass bei entscheidenden Fragen auf dich Verlass ist!

Franziska steckte das Smartphone wieder in die Jackentasche, es bimmelte erneut.

Keine Nachricht von Vincent, sondern von Bastian: *Komme heute früher. Ich mache Essen, bringe Wein mit. Hab die Idee des Jahrhunderts!*

EMMA

Emma setzte den Fahrradhelm auf und kontrollierte, ob der Gurt unterm Kinn straff genug saß. Flugs drehte sie die Zahlenkombi des Fahrradschlosses auf die Freischaltung und stieg auf das leichte Rennrad, das Dad ihr auf einem Flohmarkt besorgt hatte. Sie schob den Rucksack auf ihrem Rücken zurecht und trat mit aller Kraft in die Pedale. Für eine kurze Strecke zwischen Klinikum und Wohnung gab es einen Fahrradweg mit Schatten spendenden Bäumen, aber östlich der Allee hieß es wieder, sich zwischen Autos auf der Straße durchzuschlängeln und achtzugeben, denn es war eindeutig zu früh, so wie der Typ zu enden, den sie eben präpariert hatte. Beziehungsweise zu präparieren versucht hatte, denn wie der Pathologe das Skalpell so genau hatte ansetzen können, um Fett und Muskeln freizulegen, war ihr ein Rätsel, auch wenn der Prof sie väterlich ermuntert hatte: »Alles Übungssache, das lernst du schon noch, du wirst eine gute Ärztin werden.« Wie er darauf komme, hatte sie erstaunt gefragt, und der Mann hatte lächelnd erklärt: »Na, wer darum bittet, schon gleich zum Beginn des Praktikums auch in die Pathologie zu kommen, weiß, worauf es ankommt, und deshalb hab ich dir das auch ausnahmsweise gezeigt.«

Noch ein größeres Rätsel war ihr allerdings, wie sie die ersten vorklinischen Prüfungen schaffen sollte. Sie hatte ja damit gerechnet, dass der Wechsel von Augsburg nach München und das Medizinstudium generell kein Zuckerschlecken würde, aber dass sie zusätzlich zu ihren Abendschichten im Gastrojob derart in die Tiefen von Chemie und Physik vordringen musste, hatte so gar nicht auf ihrer Agenda gestanden. Während die auf Lehramt studierende Lara, die von einer Kollegin schnell zu einer Freundin geworden war, jetzt mit ihrem Date zu dem Musikfestival reiste, fuhr sie Idiotin mit dem Fahrrad gehetzt durch die Stadt, um sich daheim schnell umzuziehen, damit sie nicht zu spät zur Abendschicht kam.

Sie radelte wie eine Verrückte, immer noch mit dem scheußlichen Formaldehydgeruch der Leichen in der Nase an diesem warmen

Märztag durch diese *eigentlich* so schöne Stadt, in der man sich aber als Studentin *eigentlich* keine eigene Wohnung leisten konnte, außer die Eltern waren stinkreich.

Helfersyndrom! Sie ärgerte sich wieder. Nur nicht daran denken. Und zugleich vermisste sie ihn schon wieder so krass. Half nichts. Emma trat noch fester in die Pedale, ehe etwas oder jemand sie aus der Bahn warf und sie auf einer Wiese landete. Im Fallen sah Emma ihr Etui mit dem Präp-Besteck in hohem Bogen aus dem Rucksack fliegen und neben ihr landen. Hatte sie den Rucksack nicht richtig verschlossen? Und hatte sie noch alle, jetzt *daran* zu denken, während sie die nächste Leiche sein konnte, die der nette Prof obduzierte? Je nachdem, wie sich das Aufstehen jetzt anfühlen würde – doch nein, sie war bei Bewusstsein, hatte keine Atemnot und keine Schmerzen. Und so viel wusste sie auch als Zweitsemester Medizin, dass sie deshalb nicht in der Leichenhalle landen würde, zumal sie ja einen Fahrradhelm trug.

Das Etwas, das sie angefahren hatte, war ein Jemand, genauer ein ER mit dunklen, schwarzen Locken und einem Schnauzer, der sich völlig bestürzt zu ihr herunterbeugte und fragte: »Geht's? Ist dir was passiert?«

Emma starrte in seine großen, dunklen Augen. »Keine Ahnung, ich versuch jetzt mal, ob ich aufstehen kann.«

Der etwa Gleichaltrige griff ihr unter die Schultern.

»Finger weg!«, zischte ihn Emma an.

Der Lockenkopf wich erschrocken zurück, Emma setzte sich auf und erhob sich vorsichtig wieder. Da schien nichts gebrochen und alles intakt zu sein.

»Gott sei Dank!«, seufzte der Kerl erleichtert. »Es tut mir so leid! Ich hab dich nicht kommen sehen … ich … ich weiß gar nicht, was ich sagen soll«, stotterte er.

»Dann halt die Klappe und red erst wieder, wenn du was zu sagen hast. Oder hast du ein Helfersyndrom?«, entgegnete Emma patzig und packte das Präp-Besteck in den Rucksack zurück. Der Typ blieb wie angewurzelt stehen und starrte sie an. Beim Anblick der wie eingefrorenen Mimik dachte Emma an die Pathologie – das würde noch was werden, das Gesicht einer Leiche zu präparieren –, der Prof hatte sie davor verschont, den Toten von vorn ansehen zu müssen, sondern sie erst einmal am Rücken ansetzen lassen.

»Kann ich … darf ich dich auf einen Drink einladen?«, fragte der Kerl schließlich. Emma musterte ihn. Fitnessstudio. Okay, der achtete auf seinen Körper. Breit gebaut, mittelgroß, ganz gut gekleidet in moderner Sportsware. Tattoo am unteren Arm, irgendein Zeichen, das sie nicht kannte. Doch was ging es sie an? Was wollten diese Kerle eigentlich ständig von ihr?

»Vergiss es!«, zischte Emma und stellte ihr Fahrrad auf.

»Tut mir leid, ich wollte dich nicht belästigen«, entschuldigte sich der Lockenkopf und kehrte zu seinem Rad zurück, das sie vorher gar nicht wahrgenommen hatte. Der Typ stieg auf, wollte lostreten, stieg aber wieder ab und inspizierte den Vorreifen, der zu eiern schien. Hatte es die Felge verzogen? Dad hatte ihr so ein Malheur einmal in einer Ausführlichkeit erklärt, bei der seine normale Wortmenge für einen ganzen Monat aufgebraucht worden war. Dad, der Fahrradfreak – he, da hatte sie mehr gelernt, als ihr bisher klar war. Damit konnte sie jetzt angeben.

»Vielleicht hat es die Felge verzogen?«, meinte Emma souverän und stieg auf ihr Rad. Mit großen, hilflosen Rehaugen sah der Lockenkopf sie an. Nein, jetzt lostreten und bloß nicht dableiben. Nein, sie hatte kein Helfersyndrom! Wenn der Kerl verzogene Felgen nicht kannte, hatte *er* ein Problem, nicht *sie*.

Erst vor der Haustür bemerkte Emma, dass sie offenbar auch ein neues – wenn auch klitzekleines – Problem hatte. Der Fahrradhelm saß nicht auf ihrem Kopf. Hatte sie ihn zuvor gar nicht angezogen oder nicht angeschnallt, oder hatte der Typ sie so verwirrt, oder hatte sie vielleicht eine kleine Gehirnerschütterung oder gar ein kleines Trauma, dass sie erst jetzt bemerkte, und eine größere Gedächtnislücke verursachte? Und was war sie bloß für eine blöde Kuh, jemanden, der ihr wirklich helfen hatte wollen wie der dunkle Lockenkopf, so vor den Kopf zu stoßen? Der war doch eigentlich richtig nett gewesen. Was war bloß mit ihr los? Ihr war auch noch körperlich mulmig.

Das Fahrradschloss war unter den Sattel geschlungen. Emma wollte das Rad absperren und schnell hoch zum Umziehen – da bimmelte eine Nachricht. Ihre Schicht heute fiel aus, der Chef hatte versehentlich überbucht. Auch gut. Dann konnte sie wenigstens gleich lernen. Sie schob ihr Rad in den Hinterhof, sperrte es ab, und ihr wurde schwindelig und übel. Sie beschloss, sich erst einmal hinzulegen, um die möglichen Folgen einer leichten Gehirnerschütterung durch Bettruhe abzumildern. Denn – das wusste sie vom Praktikum in der Allgemeinarztpraxis vor Studienbeginn – erste Symptome einer Gehirnerschütterung mussten nicht sofort nach einem Unfall auftreten. Und immerhin kannte sie den Fachausdruck seit den ersten Terminologievorlesungen: *Commotio cerebri.*

Sie legte sich auf das Bett, das inzwischen von Vincent aufgestellt worden war, im Gegensatz zu den IKEA-Regalen und dem Kleiderschrank. Über die Umzugskartons hinweg blickte sie zum Fenster hinaus. Den Sims würde sie mit einer Kerze und einem Kissen so gestalten, dass es dort möglichst gemütlich war, wenn jemand zum Fenster hinaus rauchen wollte. Oder unterstellte Leo ihr dann wieder ein Helfersyndrom, also eins für Raucher?

Sie würde ohnehin ihre Wohnung so einrichten, dass sie selbst es dort möglichst gemütlich fand. Mit einem kleinen Tischchen, mit Pflanzen, einer Lichterkette und einer Laterne. Dann konnte sie abends am Fenster sitzen und lernen und dazwischen immer wieder schöne Stunden mit Leo verbringen. Oder warum nicht gleich jetzt, wo sie unverhofft freihatte? Sie schrieb ihm.

Muss zur Münchner Freiheit, antwortete er knapp. Ohne Herzchen. Ohne weitere Erklärung. Emmas Magen zog sich zusammen. Sie ging duschen. Sie musste den Geruch der Pathologie loswerden. Da würde es doch jedem den Magen zusammenziehen.

Danach wälzte sie sich im Bett hin und her. Sollte sie ein Glas Wein trinken, zur Beruhigung? Nein! Sie konnte es doch nicht Vincent nachmachen und sich bei Problemen die Birne zudröhnen. Sie fühlte sich von der ganzen Welt verlassen. Tränen kullerten. Was macht man in so einem Fall? Ja! Jeden falschen Stolz vergessen und zurück ins Heim gehen, zu Mama und Papa, dem Hafen.

Emma zog sich wieder an und nahm trotz ihres desolaten Zustandes den nächsten Bus.

Leise drehte sie den Wohnungsschlüssel um, denn Mom und Dad schliefen bestimmt schon. Allerdings hatte Emma den Drehplan von Mom nicht auf dem Radar, der war immer wieder überraschend. Auf die Küchentheke legte sie einen netten Zettel für Dad hin: *Bitte morgen früh auch ein weiches Ei für die verlorene Tochter.* Ein rotes Herz dazu. Doch kaum hatte sie dieses gemalt, steckte sie das Papier wieder ein. Sie war doch keine verlorene Tochter, bloß weil sie noch mal daheim übernachtete.

Endlich war sie in ihrem Kinderzimmer zur Ruhe gekommen und dämmerte weg, da weckten sie Stimmen aus dem Küchenloft, die nur von Mom und Dad stammen konnten. Ruhig, abgeklärt, aber irgendwie anders. Ernst, so als ginge es um etwas Wichtiges. Emma spitzte die Ohren. Sie hatte es immer gehasst, dass man aus ihrem Zimmer gedämpfte Stimmen und Geräusche sogar bis zum Wohnbereich hören konnte – nun ging es mal andersrum.

»Ich will so schnell wie möglich die Scheidung«, sagte Mom.

»Ich auch«, erwiderte Dad.

Was? Hatte sie richtig gehört?

»Wir machen das ohne Theater, ja?«

»Natürlich. Kein Streit, kein Krieg. Wir sind erwachsen.«

Emma fasste sich unwillkürlich an den Kopf. Saß sie in einem falschen Film?

Dad fügte noch mit einem leichten Zittern in der Stimme hinzu: »Aber eins möchte ich noch sagen: Jede andere Frau hätte sich darüber gefreut, bei einem Glas Wein Probleme bereden zu können!«

»Das kommt jetzt ungefähr siebenundzwanzig Jahre zu spät! Willst du mir nun doch Vorwürfe machen, doch Streit?«

»Nein, natürlich nicht.«

Hatte sie richtig gehört? Waren das wirklich Mom und Dad? Für die beiden und ihre Beziehung hätte sie die Hand ins Feuer gelegt. Die waren doch so stabil wie sonst keine anderen Eltern und stritten sich noch nicht mal. Was lief hier schief und wie lange schon? Das ging gar nicht klar. Das hier war ihr Zuhause, und Mom und Dad gehörten zusammen!

»Wir müssen es den Kindern sagen«, seufzte Mom, so als hätte sie ihre Gedanken gespürt.

»Das muss ja nicht sofort passieren«, meinte Dad. »Und Mathilde wird auch schockiert sein. Für sie ist die Ehe ja heilig.«

»Was du nicht sagst, als ob ich das nicht wüsste! Da müssen die alle durch, so leid es mir tut … aber ja, du hast recht. Es muss nicht sofort sein.«

Nach einer kurzen Pause erklärte Mom: »Wir müssen so schnell wie möglich auseinanderziehen, sonst ist Streit in so einer Situation vorprogrammiert.«

»Ja«, erwiderte Dad knapp.

Aufgewühlt tippte Emma eine Whatsapp-Nachricht an Vincent: *Mom und Dad drehen hier durch. Die wollen sich SCHEIDEN lassen!*

Vincent antwortete nicht. Nach einem Blick auf die Uhr wurde Emma auch klar, warum. Es war bereits nach zwei. Da schlief sogar Vincent schon. Emma überlegte, ob sie eingreifen oder sich als »Schlichterin« zeigen sollte, entschied sich aber dagegen und zog das Kopfkissen über ihren Schädel, um nichts mehr hören zu müssen. Ihr fielen die Silikonohrstöpsel ein, die ihr Mom mal in einen Adventskalender gelegt hatte. Ja! Die lagen noch im Regal neben dem Abi-Buch mit den Fotos von der Feier, die so schrecklich gewesen war, weil Leo sie schon damals als Streberin links liegen gelassen hatte. Den Geräuschen nach zu urteilen, verschwanden nun auch Mom und Dad wieder in ihre jeweiligen Zimmer.

Hatten die beiden ein Eigenleben, von dem sie bisher nichts geahnt hatte? Aber die konnten doch nicht einfach … die waren doch schon eine Ewigkeit ein Paar! Nee, echt, tickten die noch richtig? Noch dazu waren die uralt.

Emma kuschelte sich wieder ins Kopfkissen, drückte die Stöpsel noch fester in die Ohren und beschloss einfach, dass morgen alles wieder gut wäre, auch mit Mom und Dad.

VINCENT

Dad blickte ihn mit gewaltigen Augenringen verwirrt an, als er gegen halb acht Uhr morgens ins Küchenloft schneite.

»Schwesterherzchen hat gemeint, dass es hier suboptimal läuft, deshalb komm ich. Dad, ein weiches Ei, bitte!«

Der Vater stand verloren da, mit einem Nutella-Glas in der Hand, das er gerade aus dem Schrank geholt hatte. Er überlegte offenbar, ob oder was er auf Vincents Aussage antworten sollte.

Mom tauchte im Pyjama auf, Emma kam aus ihrem Zimmer. Auch die beiden Frauen sahen ziemlich fertig aus.

»Wie schön, dass ihr zum Frühstück kommt!«, rief Mom, die natürlich wie immer die Fassung bewahren und sich nichts anmerken lassen wollte.

»Ein Ei, weich, vier Minuten!«, wiederholte Vincent cool und schubste Dad damit in die Realität zurück. Der Vater stellte wie immer auch Honig auf den Frühstückstisch und brachte einen Wassertopf zum Kochen.

»Ist das mit der FOS jetzt in trockenen Tüchern?«, fragte Mom.

Er nickte. »Klar. Kein Thema. Aber was geht hier bei euch eigentlich so ab?«

»Bei uns?«, fragte Dad, blickte hilflos zu Mom, legte die Eier in den Topf, stellte die Butterdose auf den Tisch und sagte schließlich: »Alles gut, was soll schon sein?«

Familienblicke! Würde kein Außenstehender verstehen, welche Storys die erzählten. Die maximale Aufforderung der Eltern: »Halt den Mund!« Nur mit den Augen von Mom zu Dad.

»Alles gut, was soll schon sein?« Mom und Dad versicherten sich im Bruchteil einer Sekunde ihrer gleichen Haltung, die da hieß: »Nicht vor den Kindern auspacken.« So war das bei Weihnachtsüberraschungen gewesen, aber auch bei Ausgehzeiten, über die sie zuvor verschiedener Ansicht gewesen waren.

Emma und er wiederum versicherten sich mit Blicken: »Die lügen uns an!« Immer die perfekte Show der Alten, bloß keine Diskussionen. Aber was hieß schon »Diskussionen«? Wie kamen die Eltern eigentlich zu ihren Abmachungen? Also, über Debatten oder Streitgespräche sicherlich nicht.

Mom und Emma tasteten sich mit Blicken misstrauisch fragend ab. Doch Mom ahnte wohl, dass er und Emma etwas mitbekommen hatten.

»Wie lange seid ihr eigentlich schon hier?«, fragte sie irritiert.

»Eben angekommen«, antwortete Vincent wahrheitsgemäß. Mom war noch verpennt und nicht ganz fit, weil sie bei Emma nicht extra nachfragte.

»Und ich muss auch gleich wieder weg, in die Klinik zum Praktikum«, erklärte Emma plötzlich. »Und falls es jemanden interessiert: Ich habe kein Helfersyndrom. Ich studiere aus Leidenschaft Medizin.«

»Was?«, fragten Mom und er, gleichzeitig verblüfft über diese zusammenhanglose Aussage.

Mit der üblichen Verzögerung fragte auch Dad: »Was? Warum?«

»Egal, wollt ich nur mal sagen!«

Fragende Blicken von allen zu ihr. In Emma arbeitete es nicht nur, es begann zu kochen. »Nur für den Fall, dass ihr glaubt, ich würde hier vermitteln wollen. Ich bin nicht für die Rettung der Welt zuständig. Regelt euren Mist allein!«

Damit packte sie ihre Jacke, ließ das Frühstück stehen und ging zur Eingangstür.

»Du meinst mit Helfersyndrom, dass du keins hast und nicht mehr zum Aufräumen dableibst?«, versuchte Dad scherzend die Situation zu entschärfen, doch Emma verzog nur gequält den Mund, woraufhin Dad erklärte: »War doch nicht so gemeint!« Und wie so oft fügte er hinzu: »Ich mach das schon, geh ruhig!«

Giftige Blicke von Mom, wie immer zu diesem Satz von Dad, denn sie konnte es nicht ausstehen, dass er ihm und Emma zu viel Hausarbeit abnahm.

Mom eilte zu seiner Schwester an die Eingangstür. »Emma, was ist los? Geht es dir nicht gut?«

»Doch, alles bestens, Mom«, entgegnete Emma ironisch. »So wie bei dir und euch auch!«

Sarkastisch lächelnd schloss sie die Tür hinter sich. Mom blieb hilflos in ihrem Oversize-Pyjama im Eingangsbereich stehen.

»Frauen!«, bemerkte Dad scherzhaft. Mann! Wie peinlich, in so einer Situation auf locker zu machen. Einfach mal schnell alles auf das andere Geschlecht schieben, das machten nur Machos. Dad war eigentlich keiner.

Aber was ging ihn das hier an? Nee, das hier musste er sich echt nicht geben, was da zwischen den Alten lief. Mom und Dad sollten sich mal wieder einkriegen. Er war doch nur wegen Emmas Hilferuf gekommen – und die hatte jetzt einen Abflug gemacht.

Vicent sprang auf, lief der Schwester nach und holte sie an der nächsten Hausecke ein.

»Was soll das? Erst holst du mich in den Laden und dann verpisst du dich einfach?«, schimpfte er.

»Wenn die uns nicht die Wahrheit sagen wollen, was sollen wir dann da? Deren miese Stimmung ertragen?«

Da hatte Emma recht.

»Hast du dich vielleicht verhört?«, fragte er fast so blöd wie Dad.

»Nein, ganz bestimmt nicht!«, erwiderte Emma.

»Oder sie haben es sich doch noch mal anders überlegt«, warf Vincent ein.

»Möglich.« Emma zuckte mit den Schultern. »Glaub ich aber nicht. Wenn die schon mal so was sagen, wo sie doch sonst nie was sagen!«

Da hatte Emma leider schon wieder recht.

Eine Minute später beschlossen er und seine Schwester, nach Emmas Schicht in der Klinik heute noch zur Oma zu fahren. Die war ein »Stabilisator« in ihrem aus der Zeit gefallenen Landhaus, das weit von der Versuchung der Münchner Freiheit und einem Aron entfernt lag. Sie war jetzt eine Art Anker, wenn das Elternhaus auseinander krachte. Und außerdem brauchten Emma und er noch ein paar Schüsseln, kleine Messer und anderes Haushaltszeug.

GOTTLIEB

Nachdem Mathilde morgens um vier Uhr die Gefriertruhe im Keller durchsortiert, kaputte Schrubber aus dem Heizraum geholt und alte Schuhe im Hobbyraum in Tüten verpackt hatte, schleppte sie die robusten blauen Plastiksäcke zu den Mülltonnen, die heute entleert werden würden. Sie war kurz versucht, ihre Hochzeitssandalen doch wieder aus einem der Säcke zu nehmen, schüttelte dann aber den Kopf und verschloss die blaue Tüte erneut fest. Welcher Teufel hatte seine Frau geritten, all die guten Sachen so einfach wegzuwerfen? Das hörte ja gar nicht auf!

In ihrem dicken Morgenmantel kehrte sie ins Haus zurück und begann einen Kuchen zu backen. Gut, das kannte er von seiner Frau, morgens zu Unzeiten aufzustehen, um für jeden eventuellen Besuch ein Gebäck vorzubereiten. Aber beim Aussortieren ging sie wie ein Berserker vor, ganz entgegen ihrer sonstigen Sparsamkeit, angestachelt von den Enkelkindern. Nicht nur Fleisch und Gemüse ohne Datumsaufkleber aus der Gefriertruhe, die Schuhe und altes Putzzeug fielen ihrer Aktion anheim, sondern auch Osterschmuck aus dem Jahr ihrer Silberhochzeit, von der Meierhuberin geschenkt, Prospekte, ein kaputtes Bügeleisen, Plastikdekoschalen sowie Teppiche, die Franziska einstmals ins Haus gebracht hatte mit der Bemerkung: »Könnt ihr die brauchen, die passen nicht in unsere Wohnung mit der Fußbodenheizung?«

Mathilde räumte aus und auf. Und zwar gründlich. War ja an sich nicht verkehrt, hier endlich mal Ordnung zu schaffen – aber in diesem Ausmaß fegte sie ihr ganzes gemeinsames Leben einfach mir nichts, dir nichts weg. Der zweifelnde Blick, den Mathilde jetzt auf die hölzerne Kastenuhr mit Schlagpendel im Wohnzimmer warf, ließ ihn fast aufschreien. Während ganz Altenmarkt noch schlief, war seine Frau gerade dabei, nicht nur Unnützes zu entsorgen, sondern auch Antiquitäten mit ganz besonderem Wert, also einer eigenen Geschichte – der Zeitmesser war ein Erbstück seines Großvaters.

Immer noch in Nachthemd und Bademantel stand Mathilde vor der über einem kleinen Beistelltisch hängenden Uhr und überlegte sichtlich, ob sie auch im Müll landen sollte wie die Fleischstücke aus der Gefriertruhe. Und er durfte sich nicht einmischen, das gehörte ja zur vertraglichen Vereinbarung seines Urlaubs.

Natürlich hatte Mathilde die Uhr nicht aufgezogen und würde dem Ding jetzt vorwerfen, es ginge falsch. Klar doch, es war der ewig alte Streitpunkt gewesen zwischen ihm und seiner Frau, die unbedingt digitale Zeitanzeiger hatte haben wollen und so einen »alten Kasten« nur mit verächtlichen Blicken gestraft hatte. Erst jetzt verstand er, was Mathilde auch schon zu seinen Lebzeiten wohl höchst raffiniert in die Wege geleitet hatte: Nach seiner Rückkehr von einer Fortbildung hatte sie behauptet, die von seinem Großvater geerbte Uhr sei kaputt und sie habe sie zur Reparatur gebracht. Zwei Wochen später hatte sie verkündet, die Uhr sei nicht mehr wiederherzustellen gewesen, und der Uhrmacher würde sie kostenlos entsorgen. Kostenlos! Und sie sollten doch froh sein, wenn das Ding nicht mehr andauernd so laut schlug. Weil der Uhrmacher Toni jedoch ein alter Freund von ihm war, hatte Gottlieb bei ihm nachgefragt, ob er nicht doch noch etwas ermöglichen könne, also beispielsweise irgendwo Ersatzteile auftreiben. Da hatte der Toni seltsam reagiert, fast so, als würde er sich schämen, und behauptet, gerade eben sei ihm noch etwas eingefallen, wie man das alte Ding doch wieder zum Laufen bringen könnte. Kurz darauf war eine Reparatur plötzlich möglich gewesen, aber Mathilde freute sich überhaupt nicht, als er mit dem Holzkasten heimkam. Jetzt verstand er: Seine Frau hatte Toni instruiert zu sagen, dass eine Reparatur nicht möglich sei. Was für eine Matz!

Mathilde fasste das Erbstück mit einem »Morgen dann« für die Entrümpelungsaktion am nächsten Tag ins Auge, ehe sie gegen sechs Uhr frühstückte, sich anschließend noch einmal ins Bett legte und später den Tisch für Besuch deckte.

Noch während Gottlieb überlegte, wie er einer Entsorgung der Uhr seines Großvaters Einhalt gebieten konnte, sah er Vincent mit seiner Schwester am späten Nachmittag auf das Haus zufahren. Herrje! Der Enkel mit seiner mangelnden Fahrpraxis setzte den Passat fast ins Gartentor. Gottlieb schüttelte innerlich seinen nicht mehr vorhandenen Kopf darüber und hätte schon wieder aufschreien mögen, wäre es ihm nicht verboten gewesen. Vincent bemerkte seinen Fehler selbst: »Mist, Emma, ich muss besser aufpassen!« Das interessierte Emma aber nicht im Mindesten und auch nicht Mathilde, die die Enkelkinder freudig in Empfang nahm mit den Worten: »Wie schön, dass ihr kommt! Was braucht ihr? Ich räume jeden Tag auf und miste aus und finde ganz viel wieder – für euch.«

Stolz führte Mathilde die Enkel durch den Keller, den Heizraum und den Hobbyraum. Vincent scherzte verhalten: »Hier ist es ja immer noch unglaublich voll, und da findest du was?«

»Und ob!« Stolz bot sie den Enkeln wie auf einem türkischen Basar Waren an: »Schaut mal, ein Wasserkocher! Und noch nie benutzte Christbaumkugeln und ein Raclette und Arzberg-Service, und da die Schraubenschlüssel. Also nehmt einfach, was ihr braucht.«

»Danke, Oma«, erwiderten die Enkel. Vincent nahm das Schlüsselset von dem seinerzeit neu eröffneten ALDI in Altenmarkt mit und würde sicherlich niemals wertschätzen, dass er, sein Großvater, dieses Set nur ergattert hatte, weil er dafür die Mittwochfrühmesse hatte ausfallen lassen. Emma griff nach irgendwelchen originalverpackten Geschirrtüchern. Mehrmals bot Mathilde weitere Gegenstände als Geschenk an, aber die Enkel reagierten zurückhaltend.

»Danke, eigentlich brauch ich nichts mehr!«, sagten abwechselnd Vincent und Emma.

»Was ist denn mit euch los?«, fragte Mathilde plötzlich besorgt. »Ihr habt hier einen Selbstbedienungsladen, und das ist wichtig in eurem Alter, so ohne Geld. Aber ihr wirkt bedrückt. Irgendwas stimmt doch nicht.«

Vincent und Emma drucksten herum. Erst bei einem Käsekuchen am Esszimmertisch rückten sie mit der Sprache heraus.

»Mom und Dad wollen sich scheiden lassen!«, erklärte Emma und berichtete, was sie belauscht hatte.

Mathilde fiel die Kondensmilch, die sie gerade mit dem Kaffee hatte servieren wollen, aus der Hand. Aber die auf den Teppichboden tropfende Flüssigkeit interessierte sie nicht einmal!

»Das geht doch nicht«, bemerkte Vincent.

»Natürlich geht das nicht!«, rief Mathilde nach einer Schockstarre entsetzt. »Vincent, du hast vollkommen recht!«

»Natürlich geht das«, konterte Emma. »Es ist das Recht von Mom und Dad, zu machen, was sie wollen. Es geht *uns* nichts an, wenn sie sich scheiden lassen.«

»Wenn es uns nichts angeht, warum erzählt ihr es dann überhaupt?«, fragte Mathilde.

»Eben, das geht uns was an, auch dich Schwesterherzchen. Oder findest du es toll, wenn du dich nicht mehr daheim ausheulen kannst, weil dich dieser Idiot von Leo wie absehbar demnächst verlässt?«

Emmas Augen füllten sich schlagartig mit Tränen. »Was … was ist das für ein fieses Bashing?«, stammelte sie.

»Hör mal, um das vorauszusehen, muss man nicht besonders schlau sein, nur eins und eins zusammenzählen können! Geht auch ganz ohne Streber-Abi-Kopf!«, stichelte Vincent.

Emma konnte nicht mehr an sich halten und heulte los. Mathilde legte den Arm um die Enkelin und schnauzte Vincent an: »Gut, dass *du* nicht zum Ausheulen in dein Nest heimkommen musst, bei dir ist ja alles bestens, oder? Auch das mit dem Haschen und Saufen, gell? Und bevor wir jetzt wieder zum Thema kommen, überleg dir mal, was du da zu deiner Schwester sagst.«

Vincent biss sich auf die Lippen. »Okay, tut mir leid, war jetzt echt nicht korrekt«, entschuldigte er sich.

»Dann red nicht mehr so Zeug daher und tu Emma nicht weh!« Mathilde wurde vehement.

»Es war doch nur …«, setzte Vincent an.

»So beginnen alle Ausreden! Mit ›Es war doch nur‹ oder ›Ich meinte doch bloß‹ oder ›Das darf doch mal gesagt werden‹. Blödsinn!« Mathilde kam in Fahrt.

»Aber …«

»Nix aber!« Mathilde lief zur Höchstform auf. »Darum geht es jetzt außerdem gar nicht. Nicht um *euch*. Ihr beide seid – mit Verlaub – zu jung und zu dumm, um die Tragweite des Ganzen, also einer Scheidung zu erkennen!«

Die Enkel blickten Mathilde fragend an. Emma wischte sich die Tränen aus den Augen.

»Und was ist die? Die Tragweite?«, fragte Vincent etwas eingeschüchtert.

»Die beiden verstoßen gegen das Sakrament der heiligen Ehe! Was Gott verbunden hat, soll der Mensch nicht trennen.«

»Oma, nee, echt nicht! Das glaubt doch keiner mehr … also, außer dir vielleicht.« Vincent schüttelte den Kopf.

»Das ist dem Herrgott wurscht, ob ihr daran glaubt oder nicht, er hat es so verfügt!«, beharrte Mathilde.

»Was jetzt?«, fragte Emma. »Die Ehe?«

»Ja, die auch«, erklärte Mathilde.

In Mathildes Kopf arbeitete es, wie immer, wenn sie sich mit dem Daumen über die Lippen strich. Sie stand auf und legte die blaue Küchenschürze ab, die er ihr zur Silberhochzeit geschenkt hatte und worüber sie sich beschwert hatte mit: »Du willst mich zur Küchenmamsel machen!«

Sie fragte, ob sie den Enkeln noch Kaffee oder Tee kochen sollte. Emma und Vincent winkten ab.

Mathilde setzte sich wieder. »Das größte Problem ist, dass die so schnell auseinanderziehen wollen, sich aus dem Weg gehen wollen. Wir müssen sie zwingen, es noch einmal zu versuchen, denn die lieben sich doch.«

»Woher willst du das wissen?«, fragte Vincent. »Das ist reines Wunschdenken, weil du möchtest, dass sie verheiratet bleiben.«

»Wir müssen das hinnehmen, es ist die Entscheidung von Mom und Dad«, wiederholte Emma in die allgemeine Ratlosigkeit hinein.

»Nein, müssen wir nicht«, sagte Mathilde.

»Nein, müssen wir nicht«, erklärte auch Vincent.

»Und warum nicht?«, fragte Emma.

»Weil … weil man eine Ehe nicht einfach so aufkündigen kann wie einen Arbeitsvertrag«, antwortete Mathilde.

»Tausend andere Paare lassen sich auch scheiden, du bist einfach zu katholisch«, widersprach Emma, »es geht uns doch nur um uns, weil *wir* das nicht wollen. Weil es uns besser gefallen würde, an Weihnachten wieder wie immer zusammenzusitzen. Aber wir respektieren sie zu wenig, das ist doch deren Entscheidung!«

»Schwesterherzchen«, sagte Vincent, »ich bin ehrlich beeindruckt, dass du auch mal vom Ego ausgehst … also krass das Gegenteil von Helfersyndrom.«

»Moment!«, rief Mathilde strahlend und sprang auf. »Ich hab's!«, verkündete sie resolut. »Genau so! Die sollen sich am Riemen reißen und den Ernst des Lebens kapieren. Wenn die eine Krise haben – verständlich nach dem Auszug der Kinder und in diesem Lebensalter –, gut, aber so egoistisch und rücksichtslos uns gegenüber geht das nicht. Wir geben ihnen noch mal eine Chance!«

»Wir?«, fragte Emma.

»Wie, eine Chance?«, fragte Vincent.

»Ja, wir!« Mathilde zupfte siegessicher an ihrer weißen Bluse, auf der ein Kaffeetropfen gelandet war, weil sie sich selbst nachgeschenkt hatte. Das würde sie normalerweise höllisch ärgern, dachte Gottlieb, denn laut Mathilde gingen Kaffeeflecken kaum mehr raus, und sie wäre nun ewig in der Waschküche damit beschäftigt. Das war übrigens der tiefere Grund, warum Gottlieb lange keinen Kaffee mehr getrunken hatte, bis seine Frau ihm sagte, dass Teeflecken noch schlimmer auszuwaschen waren.

»Was soll das heißen, *wir* geben ihnen noch mal eine Chance?«, fragte Vincent erneut nach.

»Die müssen kapieren, dass das Leben ein Hindernislauf ist und kein IKEA-Bällebad. Dass sie auch in der Verantwortung vor Gott und für andere stehen.«

»Oma, was meinst du? Was sollen wir denn tun? Wir können sie doch nur, wenn überhaupt, dazu bringen, dass sie noch mal miteinander reden«, warf Emma ein. »Die sollten ihre Konflikte mal offen besprechen.«

Vincent verdrehte die Augen. »Das klingt nach Erstsemester Psychologie.«

»Als ob das was bringen würde, das ewige Gerede«, sprang Mathilde Vincent zur Seite. »So Zeug wie ›Konflikte austragen lernen‹. Hat die Schwiegertochter der Meierhuberin auch gesagt. Und dann sind sie zur Eheberatung gegangen. Das ist wie eine Seuche, diese ganze Beraterei überall. Die wollen doch alle nur Geld verdienen. Alle, wirklich alle, die ich kenne und die bei einer Eheberatung gewesen sind, haben sich hinterher doch scheiden lassen. Das Geld hätten sie sich für die Anwälte sparen können«, führte Mathilde weiter aus. »Also, wollt ihr nun, dass sie verheiratet bleiben?« Mathilde wartete keine

Antwort auf ihre rhetorische Frage ab. »Ja, natürlich, sonst wäret ihr heute auch gar nicht zu mir gekommen!«

Verblüfftes Kopfnicken.

»Na also.« Mathilde freute sich über diese grundsätzliche Zustimmung und lächelte kämpferisch. »Dann gehen wir das Ganze mal an. Wir brauchen einen Plan. Und ich hab ihn.«

Große Augen bei Vincent und Emma.

Mathilde kostete ihre Überlegenheit aus und sprach nicht sofort weiter, um die Enkel auf die Folter zu spannen.

Schließlich erklärte sie mit Trauermiene: »Ich muss wieder ins Krankenhaus.«

»Warum denn, Oma?«, fragte Emma entsetzt, weil sie glaubte, Mathilde hätte das Thema gewechselt.

Vincent grinste wissend. »Welcher Teil des Plans ist das?«

»Der erste Teil. Denn wir müssen jetzt vor allem Zeit gewinnen, wir müssen verhindern, dass sie so schnell auseinanderziehen.«

»Was bringt uns der Aufschub?«, fragte Vincent.

»Und was hat das mit einem Krankenhausaufenthalt zu tun?«, fragte Emma.

Mathilde setzte sich geistesabwesend auf den Beistelltisch, etwas, das sie noch nie gemacht hatte. Resolut verkündete sie: »Na, wenn ich sehr krank bin und mich nicht aufregen darf, werden sie sich das mit der Scheidung mir zuliebe noch mal gründlich überlegen. Wenn sie jetzt aber auseinanderziehen, müssten sie es euch und auch mir sagen.«

»Ja, und?«, fragten Vincent und Emma gleichzeitig.

»Die dürfen sich nicht schnell aus dem Weg gehen. Und da spielt uns die Zeit in die Hände. Dieses chinesische Virus ist jetzt schon in Italien. Und zu uns wird es auch noch kommen. Dann wird es auch hier wie in China und Italien: Alle müssen daheim in den eigenen vier Wänden bleiben. Und dann hocken die zwei aufeinander und müssen sich mal mit ihrer Ehe beschäftigen und können nicht einfach davonlaufen.«

Vincent schüttelte den Kopf. »Oma, du schaust zu viel fern!« Er lachte. »Die Nachrichten übertreiben völlig mit Corona, die müssen Schlagzeilen produzieren!«

»Eine Pandemie ist zwar möglich, aber unwahrscheinlich«, widersprach auch Emma. »Hätte doch die WHO sonst schon ausgerufen.«

Triumphierend lächelte Mathilde. »Ich weiß das, aber, ich kenne einen Experten aus dem Krankenhaus, für den hab ich nachts gebetet, der Dr. Enrico Salvatore. Der ist am nächsten Tag noch mal zu mir ans Bett gekommen und hat sich bedankt, und da haben wir auch über das chinesische Virus gesprochen. Die werden hier in Deutschland ganz bald so Ausgangssperren verhängen, damit es erst gar nicht so weit kommt, mit so vielen Kranken, wie in Italien. Der Doktor kommt aus Bergamo, der weiß das.«

»Eine gewagte These«, stellte Emma diplomatisch fest.

»Papperlapapp!« Mathilde ärgerte sich, weil sie nicht gleich Applaus für ihren Vorschlag bekam. »Von meiner Oma weiß ich, wie das mit der Spanischen Grippe war. Furchtbar. Aber heute sind wir alle schlauer und können so einen – wie heißt das? – Lockdown machen. Glaubt mir, das wird kommen, so sicher wie das Amen in der Kirche.«

»Oma!«, rief Emma. »Selbst wenn du recht hast – es geht doch nicht, Mom und Dad vorzumachen, dass du schwer krank bist!«

»Und warum nicht?«, antwortete Mathilde ruhig. »Du studierst doch Medizin und kannst doch das ärztlich begründen, damit die das glauben.«

»Aber …«

»Nix ›aber‹, auch so fangen viele Ausreden an. Es wird natürlich Hindernisse geben. Aber wenn man erst einmal eine zündende Idee und einen Plan hat, kann man alle Hürden aus dem Weg räumen.«

Emma sah Mathilde ungläubig an und widersprach erneut. »Du willst einfach lügen? Das kannst du nicht machen!«

»Kann ich nicht? Warum denn nicht? Der Zweck heiligt die Mittel.«

»Aber genau du, Oma, hast uns immer gepredigt, wir dürfen nicht gegen das Gebot ›Du sollst nicht lügen‹ verstoßen«, erwiderte Emma. »Wie kannst du das mit deinem Glauben vereinbaren?«

»Ach, mein Mädel, mit der katholischen Lehre kennst du dich nicht gut aus. Was ist schon so eine kleine Notlüge, wenn es um ein heiliges Sakrament geht? Das heilige Sakrament der Ehe!«

Vincent lachte bewundernd auf und schüttelte den Kopf. »Oma, dich feiere ich bis ans Ende meiner Tage. Der Plan ist genial – selbst wenn das Virus nicht kommt. Aber einen Versuch ist die Sache wert!«

Mathilde strahlte vor Freude über das Kompliment.

»Mag jemand noch was? Vielleicht ein Eis? Oder schon Abendessen?«, fragte sie. »Wir sollten uns stärken. Denn die schönste Idee ist nichts wert, wenn man die Details nicht gut plant. Und daran müssen wir uns jetzt machen.«

Sogar die brave Emma schmunzelte überzeugt und nickte zustimmend.

Jetzt erst bemerkte Mathilde die Kondensmilchflecken auf dem Teppichboden und holte schnell einen Lappen, um sie auszuwaschen. Vincent nahm ihr das Tuch ab und reinigte den Boden, während sie noch »wichtige Details« besprachen.

Als die Enkelkinder abgefahren waren, und ehe sich Mathilde ins Bett legte, sprach sie ihn, Gottlieb, direkt vor der Uhr an. »Dann lassen wir den Holzkasten halt hängen. Emma hat schon irgendwie recht. Es ist wichtig, den anderen zu respektieren und andere Meinungen gelten zu lassen und sogar so einen Schmarren wie mit deiner Uhr zuzulassen. Vielleicht übertreibe ich es gerade mit dem Wegwerfen. Also mach dir keine Sorgen, Gottlieb, dein blöder Kasten wird hier hängen bleiben.«

Als Lebender hatte er sich immer mehr für Bäume, Gräser und einen ökologischen Kreislauf interessiert als für philosophische Gedanken. Aber was er hier gesehen hatte, ließ ihn an eine Exkursion denken, auf der er als junger Forstwirtschaftsstudent einmal gewesen war. Der Prof hatte inmitten eines Alpengipfels nach einem fast zehnstündigen Aufstieg auf über 2000 Meter bei der gebührenden Brotzeit unter dem Gipfelkreuz vor sich hin sinniert: »Ich bin hier keinem Herrgott oder sonst irgendwelchen esoterischen Geistern nahe. Aber das hier ist so ›erhaben‹, dass ich ganz klein werde vor all dem, was ist.« Der Prof meinte damals die Berge – er wurde hier und heute demütig vor der wahrlich wunderlichen und lebendigen Kraft der eigenen Familie.

FRANZISKA

Na, wer sagt es? Nach nur ein paar Tagen Training konnte sie die Joggingrunde durch den Park schon fast ohne Bank-Pausen drehen. Zwar immer noch langsamer als die jungen Kerle, aber davon ließ sie sich nicht mehr beeindrucken. Frühmorgens zog sie an den Enten in dem kleinen Teich vorbei. Sie ging, nein vielmehr lief in der neuen Sportsware von Adidas einer guten Zukunft entgegen und baute dabei nicht nur Schwabbelfleisch ab, sondern auch den Ärger darüber, siebenundzwanzig Jahre mit diesem Mann verbracht zu haben, dessen »Jahrhundertideen« darin bestanden, ein Kinderzimmer auszuräumen, Baumarktprospekte als »Erleuchtung« zu feiern oder abends nach Büroschluss mit einer Flasche Wein heimzukommen, Spaghetti zu kochen, eine Kerze anzuzünden, von der Route 66 zu schwärmen und zu glauben, damit eine Beziehung retten zu können. Konnte oder wollte er nicht wahrhaben, worum es wirklich ging? Nein. Basti war schlichtweg egal, ob sie zusammenblieben oder nicht. Ein Bohrkopf im Sonderangebot interessierte ihn da mehr.

Franziska bekam Seitenstechen, sie atmete in ihrer Wut wohl falsch, also ermahnte sie sich, den Ärger beiseitezuschieben, tief in den Bauch zu schnaufen und sich auf das Positive zu konzentrieren: Basti machte immerhin kein Drama. Kein Theater wie bei anderen Paaren, die sich trennten, von der alten Freundin Juli angefangen bis hin zu den beiden unter ihnen im dritten Stock, die so laut brüllten, dass Franziska mehrmals sogar eine Eskalation mit Handgreiflichkeiten befürchtet hatte und kurz davor war, den Notruf zu wählen.

Aber überlegte sie vielleicht zu wenig und hatte einfach überstürzt eine Trennung entschieden? Nein! »Allzu viel bedacht wird bedenklich«, war schon früh ihr Wahlspruch gewesen. Wozu tausend Fragen stellen, die doch früher oder später, nach Scherben und einer Zerfleischung, in die gleiche Antwort münden würden: Es war einfach vorbei. Sie konnten nur schneller als andere einen ehrlichen Schlussstrich ziehen. Zweifel abstellen! »Krieg deinen Popo hoch, los, lauf, und denk nicht über den Weg nach!« Und schon lief es wieder – *sie* lief wieder. An den Enten und der verführerischen Parkbank vorbei.

Daheim ging sie duschen, cremte ihren Körper ein und wollte im neuen Café gemütlich frühstücken, denn sie musste wegen eines Beleuchterausfalls erst eine Stunde später zum Dreh. Doch Basti funkte mit seiner Anwesenheit dazwischen. Er stand im Küchenbereich und bereitete Frühstück zu. »Magst einen Toast? Ich mein nur, so wie man in einer WG fragt!«

»Wieso bist du noch nicht im Büro?«, entgegnete Franziska. Sie hatte im Badezimmer nicht mitbekommen, dass er noch in der Wohnung war.

»Da geh ich schon hin. Ich dachte nur, vielleicht hast du ja Hunger nach dem Joggen.«

Das war ja fast lieb. Fast. War das wieder ein Versuch, sie mit fürsorglichem »Catering« – so wie mit einer Weinflasche und einem Abendessen – in die Knie der Gewohnheit zu zwingen? Denn Basti ging es nicht um sie und eine Verführung zu einem Neubeginn. Es ging ihm nur um sich selbst und seine Angst vor Veränderungen. Deshalb musste sie weiter einen sauberen und schnellen Cut forcieren und bloß nicht alles einfach dem Weltenlauf überlassen.

Franziska sagte *nicht,* dass sie lieber im Café frühstücken würde, sondern lächelte und nahm am Esstisch Platz. »Danke, gern einen Toast!« Aber sie verkniff sich selbstverständlich die Frage, ob er ihr die neue Sportlichkeit schon ansehen könne. Fragen zu ihrer Körperlichkeit gehörten nun nicht mehr in seinen Zuständigkeitsbereich. Eher noch in Giovannis. Aber der hatte sich auf ihre Nachricht hin immer noch nicht gemeldet. Vielleicht war er im Urlaub? Vielleicht hatte er auch längst einen weiblichen Hafen gefunden, den er nicht verlassen wollte, und hatte nur aus Nostalgie bei dieser Begegnung an der Raststätte neulich mit ihr geflirtet? Aber eines war auch klar: Giovanni hatte nichts mit Bastian zu tun, also ihr Flirt nichts mit ihrer Ehe. Giovanni war kein Brandbeschleuniger ihrer Trennung. Das waren zwei verschiedene Paar Schuhe – sie lief doch nicht von einem

Mann zum anderen über, denn emanzipierte Frauen entschieden für sich allein und nicht abhängig von einem Typen!

»Wir müssen wirklich schnell auseinanderziehen und es endlich auch den Kindern sagen«, stellte Franziska fest.

»Ja«, brummte Basti und schielte auf Baumarktanzeigen auf seinem Handy.

»Entschuldige, wenn ich deine Lektüre unterbreche«, bemerkte Franziska ironisch. Als ob »Baumarkt« und »Lektüre« kompatibel wären.

Basti blickte auf. »Kein Problem!« Nicht mal diese Ironie verstand er.

»Also, wie stellst du dir das vor, wie wir das machen?«

»Was machen?«

»Auseinanderziehen und es den Kindern sagen.«

»Ach so. Ja, wie du meinst. Wo ist das Problem? Wenn die Kinder das nächste Mal kommen, dann sagen wir es ihnen halt.«

Franziska seufzte. Wenn es einen Satz gab, der alle Zweifel an einer Trennung auf einen Schlag obsolet werden ließ, dann war es dieser. Basti glaubte wohl, es den Kindern zu sagen, entspräche einer Ansage des Wetterberichts: »Morgen wird es kalt, zieht euch Jacken an.«

»Wir können das den Kindern nicht so *en passant* sagen«, erklärte Franziska und war gedanklich schon beim nächsten Problem. Wer blieb eigentlich in der Wohnung – oder sollten beide sich etwas Neues suchen?

»Ja, dann laden wir sie halt zum Essen ein. Aber du hast schon recht, machen wir Nägel mit Köpfen. Wir brauchen auch Planungssicherheit«, meinte Basti gut gelaunt.

Ja, das Wort »Planungssicherheit« passte zu Basti wie die Faust aufs Auge. Ein deutsches Wortungetüm.

Komisch. Franziska konnte sich nicht daran erinnern, wann Bastian zuletzt so erfreut über einen ihrer Vorschläge gewesen war. Vielleicht damals, als sie »nur mal so« in den Raum geworfen hatte, ob es nicht schön wäre, zusammen Kinder zu haben. Seine Augen hatten gestrahlt, er versenkte darauf mit größtem Spaß ihre Pillenpackung in der Kloschüssel und trug sie – so theatralisch, wie es einem Basti möglich gewesen war – auf den Armen ins Schlafzimmer. Nach Adam

Riese und den späteren Berechnungen des Frauenarztes war sie auch prompt in dieser Nacht mit Emma schwanger geworden.

Und nun hatte Basti sogar einen eigenen Vorschlag – man höre und staune, dachte Franziska.

»Lothars Frau ist ausgezogen. Er will eine Männer-WG aufmachen«, erklärte er und biss in sein Toastbrot. »Das wäre eine Möglichkeit. Oder ich zieh nach Heimstetten. Das Haus ist wirklich groß genug.«

Basti meinte sein Elternhaus, den Hof, den sein jüngerer Bruder bewirtschaftete. Ja, da war wirklich mehr als genug Platz.

»Wie? Du würdest wirklich nach Heimstetten zurückziehen wollen? *Du?* Aufs Land?« Franziska war verblüfft.

»Ich hab zwar hier meinen Job, aber ich würde pendeln. Das ginge in Ordnung.«

»Sagst *du?* War ja bisher immer eine Vorstellung wie vom Leibhaftigen, wieder auf dem Land zu leben und in die Stadt zu pendeln – mit dem Auto!«

»Die Zeiten ändern sich und ich mit ihnen«, entgegnete Bastian so geheimnisvoll, als hätte er schon wieder eine Jahrhundertidee.

Wollte ausgerechnet *er* ihr erklären, dass er flexibel und also lebendig sei? Und dies mit einer Rückkehr in sein Heimatdorf beweisen? Schien so. Und wieder wurde Franziska sonnenklar, warum eine Trennung die einzige Lösung war. Der Mann war ein geistiges Murmeltier und gerade nur dadurch aufgeschreckt, dass sie sein Winterquartier aufkündigte und er zwangsweise etwas unternehmen musste. Was ihm dazu einfiel? Zurück ins Elternhaus, in das alte Nest. Und das sah er dann als gravierende Lebensveränderung.

Franziskas Handy bimmelte, und sie blickte zuerst heimlich darauf, denn wenn es Giovanni war, musste das Bastian nicht unbedingt mitbekommen, sie wollte ihren Nochehemann ja nicht unnötig verletzen.

Die Nummer von Mama. Seltsam. Die rief doch nie übers Handy an, weil das bei ihrem Tarif extra kostete.

»Mathilde«, erklärte Franziska entschuldigend und nahm das Gespräch an. Bastian ging es zwar nichts mehr an, mit wem sie telefonierte, aber es war ein Gebot der Höflichkeit zu erklären, warum man ein Gespräch wegen eines Anrufs unterbrach.

Franziska spürte, wie ihr die Farbe aus dem Gesicht wich. »Was?«, rief sie ins Handy. »Ich komme sofort, Mama!« Dann war die Verbindung wieder weg. Lag das am Landnetz, oder war der Notarzt bereits eingetroffen?

Erschüttert erklärte sie: »Gleich kommt der Sanker zu Mama, die muss schon wieder ins Krankenhaus. Diesmal ist es ernst. Verdacht auf Herzinfarkt.« Angst durchflutete ihren ganzen Körper. Sollte die Mutter jetzt dem Vater nachfolgen, der vor drei Jahren plötzlich gestorben war?

»Um Gottes willen!«, rief Bastian.

»Ich fahr da gleich hin, du weißt doch, wie unbeholfen Mama bei so was ist. Entweder sie frisst alles, was die Ärzte sagen, oder rebelliert komplett dagegen. Mündige Patienten gehen anders.«

»Ja.« Bastian nickte, obwohl er sicherlich nicht *ad hoc* verstand, was sie mit »mündige Patienten« meinte.

»Der Dreh heute ist nicht so wichtig, den kann ich absagen.«

»Soll ich mitkommen? Soll ich dich fahren? Du bist zu aufgewühlt«, bot Basti an.

»Aber du musst doch ins Büro!«

»Das kann ich auch absagen, Mathilde ist wirklich wichtiger.«

Dankbar nickte Franziska. War vielleicht wirklich eine gute Idee, wenn sie sich jetzt nicht hinters Steuer setzte – auch wenn sie dafür Hilfe ihres zukünftigen Ex-Mannes in Kauf nehmen musste.

Sie ließen alles auf dem Frühstückstisch stehen, ergriffen ihre Jacken und liefen zum Fiat. Wenn Mama so überstürzt abgeholt wurde, musste sie, Franziska, sicher noch schnell eine Krankenhaustasche packen oder den Medikamentenplan holen, den ihre Mutter in der Hektik bestimmt vergessen hatte.

Kaum hatte Franziska auf dem Beifahrersitz Platz genommen und Bastian den Motor gestartet, meldete sich Emma. Franziska stellte das Handy auf laut. »Du musst nicht zu Oma kommen. Ich bin bei ihr!«

»Was? Wieso bist du bei Oma?«

»Zufällig, hab gerade was für den Haushalt geholt.«

»Aber wir sind schon unterwegs! Basti fährt.«

»Mom, ich kenn mich aus, ich studiere Medizin. Die Oma kommt jetzt erst in die Notaufnahme und zu Untersuchungen, sie wird frühestens gegen Abend im Zimmer sein, da sitzt ihr nur herum und wartet.«

Basti lenkte in eine Parkbucht und hielt an.

»Aber ich kann doch die Mama da nicht allein lassen, in dieser Situation«, wendete Franziska ein.

»*Ich* bin bei ihr. Und Mom: Das ist nur ein Verdacht auf Herzinfarkt, es heißt noch lange nicht, dass es einer ist. Wichtig ist jetzt nur, dass sie sich nicht aufregt und das Herz dadurch belastet. Wenn ihr jetzt auch noch kommt, wirkt das alles nur tragischer, und dann regt sie sich vielleicht erst recht auf.«

»Wie du meinst, Emma!«, rief Basti laut ins Handy herüber. »Oder?«, fragte er Franziska. »Da hat sie doch recht?«

So schwer es ihr fiel – sie musste ihm leider zustimmen, diesem Mann, dessen Schläfen noch stärker ergraut waren, wie sie feststellte. Oder überhaupt wahrnahm.

»Wir müssen ruhig bleiben und abwarten«, meinte Basti und startete den Wagen wieder. »Ich fahr dich jetzt gleich zum Dreh.«

Sie konnte ihrem Ex alles vorwerfen, aber nicht, Mathilde gleichgültig ihrem Schicksal zu überlassen. Dabei war es zwischen Mama und ihm keinesfalls Liebe auf den ersten Blick gewesen, aber sie mochten sich mittlerweile wirklich gern.

Basti wendete den Wagen. »Bei Emma ist Mathilde in guten Händen, da brauchst du dir wirklich keine Sorgen machen und kannst ganz entspannt sein.«

»Was soll das?«, schrie Franziska Basti an. Etwas an diesen Worten und dem Tonfall hatte sie von null auf hundert gebracht. »Einerseits nimmst du den Kindern alles ab, und dann mutest du Emma so eine Verantwortung zu, für das Leben der Oma!«

Erschrocken über ihren eigenen Ausbruch blickte sie Basti an. Noch nie hatte sie ihn so angeschrien. Oder ihm eine Szene gemacht.

»Beruhige dich!«, erwiderte er. »Das Leben von Mathilde liegt in den Händen der Ärzte und nicht in denen von Emma. Jetzt werd nicht hysterisch!«

»Hysterisch?« Franziska schrie erneut wider Willen auf. »Und selbst wenn ich es werde … dann wegen dir! Unsensibler Trampel!«

Basti sagte nichts mehr. Auch sie schwieg. Wortlos stieg sie am Set aus dem Wagen. Die Mama hatte vermutlich einen Herzinfarkt – und sie selbst nichts Besseres zu tun, als ganz außer sich ihren Mann zu beschimpfen. »Schäm dich!«, herrschte sich Franziska selbst an und schickte Basti eine Nachricht: *Entschuldigung.*

MATHILDE

Es widersprach ihr zwar von Grund auf, einen Notarzt zu rufen, wenn nicht mindestens ein Schlaganfall, Bewusstlosigkeit oder Herzinfarkt vorlagen, aber in diesem Fall war ihr einfach nichts anderes übrig geblieben. Und wenn sie schon ein Schauspiel veranstaltete, dann musste sie es auch so perfekt wie möglich durchziehen.

Das Handy, das Vincent ihr eingerichtet hatte, klingelte in der Handtasche, während der Sanitäter ihren Blutdruck maß, einen Tropfen Blut auf einen Schnelltest gab und so eine Art Wäscheklammer an ihren rechten Zeigefinger setzte.

»Sieht eigentlich alles ganz gut aus«, meinte der junge Kerl im weißen Kittel mit dem orangefarbenen Überzug.

»Es tut mir leid, ich wollte niemanden umsonst bemühen.« Mathilde bekam ein schlechtes Gewissen.

»Nein, nein, nicht falsch verstehen! In so einem Fall, also bei Ihrer Vorgeschichte mit dem Vorhofflimmern, rufen Sie uns lieber einmal zu viel als zu wenig.« Der Wagen mit ihr auf der Liege raste die Landstraße entlang. Also mutmaßlich. Denn Mathilde in waagrechter Position sah das natürlich nicht. Sie erschloss es nur aus den Motorgeräuschen und den vorbeirasenden Baumspitzen. Das Martinshorn war nicht eingeschaltet. Das machten die wohl nur noch in Extremfällen, da hatte sich viel verändert. So wie man heute auch kaum mehr schwarze Leichenwagen sah, obwohl doch Tote immer noch transportiert werden mussten, bevorzugt aus dem Krankenhaus zum Leichenschauhaus oder Friedhof. Denn die Leute starben fast nur noch im Krankenhaus. Komisch. Genau dort, wo auch entbunden wurde. Das Krankenhaus war inzwischen für neues Leben und zugleich für das Ableben zuständig. Als hätte der liebe Gott dort seine zentrale Außenstelle für Zu- und Abgänge auf Erden eingerichtet. Diese Überlegungen verstärkten ihr schlechtes Gewissen über ihr Schauspiel, dessen Ausgang ungewiss war und mit dem sie womöglich schwer kranken Leuten die Akutversorgung wegnahm.

Erst als Mathilde kurz vor der Ankunft in der Klinik einen Funkspruch (oder waren das die modernen Handys?) hörte, dass heute im Landkreis »tote Hose« sei, ging es ihr wieder besser – und ihrem Herzen auch. Denn bei all dem Stress mit ihrer Lügerei hatte dieses tatsächlich angefangen, unregelmäßig zu schlagen, wie sie selbst gespürt und der Sanitäter bestätigt hatte. Damit war sie auch aus dem Schneider, als man sie mitsamt der Liege zur Notaufnahme schob. Also, sie hatte ja wirklich Herzprobleme! Sie brauchte sich keine Gedanken zu machen, andere über Gebühr zu beschäftigen. Der stets so korrekte »Gott-hab-ihn-selig-Gottlieb« hätte ihr wegen der ganzen Sache vermutlich trotzdem bitterste Vorwürfe gemacht – wäre er noch am Leben, hätte sie dieses Vorhaben deshalb auch gar nicht erst in Angriff genommen. Oder täuschte sie sich, und ihrem Mann hätte das Schauspiel vielleicht sogar ganz gut gefallen? Bekam man nicht im Laufe einer langen Ehe ein zu großes Vorurteil gegenüber dem anderen? Und je weniger man sich zankte, desto mehr innere Wut staute sich an, und zu den Vorurteilen kam noch ein ungerechter Zorn auf den anderen. So machte man sich das Leben schwer und zu leicht gleichzeitig, denn man schob einfach dem anderen die Schuld für das eigene Unglück in die Schuhe und mutete ihm die Verantwortung für das eigene Lebensglück zu.

Ein junger Mediziner erklärte ihr nach den ersten Untersuchungen in der Notaufnahme besorgt, dass einiges im Argen liegen und man der Sache auf den Grund gehen würde. Normalerweise hätte Mathilde gekontert, dass bei Menschen in ihrem Alter selbstverständlich viel im Argen lag. Da würde sich jederzeit was finden lassen, angefangen beim Blutdruck über schlechte Cholesterinwerte bis hin zu ganz Dramatischem, sie war ja keine zwanzig mehr. Aber jetzt widersprach sie natürlich nicht, sondern bat nur darum, den netten Arzt Enrico Salvatore sprechen zu können, denn er kenne ihre Vorgeschichte.

Ihr Plan ging auf. Sie war im Krankenhaus, und die Ärzte und Pfleger würden ein Übriges dazutun, ihre Lage weiter zu dramatisieren. Mussten die ja, denn es war der Job, mit dem sie ihr Geld verdienten: Sie *mussten* etwas finden. Etwas, das sie bei ihrem Aufenthalt neulich vielleicht übersehen hatten? Ja, genau so würde sie es formulieren. Und das würde Enrico Salvatore nicht auf sich sitzen lassen können – dass die Kollegen womöglich zu ungenau gearbeitet hatten – und diese deshalb zu neuen Untersuchungen anspornen. Und jedes CT, oder wie die Röntgenverfahren heute hießen, bedeutete einen Zeitgewinn für sie, verfolgte also ein übergeordnetes Ziel ihrer »Aktion«, wie Gottlieb es genannt hätte.

Als sie nach den Untersuchungen in ein Zimmer geschoben wurde, stellte sie befriedigt fest, dass sie ja wusste, wo sich die Krankenhauskapelle befand, wo sie um Vergebung beten konnte. Zudem hatte sie gelernt, wie man eine Infusion abhängte und wo sich auf der Station die Teebeutel befanden.

Im Zimmer rief sie mit dem Handy zuerst Emma an und sagte nur kryptisch: »Alles nach Plan verlaufen«, denn eine Pflegerin, die ihre Utensilien in einen Schrank einräumte, konnte mithören.

Kaum hatte sie aufgelegt, meldete sich Franziska bei ihr. »Mach dir keine großen Sorgen«, sagte sie zu ihrer Tochter. »Die Ergebnisse krieg ich frühestens morgen, aber so schlimm ist es vielleicht gar nicht. Wichtig ist jetzt nur, sagen die Ärzte, dass ich mich nicht aufregen darf.« Nach ein paar weiteren Bemerkungen zu dem »schönen Zweibettzimmer« konnte sich Mathilde nicht verkneifen zu sagen: »Und grüß den Basti von mir. Haltet schön zusammen, ihr seid ein gutes Ehepaar.«

»Da haben sie aber ein schönes Nachthemd, ganz neu schaut das aus«, bemerkte die Pflegerin nach dem Telefonat beim Verstauen der letzten Wäschestücke. Mathilde fühlte sich ertappt. Sie hatte geschlagene zwei Stunden überlegt, ob sie dieses blaue Seidennachthemd einpacken konnte, wenn es sich später doch um einen »Notfall« handelte. Da ihr aber beim Aussortieren zuvor aufgefallen war, dass sie ein Nachtgewand im Schrank hatte, das sie noch nie getragen hatte, und ihre Restlaufzeit auf Erden rein statistisch gesehen wohl nicht mehr so lange wäre, hatte sie beschlossen, es mitzunehmen. Sie konnte ja behaupten, immer eine Notfalltasche bereitstehen zu haben und gar nicht mehr zu wissen, was sie da mal reingepackt hatte. Jetzt aber sagte sie zur Pflegerin: »Ach, wissen Sie, ich glaube an den Herrgott, und in Ihrem Hotel haben schon viele nach Untersuchungen und OPs seine Bekanntschaft gemacht. Da wollte ich vorbauen und ihm wenigstens schön angezogen entgegentreten.«

BASTIAN

Der seitliche, kleine hintere Stadel am Hof des Bruders war mehr eine riesige Werkstatt oder Garage oder ein Motorenlager als eine Lagerstätte für Stroh, Winterfutter oder Heu. Als er ein Bub gewesen war, lagerte sein Papa hier Zuckerrüben und Heu neben dem Odelwagen, dem Bulldog und den Anhängern. Aber auch heute standen noch Mistgabeln, Sensen, Sicheln, Rechen und Schaufeln herum. Sogar ein Ochsengespann hing an der Wand. Wollte Bruder Christian das am Ende sogar noch mal verwenden? Zuzutrauen wäre es ihm. Denn der Jüngste der vier Geschwister hatte den elterlichen landwirtschaftlichen Betrieb nicht nur auf Bio umgestellt, sondern es auch geschickt verstanden, die ökologische Bewirtschaftung zu vermarkten. Als Vorzeigebetrieb erhielt er noch zusätzliche Subventionen und führte regelmäßig Politiker durch den Stall und zu den Feldern. Für Fernsehaufnahmen setzte sich Christian auch mal hin und melkte eine Kuh noch mit den Händen. Etwas, das sonst natürlich längst eine Melkmaschine übernommen hatte. Ja, der Christian, der den Hauptschulabschluss nur mit Ach und Krach geschafft hatte, war der Hellste unter ihnen. Der Papa hatte damals schon recht gehabt, auch wenn es keiner hatte verstehen können: »Der Christian ist zu gescheit für die Schule.« Das hatte Bastian wiederum geholfen, nach dem Abitur zu studieren – zuvor hatte er sich zwei Jahre mit einem schlechten Gewissen herumgeplagt, die Übernahme des Hofs zu verweigern, obwohl er doch der Älteste war. Ein Hof, der seit Generationen in Familienbesitz war. Wie wunderbar hatte sich jedoch alles gelöst, zur Zufriedenheit aller Seiten. Und seither gab es in Bastian die tiefe Gewissheit, die optimistische Zuversicht, dass es gut war, den Dingen einfach mit stoischer Gelassenheit ihren Lauf zu lassen. Bloß nicht zu viel g'schaftelhubern, grübeln oder g'scheit daherreden. Alles kam, wie es kam, und dann doch eigentlich immer gut.

Bastian klopfte unter der Hebebühne, die Bruder Christian in den alten Auslass für die Rüben eingebaut hatte, den Laster unter dem Führerhäuschen weiter nach Roststellen ab. Keine zu finden, prima! Er beleuchtete die Bodenteile extra noch einmal mit der neuen Taschenlampe. Nein, auch damit sah er nichts. Aber für eine längere Fahrt musste er natürlich trotzdem noch mal einen Fachmann daraufschauen lassen. Schon klar. Er kannte ja seine Grenzen. Aber jetzt ging es erst einmal darum, zu prüfen, ob das Fahrzeug überhaupt und generell tauglich wäre, um damit auf eine längere Reise gehen zu können und darin zu wohnen. Er musste checken, ob es sich lohnte, das Innere mit Schlaf- und Kochgelegenheit auszustatten. Ein Kühlschrank! Bastian fiel plötzlich ein, dass er in einem Wohnmobilprospekt gesehen hatte, wie dort seitlich ein extra großer Kühlschrank eingelassen war. Der musste her! Dann konnte er einige Kästen Augustiner Helles mit auf die Fahrt nehmen und stets eine gebührende Menge an Flaschen kühlen. Na gut, er fuhr ja und durfte nichts trinken. Und überhaupt war er nicht der Typ, der jeden Abend sein Bier runterzischte. Aber so bestünde auf jeden Fall die Möglichkeit dazu. Und wer wusste schon – vielleicht würde es ihm gefallen, nach einem langen Tag auf der Route 66 abends beim Sonnenuntergang – nach einem Imbiss im amerikanischen Schnellrestaurant – auf einem Campingstuhl neben dem Truck zu sitzen und ganz cool mit den Zähnen ein Bier zu öffnen. »*What are you doing?*«, würde ihn ein junger Ami entsetzt fragen, und Bastian würde weitermachen, den Bierdeckel lässig ausspucken und ganz lässig antworten: »*I'm drinking beer. Do you want one, too?*«

Ein Hut! Er brauchte dazu einen Hut mit einer großen Krempe. Jeder coole Typ in jedem amerikanischen Film hatte so einen. Aber nichts leichter, als den zu erstehen, wenn erst mal der Wagen und alles andere lief. Das würde das Zuckerl sein, das er sich aufsparte, wenn alles andere auf Vordermann gebracht worden war.

Bastian ärgerte sich über seinen Rücken, der nicht mehr so geschmeidig wie noch vor zehn Jahren war und etwas schmerzte, nachdem er sich wieder aufgerichtet hatte und den Transporter etwas nach vorn rangierte, um danach auch den Rest des Unterbodens und der Karosserie abzuklopfen.

Christians siebzehnjähriger Sohn, den die Eltern deppert genug auch Christian hatten taufen lassen und der bisher schweigend neben ihm in der Scheune etwas sortiert hatte, weil ihm an diesem Freitagnachmittag vermutlich langweilig war, machte sich plötzlich wieder bemerkbar. Genauer: sein Handy. Laut dröhnte Musik durch die Scheune: »Lass sie geh'n, lass sie geh'n!« Wild fuchtelte Christian junior herum, schrie ihm etwas entgegen, das Bastian nicht verstand, und deutete dann schulterzuckend auf das Handy. Ah! Bastian verstand. Der Kopfhöreranschluss hatte einen Wackelkontakt. Das Problem hatte Emma doch auch schon mal gehabt. Man glaubt es ja nicht, aber es gab nichts, was es nicht gab, auch bei der modernen Technik. Christian, der Kleine, konnte das Problem schnell lösen und rief: »Onkel Basti, das war ein Wackelkontakt!«

Bastian stieg wieder unter den Kleinlaster und bekam doch den Refrain nicht mehr aus dem Kopf: »Lass sie geh'n!« Ja. Lass sie gehen. Ganz einfach so. Auch wenn das vermutlich ein junger, dummer Kerl sang. Aber die Jungen mussten ja nicht immer unrecht haben. Lass sie gehn! Was sollte er auch groß irgendeinen Lauf der Zeit anhalten wollen? Entweder man liebt sich, oder man liebt sich nicht. So einfach ist das. Und mit ihm und Franziska war es halt einfach vorbei. Kommt vor. Passiert. Ist halt so. Soll doch mal einer die Statistik über die Scheidungsrate in Bayern ansehen, bevor er da so gescheit daherredet wie der Markus seinerzeit. Wohin führten denn solche Ratschläge? Nur zu überfüllten Wartezimmern von Psychologen oder Mediatoren, unglaublichen Kostennoten von Anwälten oder wüsten Ausbrüchen unter Paaren – wie auch dem am Dienstag von Franziska im Auto, nachdem Mathilde sie über die Krankenhauseinlieferung informiert hatte. Das war ihrer unwürdig! Dabei hatte er sogar noch versucht, ihr eine goldene Brücke zu einer Entschuldigung zu bauen, indem er sagte, ihre Nerven seien einfach angespannt, weil Mathilde in die Klinik kam.

Nein, in diese Falle eines Vernichtungskrieges würde er nicht tappen. So schön, wie seine Ehe gestartet und gelaufen war, so harmonisch sollte sie nun auch enden. Keine Reibereien, kein Zoff, keine Kampfhandlungen. Wo lag das Problem, es nicht anders und besser zu machen als andere?

Eigentlich war Franziska da auch seiner Meinung, und beide hatten es den Kindern ruhig bei einer Essenseinladung sagen wollen. Aber sie hatten das Vorhaben aufgeschoben, bis es Mathilde wieder besser ging. Denn das war jetzt das oberste Gebot der Stunde: noch warten. Die Schwiegermutter war katholischer als der Papst in Sachen Scheidungen – und das hätte sie nur furchtbar aufgeregt. Wenn die Kinder von ihrem Vorhaben der Trennung wussten, hätte sie das zwar der Oma nicht gleich gesagt, aber er hatte gemeint: »Vincent und Emma können doch nicht schauspielern, Mathilde würde sofort merken, dass etwas nicht stimmt.« Franziska hatte ihm beigepflichtet.

Im Mittelteil des Trucks fiel Bastian eine durchgerostete Bodenplatte entgegen. Er schnitt sich an der Kante, rief laut »Au«, und sofort stand Christian junior neben ihm und fragte, ob alles in Ordnung sei.

»Alles bestens!«, erwiderte Bastian. »Nur eine kleine Schnittwunde.«

»Brauchst ein Pflaster?«

»Später vielleicht, passt schon!«

»Hast für mich vielleicht ein Trostpflaster?«, fragte der Bub, der kein Bub mehr war.

»Wie meinst das?«, fragte Bastian alarmiert und schielte durch die seitlichen Schlitze zum Neffen hinauf.

»Na ja«, meinte dieser betont cool. »Dieses ganze links-grün-versiffte Bio kotzt mich an. Spießiger geht's ja nimmer. Ich möchte hier weg.«

Was? Bastian musste kurz durchschnaufen und in sich gehen, während er aus der Grube stieg. Wie kam der Neffe dazu, Bio und Links und Grün für »spießig« zu halten? War der noch ganz dicht? Hatte aber sein Vater nicht damals ganz Ähnliches zu ihm gesagt, als er den Nachbar-Biohof für grandios befunden und dem Papa an den Kopf geknallt hatte, dass dieser ja mit seiner CSU ein Spießer im Quadrat sei? Jetzt knallte das der Neffe seinem Vater nur unter anderen Vorzeichen um die Ohren.

»Wählst du AfD oder was?«, fragte Bastian Christian junior.

»Und wenn, was wäre so schlimm dran? Ihr seid doch alle gleich!«

»Wer ist gleich, und wer sind *wir?*« Bastian legte den Schraubenschlüssel zur Seite, blickte seinem Neffen in die Augen.

»Na ihr, ihr halt, die Alten.«

Moment mal!, dachte Bastian. Ist Grün jetzt das neue Rechts als Feindbild oder was? Hatte er eine neuere Entwicklung einfach verschlafen? Ging die Landjugend jetzt auf Bio und Grün los, so wie er damals auf die CSU? Junges Milieu grenzte sich gegen altes Milieu einfach mit den umgekehrten Vorzeichen ab? Aber bei der Vorstellung, so AfD-Burschen wären jetzt wie der Markus, Alexander oder auch er vor dreißig Jahren, die mit langen Haaren, frisierten Mofas und Ohrringen die Alten auf die Palme brachten, drehte es ihm den Magen um. Das war doch nie und nimmer eine Rebellion. Nein, nie wieder würde er hier leben wollen, allenfalls befristet, bis der Truck hergerichtet war und er darin sein Zuhause sowohl in München hatte wie auch bei einem Sonderurlaub auf der Route 66. Franziska aber sollte ruhig glauben, er würde sich ihr zuliebe aufopfern und aufs Land ziehen und gar noch mit dem Auto zur Arbeit pendeln. Sollte sie deshalb doch ein verdammt schlechtes Gewissen haben, weil es *ihm* zu verdanken wäre, die Wohnung nicht verkaufen zu müssen und damit den Kindern ein schönes Erbstück zu erhalten!

Basti holte aus dem Keller im Haus nebenan Bier für sich und Christian junior und entdeckte auf dem Rückweg im Stadel einen alten Trachtenhut vom Papa, der da noch herumhing. Wäre der nicht was für die USA und seinen Trip auf der Route 66? Er setzte den Hut einfach mal auf und prostete sich mit Christian junior zu.

Bald darauf hörte er sich unvermittelt sagen: »Schon schad, wenn die Weiber einfach so alles hinschmeißen! Tut weh, wenn man's genau nimmt.«

»Weiber? Wie meinst du das, Onkel Basti, bist du reaktionär? Weiber sind doch keine Sexobjekte«, meinte der Neffe.

»Spinnst du? Und jetzt lass doch endlich mal den ›Onkel‹ weg. … Ich mein das bloß so. Wegen dem Lied, das du da vorhin abgespielt hast«, redete er sich heraus. »Und im Bayerischen sagt man ›Weiber‹ und ›spinnst du‹ einfach so, ohne dass man damit etwas abwertet.

Wirklich saudumm. Er konnte sich einreden, was er wollte, vernünftig sein, wie er wollte, und stolz auf das unaufgeregte Ende seiner Ehe sein – aber innendrin passte das alles gar nicht zusammen. Also, irgendwie tat das schon auch sauweh.

In aller Seelenruhe begann der Neffe, sich vor ihm einen Joint zu drehen. Im ersten Moment kapierte das Bastian gar nicht und dachte, der Bursche hätte zu rauchen angefangen. Aber dann fiel ihm wieder ein, dass er in seiner Jugend auch mindestens fünfmal gekifft hatte. Basti gefiel das, dass der Bub auch so wie er früher gegen etwas aufbegehrte, auch wenn er nicht genau wusste, gegen was eigentlich. Aber gut, das war sein Neffe. Wenn Vincent kiffen würde, hätte er aber sauber eingegriffen und sich wegen einer möglichen Drogenkarriere des Filius Sorgen gemacht.

»Darf ich auch mal?«, fragte Bastian, der Neffe grinste, Bastian nahm einen Zug, musste sich nicht wie befürchtet die Seele aus dem Leib husten und lehnte sich entspannt zurück. Half. Gegen Liebeskummer, oder was auch immer das da in ihm drin war.

FRANZISKA

Aus alter Gewohnheit kontrollierte Franziska noch schnell den Kühlschrank auf Vorräte, um eine Einkaufsliste zu schreiben, bevor sie zum Samstagsdreh fahren wollte. Dabei, so wurde ihr schnell klar, konnte sie sich das heute sparen. Joghurt, Käse, Wurst, Milch, Pesto, Ketchup – alles war noch in großen Mengen da und nicht von Emma oder Vincent über Nacht mit Freunden geplündert worden. Heute? Nein, das war die Zukunft. Ohne die Kinder und bald auch Basti im Haus würden nie wieder »Versorgungslücken« entstehen. Nicht mehr schnell noch nach Drehschluss in den nächsten Supermarkt eilen. Wie schön! Aber auch: Was für eine Scheiße! Kein Vincent mehr, der scherzte, sie stünden alle kurz vor dem Hungertod, wenn Mom den Kühlschrank nicht so gut im Visier hätte. Keine Emma mehr, die ein großes gemaltes Herz zur Entschuldigung in die leere Käsebox legte. Und kein Gerangel der beiden Kids mehr vor dem Kühlschrank, mit scherzhaften Boxereien um die letzte Flasche Cola. Keine spontan gerappte »Hymne an Mom« mehr, weil sie gefragt hatte, wie das Essen schmeckte, und Emma und Vincent ihr Gulasch als das beste auf der Welt besangen. Was für ein Shit! Wie oft hatte sie das jetzt schon gedacht, sie drehte sich im Kreis: Mit den Kindern war das Leben weg, und deshalb war ihr erst nach deren Auszug klar geworden, dass sie mit einem emotionalen Krüppel verheiratet war, der offenbar noch nicht mal einen Trennungsschmerz empfand. Oder war sie ungerecht? Aber nein, ein Empfinden konnte nicht ungerecht sein, nur der Verstand. Gefühle lügen nicht.

Aber dass der Kühlschrank nun bald komplett leer sein würde, also auch ohne Bastis Thunfischsalate, das ließ sie doch schlucken. Ach was. Nicht sentimental werden! Dabei fiel Franziska ein, dass sie Basti noch warnen sollte – sie mussten unbedingt eine Vereinbarung treffen, sich bloß nicht so wie andere Paare um Geld zu streiten, das war doch die große Gefahr. Wie schnell lief es sonst darauf hinaus, die Wohnung verkaufen zu müssen und damit den Kindern das Erbe zu nehmen. Nie im Leben hatte sie es mit Bausparverträgen und so Zeug gehabt, aber für die Kinder sollte sie sich doch an die Kandare nehmen und wirtschaftlich denken.

Sie wischte eine paar Sahneflecken aus dem Kühlschrankfach und überlegte, wie kleinkariert ihr Leben eigentlich war, wenn sie schon wieder zu putzen begann, obwohl keiner da war, nicht mal Basti. Zum ersten Mal seit Jahren war er erfreulicherweise privat ohne sie mehr als ein paar Stunden unterwegs, also sogar schon über eine ganze Nacht hinaus. Zwar nur bei seiner Familie in Heimstetten, aber immerhin. Vielleicht richtete er sich dort schon sein Zimmer ein für die Zeit nach der familienoffiziellen Bekanntgabe ihrer Trennung?

»Was?«, rief Franziska ins Handy, als sie gerade die Wohnung abgeschlossen hatte. Der Dreh fiel aus. Das durfte ja nicht wahr sein, dabei hätte sie damit rechnen müssen, war doch immer das Gleiche. Nach einem Drittel Drehzeit legte sich die Hauptdarstellerin mit der Regie und der Produktionsfirma an und drohte damit, auszusteigen, weil angeblich dieses oder jenes künstlerisch nicht passte. Wobei es nur darum ging, mehr Geld herauszuschlagen. Der Produzent musste dann entscheiden, ob er die bereits im Kasten befindlichen Szenen wegwarf und mit einer neuen Besetzung noch mal startete oder ob er auf die bisweilen horrenden Forderungen einging. Es war immer eine Abwägung, denn jeder Ausfall beim Drehen, jede Minute, kostete. Franziska verstand bloß nicht, wieso die Schauspieler die Verträge unterlaufen konnten, mit denen sie sich ja eigentlich zum Einhalten des Vereinbarten verpflichtet hatten. Aber die derzeitige Schauspielerin war gewieft. Jetzt begründete die Diva ihre Drehverweigerung mit der »Corona-Gefahr«, weil die WHO eine Pandemie ausgerufen hatte. Selten kreative Ausrede! Dabei hätte der heutige Drehtag perfekt zu ihrer privaten Situation gepasst. Sie hatte mit Alex, dem Fahrer, abgesprochen, vorher noch im Krankenhaus bei der Mama vorbeizuschauen, nur fünf Kilometer vom Drehort entfernt, weil erst um zwölf Uhr die Klappe fallen sollte.

Franziska kochte sich einen Espresso und wählte die Nummer von Mamas Handy. Mathilde hatte sie in den vergangenen Tagen bei Nachfragen immer beruhigt – alles sei paletti, aber vorsorglich wolle man sie noch behalten und so müsse sie auf die Entlassung warten.

»Ist gerade Visite? Stör ich?«, fragte Franziska.

»Nein, kein Problem, passt gut«, antwortete die Mutter fast flüsternd.

»Aber warum sprichst du dann so leise?«

»Ich will doch die andere nicht stören«, entgegnete Mama.

Ach so. Mama empfand es immer noch als unhöflich, in Anwesenheit von anderen zu telefonieren.

»Wie geht es dir?«

»Na ja, mir geht es eigentlich ganz gut. Ich soll mich bloß nicht aufregen.«

»Gibt es neue Untersuchungsergebnisse?«

»Heute ist Samstag. Da passiert gar nichts in diesem Krankenhaus.«

»Ach so. Ja, klar. Aber haben sie dir wenigstens gesagt, wie lange du noch bleiben musst?«

»Das hängt von den weiteren Untersuchungen ab. Da können die jetzt noch gar nichts sagen.«

Klar. Blöde Frage.

»Ich hätte dich heute eigentlich besuchen wollen, weil ich ganz in der Nähe zu tun hab, es war auch schon organisiert, aber mein Drehtag fällt aus«, sagte Franziska.

Keine Reaktion am anderen Ende der Leitung. War der Handyakku leer, und die Mutter hatte das nicht gemerkt?

»Mama, bist du noch dran?«

»Ja!«

»Was ist denn?«

»Nichts, gar nichts.«

»Ja hättest du dich nicht gefreut, wenn ich gekommen wäre?«

»Doch, natürlich, selbstverständlich, Spatzl!«

Das klang alles andere als überzeugend. Wenn die Mama sie außer an Weihnachten und bei Geburtstagen »Spatzl« nannte, war ohnehin meist etwas im Busch. Was also stimmte hier nicht?

»Ist alles in Ordnung?«, fragte Franziska.

»Ja, natürlich, was soll schon sein? Außer dass ich bei diesem Herzproblem ruhig und gelassen bleiben muss und keinerlei Aufregungen vertrage. Also bitte fange keinen Streit an …«

»Mama! Ich streite doch nicht mit dir, wenn du im Krankenhaus liegst. So gut musstest du mich kennen!«

»Nein, ich mein … halte die Familie zusammen. Wir haben doch bloß uns … also, natürlich haben wir auch Freunde. Aber die Familie ist das Wichtigste«, führte die Mutter aus. Das klang schon wieder seltsam. Wie sollte sie das verstehen?

»Ja, ich weiß, hast du ja immer gesagt, ›Blut ist dicker als Wasser‹«, bestätigte Franziska.

»Nein, um Gottes willen!«, rief Mathilde entsetzt und hörte auf, leise zu sprechen. »Das ist im Grunde ein blöder Spruch. Es gehört auch zusammen, was Gott verbunden hat und was zusammengewachsen ist.«

Trauerte Mama plötzlich wieder heftig um Papa? Jetzt, wo sie so allein im Krankenaus lag, vermisste sie sicher ihren Gottlieb noch einmal besonders. Aber nein, das klang nicht nach Trauer.

»Mama, jetzt sag mir mal ehrlich: Ist wirklich alles gut bei dir?«

»Ja, Spatzl, wirklich, mach dir keine Sorgen um mich. Es wird alles gut! Kümmere dich aber um deine Familie. Und achte auf deinen Mann!«

Ahnte die Mutter etwas von ihren Trennungsabsichten? Spürte die Mama, dass es vorbei war? Nein, die Mutter »roch« zwar immer, wenn etwas bei ihr nicht glattging, aber *das* konnte sie einfach nicht wissen.

Es ergab keinen Sinn mehr, noch mal nachzufragen. Mama würde nicht sagen, was sie tatsächlich umtrieb. Und Franziska war nicht dazu auf der Welt, der Mutter alles aus der Nase zu ziehen. Selbst wenn Mathilde eine ganz schreckliche Diagnose bekommen hatte und ihr das nicht mitteilen wollte, dann war es auch ihre Entscheidung, die sie als Tochter zu respektieren hatte.

Franziska verabschiedete sich höflich mit Genesungswünschen, begann die Böden zu saugen und hielt wieder inne. Nein, sie würde jetzt bestimmt nicht weiter doofe Haushaltsarbeit erledigen. Sie musste wissen, was bei der Mama los war. Sie würde sie einfach besuchen fahren und *sehen*. Das war etwas anderes als ein »Ferngespräch«, wie Mama das Telefonieren bisweilen noch altmodisch nannte.

Sie rief Basti an. »Wann bist du zurück?«, wollte sie wissen.

»Heute Abend, vielleicht. Muss ich dir das sagen? Hab ich eine Verpflichtung dazu?«

Wie bitte? Was waren denn das für Töne? Als ob sie ihn kontrollieren oder gar heimrufen wollte. Bestimmt nicht! Doch Franziska verkniff sich eine spitze Bemerkung und meinte: »Ich frag nur, weil ich das Auto brauche, um Mama zu besuchen.«

»Ach so«, erwiderte Basti entspannt, kicherte seltsam und sprach wieder so langsam. »Nun, tut mir leid. Ich hab gestern was geraucht und bin immer noch nicht ganz klar im Kopf. Ich kann jetzt noch nicht fahren.«

Wie? Was? Fing der auf seine alten Jahre wieder zu kiffen an? Hatte der sie noch alle? Ach, klar! So ließ sich das erklären: Der musste jetzt noch mal auf »jung« machen. Sich an der falschen Stelle beweisen, dass er nicht nur der Typ war, der beigefarbene C-&-A-Unterhosen trug.

O mein Gott! Ein Kerl, der ganz kurz mal gegen die Eltern, das Land und gegen die CSU aufbegehrt und danach seit Jahrzehnten nur noch einen Spießerweg neben ihr hingelegt hatte. Büro, Geld verdienen, Familie und Glotze. Der ging ja nicht mal mehr zum Altherrensport Kegeln, weil die anderen ihm zu anstrengend waren. Der trank ja nicht mal mehr ein Feierabendbier, sondern nur noch ein Radler. Und jetzt bäumte er sich kurz mal auf, mit einem Verhalten aus der Teenagerzeit. Wie peinlich.

Das war nun wirklich nicht mehr der Bastian, in den sie sich damals verliebt hatte, weil er sie so frech und sogar noch leicht angetrunken mit dem Moped abgeholt hatte. Zu einem See hatte er sie gefahren. Sie hatten nackt darin gebadet, im Wasser gelacht und gescherzt, wie das U-25-Jährige tun, sich zärtlich berührt und sich doch lange nicht aus dem Nass gewagt, weil klar gewesen war, was danach anstand: Sie hatten miteinander schlafen »müssen«, sie hatten es beide gewollt. Ach, was! Das war vorbei. Nur nicht sentimental alten Zeiten nachhängen.

Wenn Basti den Wagen jetzt nicht bringen konnte, dann gab es ja noch Vincent. Der hatte schließlich den Passat vom Papa und war ein erwachsener Sohn, den sie in die Pflicht nehmen konnte und sollte. Und Vincent reagierte meist sofort auf WhatsApp.

EMMA

Während andere das Haus verließen, kehrte sie nach der Nachtschicht in einem Klub, der keine Sperrstunde kannte, heim und packte in aller Eile die letzten Teile aus den Umzugskisten in den Schrank, legte die Kartons zusammen, schob sie unter das Bett und stellte ein paar Laternen auf. Sie war dem Lockenkopf »mit ohne« Fahrradhelm wiederbegegnet. Im Tante Ida. Nachdem sie im angesagtesten Klub der Stadt einen Zettel gesehen hatte – *Bedienung gesucht* –, hatte sie sofort dort angeheuert. Erstens bekam sie zwei Euro die Stunde mehr als im Restaurant. Zweitens wurde sie durch diese Arbeit in einem Klub selbst megacool. Fand auch der Lockenkopf, dem sie in der ersten Nachtschicht dort prompt begegnet war. »Cool, du arbeitest hier?«, hatte er sie gefragt. Sie hatte ihn zuerst gar nicht erkannt. Doch dann hatte er ihr von der Felgenreparatur erzählt, ganz süß nicht nur einen weiteren Mexicano bestellt, sondern ihr auch gleich noch zwei Euro Trinkgeld gegeben.

In der Nacht war er wieder aufgetaucht, hatte sie einladen wollen und gescherzt, er würde auf fünf Euro Trinkgeld erhöhen, wenn sie ihm ihre Telefonnummer verriet. Emma hatte gegrinst, ihm die Nummer nicht gegeben, aber stattdessen ihre Adresse. Per WhatsApp konnte sich jeder schnell melden, aber zu einer Adresse zu kommen – dafür musste man sich anstrengen.

Sie hatte weiter bedient, vergeblich auf Leo gewartet, dem Lockenkopf bei seinem Abschied zugewinkt, war heimgeradelt – und plötzlich war ihr eingefallen, dass die Idee mit der Adresse ja so was von bescheuert war! War sie verrückt? Nein, sie hatte keine Angst vor ihm, aber wieso glaubte sie, die Handynummer schützen zu müssen, aber nicht ihr Zuhause? Würde der jetzt gleich kommen? Er konnte sich ja nicht ankündigen. Und sie hatte erwähnt, dass sie nur noch zwei Stunden zu arbeiten hätte. Doch weil es hier immer noch wie auf einer Baustelle aussah, versuchte sie zu retten, was zu retten war. Der Typ bewirkte jedenfalls, dass sie es endlich mal auf die Reihe brachte, alle Kisten zu leeren. Jeder war doch für was gut.

Schnell hängte sie noch Klamotten auf Kleiderbügel, räumte die Schüssel von Oma ein und stellte eine Lampe auf, die sie mit Vincent bei IKEA erstanden hatte. Trotzdem *hard stuff*, das alles. Es haute sich auf die Dauer einfach nicht, dieser Job, diese Miete und das Studium.

Egal. Jetzt schnell duschen und schminken, um fit und schön zu sein nach einer Nacht ohne Schlaf. Parfum! Sie musste noch das Parfum auflegen, das Papa ihr zu Weihnachten geschenkt hatte. Irgend so ein Klassiker, den es nicht mehr gab, Dad aber wahnsinnig cool gefunden hatte: »Das letzte Fläschchen Chanel Nummer fünf. Wird nicht mehr hergestellt.«

Ein prüfender Blick in den Spiegel. Okay. Alles gut. Nur noch Lippenstift. Jetzt war alles entspannt. Der Typ konnte kommen oder auch nicht, und wenn nicht, dann legte sie sich eben ins Bett, um endlich zu schlafen. Emma öffnete WhatsApp, das sie bisher ignoriert hatte, weil der Kerl ja ihre Handynummer nicht hatte.

Mom will, dass ich sie gleich abhole und zu Oma fahre! Wie soll ich denn erklären, dass Oma nicht mehr im Krankenhaus ist?, fragte Vincent.

Sag, sie ist vorzeitig zur Beobachtung entlassen worden!, schrieb Emma zurück.

Aber die haben eben telefoniert, und Oma hat behauptet, immer noch im Krankenhaus zu sein! Teufel-Emoji hinterher.

Mist! Emma fiel auch nichts ein. Oder doch. Sie rief Vincent an.

»Sag, ich hätte das gerade mit den Ärzten abgesprochen, dass sie jetzt sofort entlassen werden durfte!«

»Oma sagte, an einem Samstag wird aber nicht entlassen in diesem Krankenhaus ohne Chefarzt, diese Idee hatte ich auch schon!«

»Das ist ein einziges Lügendickicht«, stellte Emma fest.

»Und was bringt uns diese sensationelle Erkenntnis jetzt?«, fragte Vincent.

Emma schob, über Kopfhörer telefonierend, das Bett noch etwas seitlicher. Sollte sie es nicht noch beziehen? Aber hatte sie überhaupt Bezüge? Das hatte daheim ja immer Dad erledigt, obwohl Mom immer forderte, sie und Vincent sollten das endlich mal selbst auf die Reihe kriegen.

Ihr fiel einfach keine Lösung zur Mom-Oma-Situation ein, obwohl ihr Hirn daran arbeitete.

»Ah, ich hab's!«, rief Vincent plötzlich. »So kommen wir aus der Nummer raus: Der Passat springt nicht an!«

»Super Idee«, freute sich Emma. »Aber warum fährt Mom eigentlich nicht selbst?«

»Dad ist mit dem Fiat bei Christian auf dem Land. Darum hat Mom ja mich angerufen«, entgegnete Vincent.

Eigentlich sollte sie jetzt nichts mehr sagen, sie war todmüde und hatte ja schließlich kein Helfersyndrom. Trotzdem. »Ich hab ja gleich gesagt, dass das auffliegt!«

»Kannst du nicht mal positiv denken?«, pflaumte Vincent sie an. »Such nach Lösungen und nicht nach Problemen!«

»Ganz schlauer Satz, gut, dass ich das mal höre«, keifte sie zurück.

Der Lockenkopf klingelte immer noch nicht. Emma blickte aus dem Fenster, von dem aus der Hauseingang nur teilweise zu sehen war.

»Und was machen wir dann morgen, wenn Dad und der Fiat wieder da sind?«, fragte sie ihren Bruder.

»Da lassen wir uns noch was einfallen«, antwortete Vincent. »Jetzt erklär ich Mom das mit dem Passat erst mal.«

Emma lachte. »Okay. Ich zähl auf deine Kreativität!«

Maximal fünfzehn Minuten würde sie noch warten, ob der Lockenkopf auftauchte und dann endgültig ins Bett gehen. Sie blickte aus dem Fenster, prüfte noch einmal den Lippenstift und polierte aus Verlegenheit sogar die Kaffeemaschine von Oma.

Es klingelte. Hatte sie seine Ankunft am Haus also doch verpasst.

Aber nicht der Lockenkopf stand vor der Tür, sondern der Bruder.

»Vincent?«, fragte sie ungläubig.

»Klingelte wohl eben der Falsche? Komm, los, wir fahren zu Oma.«

Vincent schlug nichts vor, er befahl.

»Wie? Ich kann nicht! Ich … ich … hab die ganze Nacht gearbeitet, und ich muss auch noch lernen und …«

»Du siehst aber blendend aus, und dein Parfum ist mega. So zieht eine Lüge die andere nach sich, oder? Wartest du auf Leo oder seinen Nachfolger?«

Bruderherzchen hatte sie durchschaut, stellte sie schmunzelnd fest.

»Du, ich kann wirklich nicht …«

»Zu spät! Ich hab Mom gesagt, dass du mit der Klinik telefoniert hast und Oma nun doch schon entlassen wurde, weil du nach ihr siehst, als Medizinstudentin.«

»Wie? Ich dachte, der Passat springt nicht an?«, fragte Emma verdutzt.

»Dann haben wir morgen ein noch größeres Problem, hast du doch auch gemeint. Deshalb hab ich das jetzt so gelöst. Oma sagt, ein Salvatore irgendwas hätte sie heimgebracht, unter der Auflage, dass du dich um sie kümmerst.« Vincent grinste.

»Mann!«, rief Emma sauer.

»Komm schon, für 'nen neuen Typen wirst du doch interessanter, wenn du dich rarmachst und ihn erst mal versetzt. War übrigens neulich ein Tipp von der Oma an deine Freundin Lana.«

»Aha.« Das hatte sie damals nicht gehört. Oma hatte vielleicht recht. Na ja, der Flirt mit dem Lockenkopf wäre wohl ohnehin eine schlechte Idee gewesen, nur gegen Leo gerichtet. Jetzt hatte das Schicksal entschieden.

»Ich brauch noch ein paar Fachausdrücke, damit ich Mom was erklären kann«, erwiderte Emma, griff zu ihrer Jacke und suchte nach dem Lehrbuch.

»Dein Medizinlatein kannst du im Wagen auch googeln. Jetzt müssen wir los.« Ach, der Bruder, dieser Idiot, hatte einfach immer schneller als sie eine Lösung für all die Scheißprobleme der Welt!

Dann eben kein Schlaf. Emma äugte noch mal nach dem Lockenkopf, der jedoch weder vor der Wohnungs- noch vor der Haustür auftauchte, und stieg zu Vincent in den Passat.

So eine Familie kannst du dir nicht aussuchen, entweder sie hat dich, oder du hast sie! *No way out!* Andererseits: Familie zu haben, hatte doch auch was. Emma saß jetzt jedenfalls nicht daheim und wartete auf etwas oder jemanden. So war sie von sich abgelenkt und musste sich keine Gedanken mehr darüber machen, wie sie sich noch freundlich grüßen sollte, wenn sie sich mal wieder selbst im Weg stand.

GOTTLIEB

Was für ein Theater mit seiner Frau als Hauptdarstellerin ging hier eigentlich vor sich? Mathilde hatte er ja bisher schon einiges zugetraut, aber das ging entschieden zu weit. Die legte sich einfach in die bessere Ehebetthälfte, schaltete Radio Horeb ein und füllte die Medikamentenschachtel vom letzten Krankenhausbesuch mit kleinen Pfefferminzbonbons und Vitamintabletten, die sie zuvor im Bad gesucht hatte. Ein prüfender Blick auf das Ablaufdatum hatte ergeben, dass die Vitamine schon seit 2014 nicht mehr brauchbar waren, aber Mathilde zuckte einfach mit den Schultern. Gottlieb hörte sie förmlich sagen – so gut kannte er seine Frau nun wirklich – »*Alles* sollte man doch nicht immer gleich wegwerfen. Auch die Medikamentenbox hab ich jetzt doch noch mal brauchen können!« Fuchsig machte seine Frau nur der neben dem Bett hängende Bademantel, zu dem ihr Blick immer wieder glitt. Gottlieb verstand zuerst nicht, warum, aber dann begriff er, dass dieses Teil drei Flecken hatte und Mathilde am liebsten damit sofort in die Waschküche gegangen wäre, um wie immer alles möglichst gleich zu erledigen. Wegen des angekündigten Besuches sah sie sich jedoch gezwungen, liegen zu bleiben.

Schließlich hielt sie die Untätigkeit aber nicht mehr aus, nahm den Bademantel vom Haken und machte sich auf den Weg. Es klingelte. So schnell hatte Gottlieb sie noch nie ins Bett zurückhüpfen sehen, nicht mal zur Anfangszeit, als sie frisch verliebt waren und es kaum hatten erwarten können, endlich miteinander zu schlafen. Denn Sex vor der Ehe war bei ihnen als Katholiken im Gegensatz zu den Jungen heute tabu gewesen. Sie verstanden noch die Gebote der Kirche zu erfüllen.

Da lag sie nun im Schlafzimmer, in der besseren Ehebetthälfte, tat so, als wäre sie unheimlich schwach, und atmete heftig. Mathilde! Gottlieb hätte sie schütteln mögen. Seine Frau griff sich ans Herz und rang scheinbar um Luft. Hatte die denn gar keine Skrupel?

Franziska sperrte mit ihrem Schlüssel die Haustür auf, eilte nach oben und setzte sich zu Mathilde ans Bett. Emma und Vincent brachten der Oma Tee und Knabbersachen. Aber erst als Franziska in die Waschküche verschwand, um auf die Bitte von Mathilde hin die Flecken aus dem Bademantel zu entfernen, begriff Gottlieb zur Gänze, was hier gespielt wurde. Kaum war seine Tochter unten in der Waschküche zugange, sprachen sich die Enkelkinder und Mathilde konspirativ ab.

»Also, Oma«, begann Emma, »nur noch mal zur Sicherheit: Du bist nur auf eigenen Wunsch entlassen worden und musst nächste Woche beim Hausarzt vorstellig werden, klar?«

»Emma, ich bin alt, aber nicht debil!«

»Das Wichtigste ist, dass du dich kein bisschen aufregen sollst«, führte Emma weiter aus. »Das ist das Herzstück unseres Plans!«

»Dafür braucht es ein Medizinstudium? Mädel! Das war außerdem *meine* Idee!«

»Okay, Oma. Aber ich hab sie jetzt vor Mom fachlich begründet. Und die Betablocker nimmst du trotzdem weiter?«

»Welche Betablocker?«

»Na die, die sie dir verschrieben haben, die du jetzt so oder so immer nehmen musst«, entgegnete Emma.

Mathilde richtete sich auf. »Gut, dass du das sagst, Mädel! Jetzt hätt ich die Medikamente, die ich wirklich brauch, fast vergessen!«

Oma und Enkelkinder grinsten. Emma holte die Pillenpackung und legte sie neben die Pseudotablettenbox.

Als Franziska wieder auftauchte, erklärte Emma, dass Oma die Betablocker lieber gesondert einnehmen und sie deshalb besser nicht zu den anderen ins Schälchen zählen sollte.

Gottlieb war baff, wie leichtgläubig seine Tochter einerseits und wie raffiniert seine Frau und die Enkelkinder andererseits waren. Denn Franziska glaubte jedes Wort seiner Frau. Dass Mathilde bei kleinsten Anzeichen von Herzbeschwerden wieder den Notarzt rufen und sich vor allem nicht aufregen sollte.

»Aber kannst du denn allein bleiben?«, wollte Franziska von ihrer Mutter wissen.

»Natürlich, das hab ich doch extra gefragt!«, entgegnete Mathilde. »Ich will euch doch nicht zur Last fallen.«

»Und ein Handy hat Oma ja jetzt auch«, beruhigte Vincent seine Mutter, während er die Ladestation im Schlafzimmer einstöpselte und das fürsorgliche Enkelkind mimte.

Wie sollte Gottlieb das nun finden? Lustig und raffiniert oder höchst unmoralisch?

Er beschloss, es bei solchen Fragen wie immer zu machen, als er noch unter Lebenden weilte, und sich weder dafür noch dagegen zu entscheiden. War doch deren Sache. Was ging ihn das an? Er machte jetzt lieber mal einen Abflug zu den Baumgipfeln und strich über sie hinweg, um sich zu beruhigen. Was für eine überwältigende Natur! Eigentlich durfte er bei so einer Lügengeschichte nicht zusehen und sollte sich aus dem Staub machen. Aber er wäre ja schön blöd, den Urlaub mitten im Geschehen abzubrechen und womöglich niemals zu erfahren, ob der Plan noch aufging. Wie sollte er seine frühzeitige Rückkehr außerdem ganz oben begründen, ohne Mathilde zu denunzieren? Er konnte ja schlecht erzählen, dass seine Frau samt den Enkelkindern so vehement gegen das Gebot »Du sollst nicht lügen!« verstießen, dass sich nicht nur die Balken bei den Irdischen bogen, sondern auch die Erdachse sich in einem neuen Winkel krümmte.

BASTIAN

M*ontagabend brauche ich die Präsentation für die Konferenz!*, hatte der junge Schnösel-Chef geschrieben. Das kam davon, wenn er an einem Sonntag und noch dazu gleich nach dem Aufstehen den Rechner anmachte und das E-Mail-Programm öffnete. Dabei hatte Bastian nur Schiffbedarf googeln wollen, denn nachts war ihm eingefallen, dass man für die engen Kajüten viel von der Ausstattung benötigte, die er für den Kleinlaster suchte. Und dann diese Mail. Nein, nicht mit ihm! Er würde nicht mehr am Wochenende arbeiten, nur weil ein junger Idiot auf Kosten der Mitarbeiter Karriere machen wollte. Aber Bastian gelang es auch nicht, auf »Durchzug« zu stellen, weshalb er den Rechner zwar wieder ausmachte, aber sich trotzdem unter Druck fühlte, denn der Montag allein würde zeitlich nicht zur Vorbereitung der Präsentation reichen.

Bastian suchte sich Anziehsachen aus dem Schrank und stellte fest, dass die geliebten Alpaka-Socken, die er auch im Sommer trug, weil sie dünn und zugleich weder zu warm noch zu kalt waren, regelrecht geschrumpft waren. Die sahen ja aus wie Kindersocken. Was war denn da passiert? Na ja, Franziska würde das schon erklären können. Aber Franziska schlief noch. Und außerdem, so wurde Bastian plötzlich klar, fiel er eigentlich nicht mehr in Franziskas Zuständigkeitsbereich, auch nicht in puncto Socken. Er würde künftig alles allein zu managen haben. Auch Fragen zu so seltsamen Phänomenen wie über Nacht geschrumpften Socken musste er künftig mit sich selbst, der Waschmaschine oder einer höheren Macht ausmachen. Komisch, dachte Bastian, nicht mehr mit Franziska zu schlafen beschäftigte ihn gerade weniger als die Frage zu seinen Alpaka-Socken.

Er ging in den Küchenbereich, setzte Tee auf und wollte schon Geschirr für zwei Personen auf den Frühstückstisch stellen, die Morgenmahlzeit herrichten und frische Semmeln besorgen. Aber er hielt inne. Warum sollte er seiner Nochfrau ein Frühstück herrichten, wenn er sie nicht einmal mehr zu Socken etwas fragen konnte? Oder wäre das doch noch möglich? Blieben sie denn nicht gute Freunde? War er jetzt einfach kleinlich beleidigt, bloß weil sich Franziska von ihm getrennt hatte? Sollte er nicht genau deshalb, damit sie gute Freunde blieben, auf so kleine Bosheiten verzichten? Aber war nicht eigentlich beides seiner unwürdig? Mit den Bosheiten zeigte er sich beleidigt, mit einem Verzicht darauf eiskalt berechnend.

Bastian ging zum Bäcker, kaufte dort jedoch keine Semmeln, sondern trank vielmehr in diesem »Laden«, wie Vincent immer sagte, einen Tee und aß ein Croissant. Wie lange war das her, dass er abgesehen von Dienstreisen außer Haus gefrühstückt hatte? Er konnte sich nicht mehr entsinnen. Er konnte sich auch nicht mehr daran erinnern, dass offenbar auch andere Männer und Frauen allein in einem Café frühstückten. Auch Frauen. Vor allem auch Frauen. Das war früher nicht so gewesen, bestimmt nicht! Damals ging doch keine Frau allein frühstücken. Oder hatte er das auch einfach nicht wahrgenommen, weil er, seit er denken konnte, eh nur noch Franziska wahrgenommen hatte? Dieser Frage musste er auf den Grund gehen. Dazu musste er mal alte Kumpels befragen. Was meinten wohl Alex oder Martin dazu? Blöd nur: Hatte er überhaupt noch eine Telefonnummer von den alten Freunden? Wie lange hatte er sie schon nicht mehr gesehen? Bastian rechnete nach. Also, Alex hatte er vor über fünfzehn Jahren zuletzt bei einem Klassentreffen getroffen. Mit Martin war er in München zuletzt mal in einem irischen Pub gewesen, als es in den Kneipen in Bayern noch kein Rauchverbot gab, denn Martin rauchte Kette. Aber wie lange war denn das Rauchverbot in Bayern in Kraft? Auch das wusste er nicht genau. Google! Ja, das musste mit dem Handy ganz schnell zu erfahren sein. Solche Dinge waren nachzuschlagen, im Gegensatz zu persönlichen Daten.

»2010« warf Google aus. Also vor mindestens zehn Jahren hatte er Martin zuletzt getroffen und seither, abgesehen von ein paar kurzen Nachrichten, keinen Kontakt mehr zu ihm gehabt. Klar, der Martin hatte auch keine Frau, die mal zum Essen einlud oder einen gesellschaftlichen Abend arrangierte. So war das doch mit allen Männern, die sich nicht »getraut« hatten. Die vereinsamten irgendwann, weil sich doch eigentlich immer die Frauen um gemeinsame Treffen kümmerten, in dem Alter, in dem sie jetzt waren.

Moment! Bastian fiel ein, dass er künftig auch einer dieser Männer sein würde. Noch schlimmer: Während sich ein Martin nun schon seit Jahrzehnten in solch einem Single-Dasein hatte einrichten können und die Einsamkeit wohl mittlerweile gewohnt war, würde ihm hingegen Franziska jeden Tag fehlen. Keine gemeinsamen Einladungen mehr. Wobei: Wann hatte eigentlich zuletzt ein gemeinsames Essen mit befreundeten Paaren stattgefunden? Hatte er das nicht immer abgelehnt? Fragen über Fragen! Und wer sortierte ihm überhaupt künftig die Rechnungen für die Steuer?

Bastian sah in dem Bäckerei-Café auf die Tafel mit Speisen und Getränken. Die Liste war mit Kreide handschriftlich aufgetragen, so als würde sich jeden Tag ein Mitarbeiter aufs Neue um das Angebot kümmern und es ganz persönlich notieren. Selbstverständlich stand da kein Weißbier, nur verschiedene Kakao-, Kaffee- und Teesorten. Mit Hinweis auf das jeweilige Anbaugebiet und einem Fair-Trade-Vermerk. Nur gut, wenn Arbeiter in anderen Ländern der Welt nicht mehr für einen Billigkonsum in Deutschland ausgebeutet wurden. Aber es war plötzlich so dermaßen schick, darauf zu achten, und damit selbst eigentlich schon wieder ein Werbetrick, der bei Bastian Unbehagen auslöste.

Er bezahlte mit nicht zu knickrigem Trinkgeld bei der jungen Bedienung und lächelte sogar – nur mal zur Übung! – eine gleichaltrige Frau im Eingangsbereich an, stapfte in die Wohnung zurück und fand Franziska bei Frühstücksvorbereitungen vor.

»Es geht mich ja nichts mehr an«, bemerkte sie, »aber findest du es nicht etwas kleinlich, nur für dich Semmeln zu holen und nicht für mich? Ich meine, wir hassen uns doch nicht, oder?«

»Ich hab keine Semmeln geholt, ich war frühstücken in einem Café«, entgegnete Bastian wahrheitsgemäß und hob seine Hände hoch, wie um zu beweisen, dass er keine Bäckertüte dabeihatte. Weder für ihn noch für sie.

»Ach so«, erwiderte Franziska fast gleichgültig und begann, sich einen Espresso zu kochen, ohne ihn weiter zu beachten.

Wie kam er eigentlich dazu, sich zu rechtfertigen für etwas, das nun wirklich nicht mehr sein Job war? Also Semmeln für die Ex zu kaufen?

»Es geht mich ja eigentlich nichts mehr an, aber findest du es nicht etwas kleinlich, mir meine Socken kaputt zu machen, nur weil wir uns getrennt haben?«, entfuhr es Bastian, ohne dass er selbst wusste, wieso er Franziska unterstellte, sie wäre für die Schrumpfung verantwortlich.

Franziska drehte sich zu ihm und fauchte: »Ich hab dir gar nichts kaputt gemacht! Wenn du ständig so altmodisches Zeug kaufst, das gar nicht in einen Trockner gesteckt werden darf, kann ich doch nichts dafür!«

Aha, Franziska hatte also doch eine Erklärung. Der Trockner, warum auch immer.

»Wieso altmodisches Zeug? Das ist Qualitätsware, die es kaum mehr gibt!« Wie oft schon hatte er versucht, ihr zu erklären, wo der Unterschied zwischen kurzlebigen, billigen Sachen und nachhaltiger Qualitätsware lag? Qualität war zu reparieren, langlebig und kein Wegwerfprodukt.

»Spar dir bitte deine Vorträge zur Qualitätsware!«, bemerkte Franziska. »Die kann ich dir im O-Ton-Wortlaut mit jedem Komma dazwischen aufsagen. Das ist nur der ideologische Überbau zu deiner Festgefahrenheit. Alles soll so bleiben wie immer, wie früher. Du bist keinen Deut anders als unsere Alten, die immer sagten, früher war alles besser!«

Bastian starrte seine Frau an. Das saß! Was war denn schon wieder in sie gefahren? Fast so ein Tonfall wie beim Ausbruch neulich im Auto. Plötzlich fiel es ihm ein: Mathilde! Klar, Franziska war wohl super gestresst und in tiefer Sorge um ihre Mutter, die sie gestern mit den Kindern besucht hatte – und er war nun das Ventil. In so einer Situation braucht *jeder* Mensch ein Ventil, dachte Bastian versöhnlich und fragte nach Mathilde.

Etwas perplex über seine Freundlichkeit antwortete Franziska, während sie die Milch aufschäumte: »Ihr geht's eigentlich ganz gut, sagt sie jedenfalls. Und sie sieht auch so aus. Trotzdem werd ich das Gefühl nicht los, dass da irgendwas nicht stimmt.«

»Mach dir mal nicht zu viele Sorgen«, beruhigte Bastian sie.

»Sagt sie auch«, entgegnete Franziska und setzte sich mit ihrer Tasse in dem viel zu großen Schlafanzug an den Küchentisch. Bastian brachte ihr die Marmelade, die sie im Kühlschrank vergessen hatte.

»Auf jeden Fall können wir ihr momentan nicht erzählen, was wir vorhaben, mit der Scheidung. Sie soll sich nicht aufregen. Und das würde sie, und wie!«

»Logisch!«, erklärte Bastian.

Franziska bestrich sich ein Brot. Seit wann lackierte sie sich eigentlich wieder die Nägel? Die waren rot, wie früher. Aber was war eigentlich die letzten Tage, Wochen, Monate, Jahre gewesen? Er konnte sich nicht daran erinnern, wie ihre Nägel ausgesehen hatten.

»Ich zieh nach Heimstetten, wenn es Mathilde wieder besser geht. Christian hat gemeint, ich könnt schon heute kommen. Aber es hilft alles nichts, die Gesundheit von Mathilde geht vor, da müssen wir noch warten.«

Er dachte daran, wie sie ihm mit ihren Fingernägeln in grauer Vorzeit einmal beim Sex den Rücken aufgekratzt hatte. Wie geil war das gewesen.

Franziska nickte. »Entschuldige den Ausbruch eben. Ein paar Tage müssen wir uns noch zusammenreißen.«

Er legte seine Hand auf ihre. »Mach dir keine Sorgen, wir kriegen das ohne Drama hin!«

Franziska nickte und zog die Hand unter seiner zurück. Ihr Blick war noch abweisender als die Geste selbst. In diesem Moment wurde Basti klar, dass es bei aller Freundschaft endgültig vorbei war. Erst jetzt drang wirklich in sein Bewusstsein, dass der Schicksals-Schiedsrichter nicht ein Foul pfiff, sondern das Ende der zweiten Halbzeit.

VINCENT

Keiner da. Auch kein Abendessen. Vincent nahm sich erst einmal, was der Kühlschrank noch hergab und strich danach durch die leere Elternwohnung. Seltsam, dass beide an einem Sonntagabend ausgeflogen waren, vor allem dass auch Dad nicht daheim war. Aber hatte Oma Mathilde nicht prophezeit, dass sich die beiden nun erst einmal aus dem Weg gehen würden? Ja. Das musste es sein. Vielleicht traf Dad wieder seine alten Kumpels? Und Mom streifte umher, um endlich wieder zu fotografieren, wie sie es schon lange angekündigt hatte? Wie hatte er sich früher immer gewünscht, dass keiner daheim wäre und er Sturm hätte – was Dad immer zu »sturmfrei« korrigierte. Er hätte ganz gechillt geraucht und nicht die Kontrolle der Eltern fürchten müssen. Nun kiffte er nicht mehr – und fand es bescheuert, dass alle ausgeflogen waren. Eigentlich hätte er sich heute ein gutes Essen von Mom und Dad gewünscht und sogar die üblichen Belehrungen, er solle auf dem Weg aufpassen und eine Jacke mitnehmen, falls es kalt würde. In den leeren Räumen verstand Vincent erst die gesamte Tragweite dieser Scheidung, die Mom und Dad wollten – dann würde es dieses Zuhause nie mehr so geben. Denn auch wenn er ausgezogen war – er wollte doch noch ein Basislager für den Fall der Fälle haben. Heimkommen können. Zu Mom und Dad. So wie immer. Gerade auch, wenn er in Versuchung war, sich doch wieder einen Joint zu bauen. So wie heute.

Vincent ging in sein altes Zimmer. Er hatte im Gegensatz zu Emma die gesamte Einrichtung dagelassen, weil er das Zeug von seinem Zimmer-Vormieter für 150 Euro hatte ablösen können. Er konnte hier also noch jederzeit übernachten. Vorausgesetzt, die verkauften die Wohnung nicht, falls Omas Plan nicht aufging. Das »Erbe«, von dem beide gesprochen hatten, also die Kohle, war ihm herzlich egal, aber ganz und gar nicht einerlei war ihm, sein Zuhause zu verlieren. Hatte einer der beiden einen anderen oder eine andere? Nein, das konnte er sich nicht vorstellen. Und auch Emma hatte das verneint, nach all dem, was sie belauscht hatte. Aber wenn die sich trennten, könnte natürlich ein anderer auf den Plan treten, logisch. Und dann wäre vielleicht irgendeine Tussi oder irgendein Kerl hier in der Wohnung. Nein, das taugte ihm ganz und gar nicht! Es war nicht bloß ein Spiel, die Trennung der Eltern zu verhindern – es war verdammt ernst. Und wenn er es sich richtig überlegte, mussten die beiden nicht bloß pro forma zusammenbleiben, die mussten wieder *richtig* zusammenkommen. Aber was konnte er dazu beitragen? Was vereinigte so ein Paar eigentlich? Sex! Opa hatte ihm mal gesagt: »Sex ist eine gute Sache – kostet nichts, ist gesund und macht nicht dick.« Und Aron hatte von seiner ersten Nacht mit einer Frau berichtet: »Das entspannt total!« Vincent konnte sich nur theoretisch vorstellen, wie das war, denn weiter als bis Küssen und etwas Fummeln war er noch nicht gekommen – ein Geheimnis, von dem keiner wusste, nicht mal Aron oder Emma. Scheißzustand, der zunehmend an seinem Selbstbewusstsein nagte.

Lief bei Mom und Dad da überhaupt noch was? Das ging ihn ja nichts an, und danach konnte er natürlich auch nicht fragen. Aber warum hatten die eigentlich getrennte Betten und nicht ein gemeinsames Schlafzimmer wie alle anderen Eltern?

Ja! Genau. Vincent hatte einen Geistesblitz. Er ging in Emmas Zimmer, zerlegte ihre Schlafcouch in die drei Einzelteile und trug diese zum Passat.

FRANZISKA

Er griff über den Tisch hinweg nach ihr, streichelte ihre Wange, brachte mit dem Ellbogen das Weinglas zum Wanken und schüttete dabei fast den Primitivo über die italienische Vorspeise. Aber das interessierte Giovanni so viel wie ein Reissack, der gerade in Neuseeland umfiel.

»Ich hab immer an dich gedacht. Ich hab dich immer vermisst! Ich liebe dich!«

Seine Augen ließen den Rest der Welt in Bedeutungslosigkeit versinken. Sie sah sich mit ihm an einem einsamen Strand liegen und hörte die Stimme von Lana del Rey singen: »Heaven is a place on earth with you.«

Aber um Gottes willen! *Ich liebe dich?* Das war zu viel. Sie wollte doch nur einen netten Flirtabend verbringen und nicht gleich zu einem anderen überlaufen! Und doch. Und doch. Und doch. Waren die Zärtlichkeiten und der Fast-Sex mit ihm, vor dem sie damals geflohen war, nicht der beste ever in ihrem Liebesleben gewesen? Hatte sie nicht ihre schönsten Jahre neben einem Langweiler in den Sand gesetzt, nur weil sie sich nicht getraut hatte, sich auf Giovanni einzulassen? Auf die große Liebe? War sie zu feige gewesen, etwas zu riskieren, das sie verletzlich gemacht hätte? Hatte sie mit Basti einen Mann gewählt, der ihr im Grunde nichts bedeutete, der sie aber deshalb auch nicht tief verletzen konnte? Hatte sie sich nicht getraut und war ausgerechnet mit einer »Trauung« vor ihren Gefühlen davongelaufen? Hatte sie vielleicht sogar zu sehr Mathildes Ansichten verinnerlicht, dass jeder Charmeur zugleich auch ein Stenz und niemals treu war?

Gedanken jagten sich mit Argumenten und Schlussfolgerungen, ehe die Emotionen sich wieder zu Schmetterlingen im Bauch entpuppten und ihren ganzen Körper vibrieren ließen.

»Alter Charmeur!«, entgegnete Franziska cool und schnappte sich eine grüne Olive. Giovanni ließ nicht von ihr ab, nahm ihre Hand in die seine, rührte das Essen weiterhin nicht an und blickte ihr unablässig tief in die Augen. Himmel! Was ging hier vor sich?

»Und was machst du nun eigentlich beruflich?«, fragte Franziska, weil ihr nichts Besseres einfiel, wie sie wieder halbwegs zu Sinnen kommen sollte.

Giovanni lächelte nur. »Ist das jetzt wichtig?«

Ertappt. Überführt. Einen Giovanni vermochte sie nicht so einfach abzulenken wie einen Basti. Aber was wollte er eigentlich von ihr? Sie war doch eine alte Frau, die die schönsten Jahre neben Basti vergeudet hatte.

Moment! Giovanni war auch nicht mehr der Jüngste. Vielleicht hatte er sie wirklich immer geliebt, und nur sie Trottel hatte das nie begriffen? Franziska spießte die grüne Olive mit dem Stocher auf und steckte sie in den Mund. Die nächste Olive spießte er für sie auf und führte sie zu ihrem Mund.

»Mauritius, weißt du noch?«, fragte Giovanni.

Und ob sie das noch wusste. Sie hatten davon geträumt, dort in einer Hütte zu leben, nur sie zwei – damals, damals, damals! Franziskas Herz pochte. Ja, das Herz pochte. Tatsächlich. Das sagte sich also nicht nur einfach so, ein Herz pochte tatsächlich bei Verliebtheit. Verliebtheit?

»Mauritius?«, fragte Franziska.

»Ja, eine Hütte oder ein kleines Haus. Nur wir zwei. Direkt am Meer!«

»Ach, jetzt weiß ich es wieder! Unser Traum. Das ist aber verdammt lange her. Was war denn bei dir so in der Zwischenzeit? Mit Frauen und Hütten?«

Giovanni spießte eine Artischocke für sie auf.

»Nichts von Bedeutung. Weder für dich. Noch für mich.«

Franziska hatte kurz Angst, augenblicklich vom Stuhl zu kippen. Ging Flirten so? Ihr wurde heiß.

Der Kellner, der fragte, ob sie noch eine Mineralwasserflasche bestellen wollten, erlöste sie. Erlösen? Hatte sie noch alle? Offenbar saß sie gerade dem Mann ihres Lebens gegenüber und kapierte das immer noch nicht! Was hatte sie Emma alles gepredigt über Männer und Vincent alles erklärt über Frauen. Aber sie selbst war – gelinde gesagt – neben Basti »geschlechtsneutral« geworden.

Der nächsten aufgespießten Artischocke folgte ein ausgiebiger Zungenkuss und die Bemerkung von Giovanni, dass er in München eine Suite gebucht habe, mit einem Schlafzimmer, von dem aus man beziehungsweise frau aus dem zwölften Stock den Sonnenaufgang über der Stadt verfolgen könne. Franziska gefiel diese Vorstellung, und sie erregte sie. Dieses Mal würde sie nicht wieder davonlaufen. Das war sie sich selbst schuldig.

Beim Vitello tonnato klärte sich, warum er sich nicht gemeldet hatte – die Mama hatte das aktiv verhindert, weil sie ihm nicht ihre Nummer gegeben hatte.

Beim Dolce schlug er vor, so schnell wie möglich eine Reise nach Mauritius zu buchen.

Aber beim Grappa klingelte sein Smartphone, und er nahm – sich mit den Worten »das scheint wichtig zu sein« entschuldigend – das Gespräch an.

Er wurde ernst. Mit »danke, du liebste Nachbarin« legte er auf.

»In mein Haus wird gerade eingebrochen, meine Nachbarin hat die Polizei gerufen, da muss ich jetzt sofort hin«, erklärte er. »Kannst du mir verzeihen?« Sie nickte natürlich. Schnell steckte er dem Kellner noch Scheine zu und brach sofort auf.

Mit dem Satz »danke, du liebste Nachbarin« im Ohr radelte Franziska heim und ernüchterte. Hatte er sich damit selbst verraten? Versprühte er seinen Charme auch bei allen anderen und nicht bloß bei ihr? Aber war das nicht egal? Sind nicht die Momente am schönsten, die dir den Atem rauben und nicht die, in denen du normal atmest?

Wie gut, dass sie und Basti getrennte Zimmer hatten und sie für heute einfach fliehen konnte, heim, in ihr eigenes Reich, ihr eigenes Zimmer, ihr eigenes Bett, das sie mit niemandem zu teilen hatte.

EMMA

D*u musst sofort kommen, wichtig!*

Vielleicht sollte sie den Bruder aus den Whatsapp-Kontakten löschen? Von wegen, Männer bringen dein Leben durcheinander! *Familienangehörige* stellen jede Planung auf den Kopf. Genauer: der Bruder, der glaubte, er könne über ihre Zeit verfügen und sie ständig zu irgendwelchen Aktionen abkommandieren.

Ist überlebenswichtig für Mom und Dad, übertrieb Vincent.

Bro, allmählich glaub ich, du *hast ein Helfersyndrom, nicht ich! Nein! Ich komm nicht!*

Dann aber dachte sie fünf Minuten lang nach. Leo hatte sie mit vielen, vielen Herzen eingeladen. Er vermisse sie. Und der Lockenkopf – der sich Sokrates nannte – hatte ihr einen altmodisch lieben Brief in den Briefkasten gesteckt und sich für heute spätabends angekündigt. Vor Vincents Nachricht war sie deshalb tatsächlich wie eine Bekloppte in ihrer kleinen Wohnung im Kreis gelaufen, nicht wissend, wie sie sich entscheiden sollte. Aber war das nicht eigentlich die beste Lösung – der Aufforderung Vincents zu folgen und sowohl Leo als auch Sokrates abzusagen? Machte sie sich damit womöglich sogar interessant, wie Oma meinte, wenn sie »wegen dringender familiärer Angelegenheiten« beide Typen einfach stehen ließ und heute weder den einen noch den anderen datete?

Schnell setzte Emma eine Sprachnachricht an Vincent ab: *Okay, ich komme doch, überzeugt, aber da hab ich dann was gut bei dir!* Sie schrieb Leo eine Absage und hängte an den Briefkasten einen Zettel für Sokrates: *Wirf mal deine Nummer ein, dann musst du nicht so viel reisen, und wir können wie Menschen im Jahr 2020 kommunizieren. Ich kann heute nicht, sorry, dringende familiäre Angelegenheiten.* Schließlich packte sie schnell ihr Lieblings-T-Shirt, den Laptop, das Schminktäschchen und zwei Medizinbücher ein und ging zur Bushaltestelle, um den nächsten Bus zum Elternhaus zu nehmen.

Unterwegs in dem selten leeren Bus erreichte sie ein Aufruf der Fakultät – Medizinstudenten wurden angefragt, ob sie wegen Corona kurzfristig mehr als kleinere Praktikumsaufgaben in Unikliniken übernehmen würden. Na klar! Wie cool war das denn? Wenn sie jetzt schon, mit ihrer noch so geringen Qualifikation, richtig helfen und anpacken konnte, war das die größte Bestätigung, den richtigen Weg eingeschlagen zu haben. Helfersyndrom hin oder her – das spielte keine Rolle mehr. Sie wurde gebraucht in dieser Krise, denn die Krankenhauskapazitäten mussten mit Material und Medizinstudenten aufgestockt werden, um eine Triage wie in Italien zu verhindern. »Triage«, ein Begriff aus der Kriegsmedizin, den sie kürzlich zum ersten Mal gehört hatte. Was kam da mit Corona noch auf alle zu? Emma beschloss, das weder zu pessimistisch noch zu optimistisch zu sehen, sondern einfach persönlich, gesellschaftspolitisch und medizinisch als spannend einzuordnen. Als Erstes galt es jetzt aber, sich für die eigene Familie in persönlicher, gesellschaftspolitischer und medizinischer Hinsicht einzusetzen.

Mom und Vincent saßen am Küchentisch und spielten Karten, als sie die Wohnung betrat. Der Bruder legte gerade einen Handcanasta auf und grinste zu seinem Sieg.

»Emma!«, rief Mom erfreut, als sie sie sah. »Du kommst auch? Das ist ja ein richtiges kleines Familientreffen!«

»Ja, hatte irgendwie Sehnsucht nach euch«, meinte Emma, legte ihre Sachen ab, nahm sich eine Cola aus dem Kühlschrank und setzte sich zu den beiden.

»Ich hab gar nichts extra für euch eingekauft«, bemerkte Mom. »Aber wenn ihr Hunger habt – ein wenig ist noch da.«

Emma schüttelte lächelnd den Kopf. Das war wohl ein Urinstinkt von Müttern und Omas, immer zu befürchten, die Brut könnte verhungern.

»Ich hab Hunger, ich mach uns Pasta«, erklärte Vincent und zwinkerte Emma verschwörerisch zu. Das Zeichen hieß: danke fürs Kommen, läuft nun alles nach Plan.

»Dad, magst du auch was essen?«, rief Emma in Richtung Bastians Zimmer.

»Der ist nicht da«, erklärte Vincent.

»Was?«, fragte Emma ehrlich erstaunt. Selbstverständlich war sie davon ausgegangen, dass er sich verkrümelt hatte und noch einen Krimi guckte oder sich im Internet verloren hatte. Seit wann war Dad um diese Uhrzeit außer Haus?

»Mom war auch nicht hier, als ich angekommen bin. Wo warst du eigentlich, Mom?«, fragte Vincent einen Tick zu unschuldig und scheinbar beiläufig.

Oha! Mom errötete. Das hatte sie noch nie gesehen. Und die ersten Wörter der Antwort stotterte sie fast: »Ich … ich war aus, also mit Suzi, wir haben uns schon lange nicht mehr gesehen. So ein Mädelabend … den hab ich viel zu selten gemacht … ich konnte ja nicht wissen, dass ihr kommt!«

Emma wollte gerade erwidern, dass Mom sich doch nicht rechtfertigen müsse, als Dad zur Tür hereinkam und erstaunt auf alle schaute.

»Hab ich eine Gruppennachricht verpasst?«, fragte er schuldbewusst.

»Nein!«, beruhigten Vincent und sie ihn gleichzeitig.

»Aber dass du mal ausgehst, he, Dad, der Hammer!«, meinte Emma.

»Ich war nicht aus, ich war auf dem Dauercampingplatz und hab mich dort mal umgeschaut nach Wohnmobilen. Und da haben sich ganz nette Gespräche entwickelt, an den Tischen beim Kiosk.«

»Wohnmobile? Willst du dir eins kaufen?«, fragte Vincent. »Du? Der Radlfreak und Autohasser?«

»Nein! Es ist nur so … das hat mich … einfach ein neues Interesse.« Dad zog die Jacke aus und wirkte, als würde er sich ärgern, sich verplappert zu haben.

Vincent begann Pasta zu kochen, Mom steuerte – obwohl sie satt sei – Salat bei, und Dad meinte, zu dieser spontanen Zusammenkunft sei Wein angebracht, und ging in den Keller, um eine Flasche zu holen.

Beim Essen gab Emma breitwillig Auskunft zum Stand des Studiums und des Praktikums und erzählte begeistert von der Anfrage. Vincent drückte sich um Auskünfte zur FOS herum und erzählte deshalb lang und breit von seinen Kumpels, die hier in der Wohnung so oft zu Gast gewesen waren und die die Eltern gern mochten.

Mom und Dad fragten unaufhörlich nach – und erzählten nichts von sich. Komisch. Nein. Nicht seltsam. Ihr wurde klar, warum. Sie wollten von sich ablenken. Keiner fragte sie nach Leo – auch komisch. Sonst wollten doch alle stets hören, wie es gerade um ihre Beziehung stand. Heute wollten Mom und Dad bloß kein Partnerschaftsthema.

»Noch eine Runde Canasta, alle?«, fragte Vincent und räumte den Tisch mit Dad ab.

»Also, ich bin zu müde«, winkte Dad ab.

»Ich auch«, erklärte Mom. »Ich muss echt dringend ins Bett und morgen früh raus, falls der Dreh wieder aufgenommen wird – die Diva zickt mal wieder.«

»Okay, dann zieh ich mich auch zurück«, sagte Vincent, »und mach sogar noch was für die FOS, so wie Emma, vorlernen! Auch wenn ihr das nicht glauben könnt, dass ich nun auch strebe!«

Emma stand auf und räumte noch die letzten Gläser zur Kücheninsel. Gespannt äugte sie auf Vincent, denn der würde jetzt den wichtigsten Part des heutigen Abends oder vielmehr der Nacht einläuten.

»Ach so, Mom, ich schlaf in deinem Bett, okay?«, erklärte der Bruder beiläufig.

»Wie, warum?« Mom starrte ihn an.

»Na ja, Emma brauchte das Schlafsofa in ihrer Wohnung, das hab ich ihr gebracht. Und jetzt stelle ich ihr, großzügig wie ich bin, mein Zimmer zum Pennen zur Verfügung. Aber ich muss ja auch irgendwo schlafen. Und du kannst doch gut bei Dad pennen, wie früher bei Überbelegung unseres Familienhotels mit meinen Kumpels.«

Damit ging Vincent zum Zähneputzen ins Bad und ließ die verblüfften Eltern mit offenem Mund zurück.

Mom rief plötzlich: »Aber, aber … das geht doch nicht!«

»Und warum nicht?«, fragte Vincent. »Darf ich nicht daheim übernachten?«

»Doch, natürlich … aber das ist doch *mein* Zimmer …«

»Mom, bin ich hier nicht mehr willkommen?«

»Nein, also natürlich: doch.« Mom schluckte. Ihr fiel darauf nichts mehr ein.

Vincent und Emma zogen sich zurück und tauschten noch zahlreiche Whatsapp-Nachrichten darüber aus, wie es sich wohl anfühlen musste, mit einem Partner im Bett zu liegen, von dem man sich scheiden lassen wollte. Emma glaubte zwar nicht an das »Wundermittel Sex«, wie Vincent das nannte. Aber die plötzliche körperliche Nähe mit Berührungen wider Willen konnte vielleicht doch viel bewirken. Mal sehen. So hatten sie es jedenfalls geschafft, die beiden Elternteile wieder zusammen in ein Bett zu kriegen und vielleicht zu einem Dialog zu bringen. Denn Sex unter Liebenden ist körperlich reden.

MATHILDE

Noch vor dem Frühstück nach einer unruhigen Nacht machte sich Mathilde in aller Herrgottsfrühe zu Fuß auf den Weg zur morgendlichen Werktagsmesse. Die hügelige Strecke von über einem Kilometer wurde in ihrem Alter immer beschwerlicher. Sie hätte die Meierhubers fragen können, die hätten sie bestimmt gefahren. Aber sie hatte ein Hühnchen mit dem Allmächtigen zu rupfen – oder vielmehr er mit ihr. Und da wollte sie vor allen anderen dem Allerhöchsten allein im Gotteshaus begegnen. Mathilde verließ im Nieselregen ihr am Rande der Kleinstadt gelegenes Hanghäuschen und nahm die kleinen Pfade mit den vielen Birken und Weiden am Wegrand. Sie spannte den Schirm nicht auf, auch wenn das Nass ihrer Dauerwellenfrisur gehörig zusetzen würde. Aber sie brauchte den Regenschirm als Stock. Und lieber hatte sie eine zerstörte Haarpracht, als öffentlich zugeben zu müssen, dass sie einen Stock – oder womöglich sogar so einen Rollator – benötigte. Sie war achtzig, aber doch keine alte Frau! Und in so einer Kleinstadt registrierte jeder, wer noch ohne Gehhilfe aus dem Haus kam und wer nicht.

Kurz vor dem Zentrum mit den Resten einer alten Stadtmauer hatten sie entlang eines kleinen Flusses einen Park und einen Spielplatz angelegt. Schön hergerichtet mit Bänken, für die Touristen, deren Zustrom jedes Jahr größer wurde, weshalb sie in der Menge manchmal alte Bekannte nicht mehr sogleich erkannte. Mathilde machte eine Verschnaufpause, sie setzte sich auf eine Bank, auf die kein Regen fiel, denn eine große Eiche hielt das Nass ab. Sollten andere doch denken, was sie wollten, wenn sie eine Verschnaufpause brauchte – sie würde es als stille Betrachtung, wie schön hier alles gestaltet worden war, deklarieren und ihre Altersschwäche damit überspielen.

Wie gut, dass man sich im Ort um mehr Grün und einladende Plätze bemühte. Scheußlich hatte der alte Spielplatz zuvor ausgesehen. Ein halb verrostetes Klettergerüst und unter der Schaukel Erde statt Grün.

Die Enkel waren noch Kindergartenkinder gewesen, zusammen mit Gottlieb hatte die gesamte Familie auf dem Weg zum Zentrum hier wegen der Kleinen pausiert. Gottlieb hatte mit Emma und Vincent geschaukelt oder irgendetwas gespielt, sie war mit Franziska und Bastian am Rande des Spielplatzes gestanden und hatte die giftigen Blicke bemerkt, die zwischen dem Ehepaar hin und her gingen. Sie hatten nur höflichkeitshalber über Belangloses mit ihr gesprochen. Aber dass da gehörig etwas in der Luft lag, war zum Greifen nahe gewesen. Und das Thema war vorher schon indirekt angesprochen worden. Es ging um die Einschulung von Emma und Vincent. Franziska wollte sie in eine private Schule geben, Basti war strikt dagegen gewesen. Ganz gemäß seinem Wahlspruch: »Alles kommt, wie es kommt, da kannst eh nichts machen.« Seiner Meinung nach schafften die Kinder so oder so das Abitur oder eben nicht, egal, in was für eine Schule man sie gab. »Andere machen da kein G'schieß drum«, hatte er gemeint, »die haben anderes zu tun.« Franziska hingegen hielt die Grundschule in ihrem Viertel für »nicht vertretbar«, weil der Rektor ein Psychopath sei und es dort zu viele Problemkinder gäbe. Als Basti dann auch mal zu den Enkelkindern und Gottlieb ging und sie und die Tochter zu zweit waren, raunte ihr Franziska zu: »Der kann sagen, was er will, ich mache, was *ich* will! Weil ich weiß, dass diese Privatschule besser für die Kinder ist. Auch wegen der Hausaufgabenbetreuung. Ich will außerdem wieder voll in die Arbeit einsteigen. Es ist ein widerliches Gefühl, von einem Mann abhängig zu sein. Und ich hab schon einen Weg gefunden, wie ich das durchsetze.« Mathilde hatte widersprochen, das sei doch eine gemeinsame Entscheidung der Erziehungsberechtigten, darüber könne man doch streiten und eine Lösung finden. Das könne Franziska doch nicht im Alleingang machen. »Nein!« Franziska hatte wütend den Kopf geschüttelt. »Nicht mit Basti!« Und danach hatte sie nie wieder etwas zum Thema gesagt.

Jetzt fiel die tägliche gemeinsame Fürsorge um die Brut – wie immer man sie betrieb – weg und damit eine wesentliche Klammer des Zusammenseins, was die Liebe aller Partner auf eine harte Probe stellte. Bei den beiden kam aber auch noch hinzu, dass sie wie auf verschiedenen Planeten mit komplett unterschiedlichen Einstellungen lebten: Einer ließ einfach alles laufen und ergab sich einem vermeintlichen Schicksal, die andere nahm das Schicksal einfach in die Hand, ohne es mit dem anderen zu besprechen. Einer machte gar nix, die andere alles im Alleingang.

Ein Spatz pickte etwas auf und sah sie kurz blöd an. So wie sie ihn vielleicht auch. Sie sollte weitergehen, zur Kirche.

Mathilde stellte vor dem seitlichen Marienaltar fünf Kerzen auf, für die sie heute wie bei einem Art Ablasshandel das Doppelte bezahlte. Eine für Vincent, eine für Emma, eine für Franziska, eine für Bastian und eine für Gottlieb. Sie war allein im Gotteshaus.

»Und, was sagst du jetzt?«, fragte Mathilde den da oben stumm, als sie die Flammen entfachte. Sie kniete nieder.

Nichts.

Gott antwortete natürlich nichts.

»Herrschaft!«, entfuhr es Mathilde. Ja, sie hatte ein schlechtes Gewissen. Sie hatte sich ja fast gewünscht, dass dieses Corona auch nach Bayern käme – aber jetzt erst verstand sie die ganze Tragweite. In Italien machten sogar die Kirchen zu. Nein, natürlich hatte sie sich nicht gewünscht, dass jemand krank wurde oder starb, wirklich nicht, das durfte sie sich schon zugutehalten. Aber allein die Tatsache, dass sie mit Corona »spielerisch« geplant hatte, war bei dieser tödlichen Krankheit womöglich schon frevelhaft.

»Kannst du mir vergeben, lieber Gott?«, fragte sie.

Der antwortete natürlich nicht. Wie auch.

Aber das war auch nicht seine Aufgabe, denn es war ja in Wahrheit *ihr* schlechtes Gewissen und *ihre* Angelegenheit, die Dinge zu lösen, die sie sich auf Erden selbst eingebrockt hatte. Sie sollte beichten, das würde helfen, auch wenn der Pfarrer dies nicht als schwere Sünde verbuchen und sie über ihre plötzlichen Skrupel belehren würde: Ob Corona nun wirklich so vehement kam oder nicht, läge nun wirklich nicht in ihrer Hand, sondern in der Hand des Höchsten oder auch der verantwortlichen Menschen.

Damit tröstete sich Mathilde und begann, vor dem kleinen Marienaltar fünf Rosenkränze für ihre Lieben zu beten und Gott zu danken. Die Knie waren auch nicht mehr die jüngsten und schmerzten nach dem zweiten Gebet. Aber nein, sie war kein Jammerlappen. Das mindestens musste sie jetzt als Buße aushalten, kniend, noch einen ganzen Rosenkranz, dann erst würde sie sich erlauben, sich hinzusetzen.

Kurz vor dem Ende des fünften Rosenkranzes flackerten plötzlich die fünf Kerzen vor dem seitlichen Marienaltar wie in einem Zugwind, obwohl doch niemand die Kirche betreten hatte, wovon sich Mathilde mit einem Blick nach hinten überzeugte. War das ein Zeichen? Mathilde nahm es einfach als Wink Gottes, im Sinne der Tochter und des Schwiegersohnes alles richtig gemacht zu haben. Denn wenn Gott gewollt hätte, dass alles immer reibungslos lief, hätte er nicht die zwei Geschlechter mit all ihren Kapriolen erfunden.

GOTTLIEB

Na, da hatte er sich ja wirklich eine besondere Zeit für seinen Erdenbesuch ausgesucht. Was braute sich da wegen des Coronavirus zusammen? Die Nachrichten überschlugen sich plötzlich wegen der rapiden Zunahme an Infizierten, Politiker ergriffen hektisch und energisch Maßnahmen, und immer öfter tauchten die Begriffe »exponentielles Wachstum«, »Herdenimmunität« und »Intensivplätze« auf, Schulen wurden geschlossen und Grenzen abgeriegelt. Die Meierhubers gingen schon gar nicht mehr aus dem Haus. Gottlieb war neugierig, wie die Münchner diese Lage handhabten, und beschloss, sich nach dem Kirchenbesuch mit Mathilde wieder in der bayerischen Hauptstadt umzusehen.

Vincent und Emma verließen nach einem späten Frühstück gerade die Wohnung der Eltern. Kaum war die Tür ins Schloss gefallen, fuhr Franziska hoch: »Das geht so nicht, ich weiß nicht, was sich die Kinder dabei denken, uns zu nötigen, in einem Bett zu schlafen!«

»Die denken sich gar nichts«, brummte Bastian, »die wissen ja nichts.«

»Nein, und trotzdem, jeder braucht doch seinen eigenen Bereich, seine Intimsphäre.«

»Andere Ehepaare schlafen aber in einem Bett«, entfuhr es Bastian.

Giftige Blicke von Franziska.

»Ich mein, wenn die Ehe noch intakt ist«, korrigierte sich Bastian.

»Das geht so nicht. Und die wollen auch noch länger dableiben! Warum auch immer, ich verstehe nicht, was die plötzlich haben«, erklärte Franziska. »Da ist doch was faul!«

»*Du* wolltest doch, dass ihre Zimmer so erhalten bleiben. Willst du ihnen jetzt den Besuch verbieten?«, fragte Bastian.

»Nein, natürlich nicht! Wir brauchen aber ganz schnell eine Liege oder ein Schlafsofa für Emma, dann kann sie wieder in ihrem Zimmer schlafen und ich in meinem.«

Basti stand auf und half dabei, den Tisch abzuräumen. »Das rentiert sich doch nicht mehr, Franziska. Ich zieh eh bald aus, und dann steht da nur ein Teil mehr herum.«

»Ein Gästebett kann man aber immer gebrauchen«, erklärte Franziska.

»Wir müssen aber gerade jetzt sparen. Auch wenn wir uns einig sind – Scheidungskosten kommen trotzdem auf uns zu.«

»Was kostet denn so ein Gästebett? Fünfzig Euro?«, fragte Franziska.

»Fünfzig Euro sind fünfzig Euro!« Bastian wirkte streng.

»Du willst doch bloß, dass ich weiter neben dir schlafe!«, entfuhr es Franziska.

»Nein.« Basti sah sie offen an. »Früher hätt ich mir Sex mit dir gewünscht … ach was, das geht dich nichts an. Du schnarchst! Wenig attraktiv.«

Franziska atmete tief durch. Sie versuchte wohl gerade eine Explosion zu verhindern, drehte sich weg, sagte nichts mehr und räumte das schmutzige Geschirr in die Spülmaschine.

Basti wich einem weiteren Gespräch auch lieber aus, griff nach seiner Jacke, holte die Tasche aus seinem Zimmer und verabschiedete sich mit einem »Ich geh ins Büro!«.

Franziska erklärte so ruhig wie möglich: »Ich komme spät, langer Dreh. Ich schau auch noch bei Mama vorbei. Deshalb nehm ich den Wagen.«

»Alles klar«, erwiderte Bastian und verließ die Wohnung.

Zwei Stunden später kehrte Basti wieder zurück und traf zu seiner Verblüffung auf Franziska, die wiederum über sein Kommen erstaunt war und schnell ihr Handy, in das sie vorher noch lächelnd etwas getippt hatte, in die Hosentasche steckte, so als wolle sie etwas verbergen.

»Was machst du denn hier?«, fragte Franziska.

»Wir sollen jetzt Homeoffice machen, hat der Chef erklärt. Mit Videokonferenzen. Ich muss mir noch einen Monitor besorgen, zahlt die Firma.«

»Homeoffice, geht das denn bei dir?«

»Ja, wir sind ja bei Planungen, da muss ich nicht auf einer Baustelle sein, das heißt, da kann ich ja immer noch hin, aber gar nicht oft. Und warum bist du nicht beim Dreh?« Basti zuckte plötzlich zusammen. »Geht's Mathilde gut?«

»Ja, Mama geht's gut«, bestätigte Franziska. »Aber der Dreh ist abgesagt.«

»Schon wieder diese Schauspielerin?«

»Nein.« Franziska wirkte besorgt. »Ganz abgesagt, wegen Corona. Stell dir vor! Was das kostet, der Aufschub, ohne Anschlussszenen. Da wären zu viele Leute zu eng zusammen.«

Nachdenklich blickten sich die beiden an.

»Komisch, das alles, so unwirklich«, stellte Franziska fest.

»Mei, es kommt halt, wie es kommt. Die werden schon das Richtige machen«, sagte Basti.

»Wer? Die Politiker?«, fragte Franziska.

Basti zuckte mit den Schultern. »Ja, die auch! Wir brauchen jetzt jedenfalls einen ruhigen Kopf und Vorräte.«

Drei Stunden später kehrten die beiden mit einem großen Monitor, etlichen Lebensmittelvorräten und einem Gästebett aus dem Baumarkt in die Wohnung zurück. Sie verstauten zusammen die Essenssachen, Toilettenartikel und Schreibwaren. Basti stellte den Monitor auf seinen Schreibtisch, und Franziska baute das Gästebett in Emmas Zimmer auf. Beleidigt sprachen sie kein Wort miteinander, und die miese Stimmung zwischen den beiden schlug sogar ihm aus der gebührend himmlischen Distanz aufs Gemüt.

Das Ablaufdatum dieser Ehe ließ sich *so* jedenfalls nicht verlängern, stellte Gottlieb verärgert fest, wenn Franziska und Bastian nicht einmal in Anbetracht dieses unerhörten Corona-Geschehens in der Lage waren, einen Schritt aufeinander zuzugehen. »Gemeinsam« ging anders. Jeder kochte hier sein eigenes Seelen-Süppchen.

FRANZISKA

Franziska zog die neue Sportkleidung an und schnürte die Laufschuhe ausnahmsweise abends. Nichts wie raus hier! Und zwar allein. Bloß nicht mit so einem peinlichen Typen wie Basti gesehen werden. Das war heute zum In-Grund-und-Boden-Schämen gewesen mit ihm. Da hatten sie sich noch darauf geeinigt, friedlich gemeinsam die anstehenden Besorgungen zu erledigen, wenn schon die Arbeit ausfiel beziehungsweise neu organisiert werden musste. Basti hatte sogar dieser unermesslichen großen Ausgabe von 19,99 Euro für das billigste Gästebett im Baumarkt zugestimmt, und sie hatte geduldig gewartet, während er irgendwelche Bretter, Schrauben und Einbaukästen begutachtete und Angebote suchte. Auch als Basti später im Elektronikmarkt Monitore verglich und mit dem Taschenrechner eine angebliche Kosten-Nutzen-Kalkulation machte und sie sich fragte, ob der noch richtig tickte, wenn das Ding doch der Chef bezahlte, hatte sie die Fassung bewahrt und war auf die Idee gekommen, nebenan im Apple-Laden nach einem iPhone zu gucken. Diese Smartphones waren einfach wunderschön und hatten im neuen Modell eine so gute Kamera, dass sie damit immer und überall sehr gute Fotos machen konnte. Die Investition würde sich lohnen, sicherlich, eines Tages, langfristig, um mit Basti zu argumentieren. Aber auch kurzfristig, um wieder fotografieren zu können, denn plötzlich war wegen Corona mit allem zu rechnen, und sie würde diese Auszeit zu nutzen wissen. Sogar beruflich konnte sie das Gerät nutzen, um damit einen schnellen Eindruck vom Lichteinfall bei den bewegten Bildern zu bekommen – auch wenn Handyaufnahmen natürlich nicht mit einer professionellen Filmkamera vergleichbar waren. Nicht zuletzt – oder vielleicht sogar zuerst – ließen sich mit »Hey Siri« jederzeit Telefonnummern sichern und schnell in den Apparat eingeben. Wie viel früher hätte sie Giovanni wieder getroffen, wenn sie vorher schon so eine Funktion verfügbar gehabt hätte. Wobei sie jetzt auch auf eine Nachricht zu einer Verabredung wartete, obwohl er ihre Nummer hatte und der Einbruch mit seinen ganzen Folgeumständen längst vorbei sein musste.

Franziska hatte das neue Modell in die Hand genommen, es sich vom Verkäufer erklären lassen und mit sich gekämpft: Sollte sie es sofort erstehen oder sich an ihren Grundsatz halten, bei jeder Kaufentscheidung über 100 Euro erst eine Nacht darüber zu schlafen, auch wenn es um eine berufliche Investition ging? Sie verdiente zwar ihr eigenes Geld und hatte etwas gespart – gottlob, bloß nicht von einem solchen Knauser wie Basti abhängig sein –, aber ausnahmsweise hatte der Nochgatte recht: Durch die Scheidung kamen Mehrausgaben auf sie zu. So war sie ohne neues Gerät zu Basti in den Elektronikmarkt zurückgekehrt. Der hatte sich auch endlich entschieden.

Aber dann kam dieser Lebensmitteleinkauf: Zehn Packungen Nudeln, zwanzig Tomatendosen und fünf Packungen Mehl legte Basti in den Wagen! Was war das denn? Glaubte er, ein Krieg bräche aus?

»Die Kinder bleiben länger da, da brauchen wir mehr«, begründete er die astronomische Menge der Waren im Einkaufswagen.

»Mehl? Seit wann essen unsere Kinder Mehl?«, fragte ihn Franziska provokativ.

»Vielleicht backen wir mal Brot. Das hatte ich schon länger vor«, behauptete Bastian, der sonst nicht müde wurde, darüber zu lästern, wie bescheuert Leute wären, die Brot backten, während es in München und in ganz Deutschland eine Brotvielfalt zu kaufen gebe wie sonst in kaum einem Land auf der Erde.

Dann stürmte Basti wortlos mit dem Einkaufswagen zu den Hygieneartikeln. Franziska blieb nichts anders übrig, als ihm hinterherzulaufen. Als er die dritte XL-Packung Klopapier in den Wagen legte, rief sie: »Stopp!« Basti sah sich um, ob das jemand gehört hatte. Es schien aber niemanden zu interessieren.

»Was soll das? Willst du jetzt sparen oder in Klopapier investieren?«, bemerkte Franziska ironisch.

»Schau!«, antwortete Basti ernst und deutete auf das Regal. Er hatte tatsächlich die letzten drei noch vorhandenen Packungen in den Einkaufswagen gelegt.

Du lieber Himmel! Franziska fiel es wie Schuppen von den Augen – das waren Hamsterkäufe wegen Corona, von denen sie schon gehört hatte. Was für ein Kleingeist, was für ein deutscher Spießer! Als ob hier die Handelsketten zusammenbrechen würden, selbst wenn die Lage noch ernster wurde. »Anale Fixierung« war einmal Hauptthema eines Drehbuchs gewesen. Die hatten vor allem autoritätshörige Untertanen, die sich selbst aber als Freigeister sahen.

»Peinlich!«, erklärte sie kurz und knapp.

»Vorausschauend«, entgegnete Basti schroff.

Sie musste heute noch mal Mama anrufen, sich auf das Wichtige fokussieren. Ging es ihr besser? Konnte sie einige Aufregungen mittlerweile verkraften? Emma hatte davon berichtet, dass die Oma jetzt mit Medikamenten gut eingestellt sei. Wie lange sollte sie, Franziska, denn noch neben diesem peinlichen Hamsterkäufer leben? Musste die Mama irgendwann durch eine katholische Hölle und die Scheidung akzeptieren? Das Leben war eben kein Wunschkonzert der Angehörigen! Oder sollte sie der Mama zuliebe eines Tages eine schwere psychische Störung kriegen, nur weil sie neben diesem Mann mit Klopapierfixierung verharrte? Sie konnte doch nicht ewig warten!

Und so hatte Franziska nach dem Gästebettaufbau beschlossen, erst einmal laufen zu gehen, denn sie musste hier raus, dringend raus, runterkommen. Danach würde sie Mama anrufen. Und *danach* mit Basti besprechen, ob ein baldiger Auszug nicht doch geboten und sinnvoll wäre. Und später am Abend, wenn sie endlich wieder allein in ihrem Zimmer und in ihrem Bett schlafen konnte, wäre ihr Kopf auch wieder dafür frei, Giovanni Whatsapp-Herzchen-Nachrichten zu schicken.

Jetzt rannte sie erst einmal auf und davon – und schließlich in Rekordzeit durch den Park. Ganz ohne Verschnaufpause, ganz ohne Seitenstechen, ganz ohne Nachdenken. Na, wer sagt es? Manchmal lösen sich Probleme auch, wenn man einfach davonläuft.

BASTIAN

Nein, 3,99 Euro für einen so schäbigen Umzugskarton gab er nicht aus. Das war Nepp, ein schlechter Witz. Bastian schob das Pappteil wieder in das Regal des Baumarkts zurück und steuerte den Einkaufswagen Richtung Farbabteilung. Malerzeug, so hatte Christian versichert, war in Heimstetten vorhanden, aber er brauchte neue Weißelfarbe für das alte Gästezimmer im Haus und verglich auch hier die Preise. Was konnte man bei einem Wandanstrich schon falsch machen? Er griff zu zwei Eimern der Hausmarke, legte noch eine Folie und Abklebebänder in den Wagen und überlegte, ob er einen dieser Maleranzüge für knapp vier Euro einpacken sollte oder nicht. Ach was, nein, er konnte in der alten Badehose, die eigentlich viel zu eng war, streichen, sich einen Zeitungshut falten und die Pantoffeln mit den Löchern anziehen. Nein, diese vier Euro waren zum Fenster hinausgeworfenes Geld. Bloß bei den Pinseln siegte die Planungssicherheit über den Geldbeutel – er legte einen Pack mit speziellen Eckpinseln in den Wagen. Gut, 30 Euro, aber Pinsel konnte man immer brauchen, ein Leben lang, die gingen ja nicht kaputt. Aber jetzt, befahl sich Basti, nur nicht mehr umsehen, das würde nur zu vielen Beikäufen führen, los, gleich zur Kasse!

Dort klingelte schon wieder sein Handy. Der Chef natürlich. Warum er über Festnetz nicht erreichbar sei, er hätte doch gewünscht, dort angerufen zu werden und nicht über das Smartphone.

»Ich bin im Baumarkt und suche ein paar Dinge, weil ich für den Monitor einen Ständer bauen muss, mit Ablage«, erklärte Bastian. Und das war nicht mal gelogen, denn Hölzer für den Bau des Ständers hatte er zuerst in den Wagen gelegt.

»In einer Stunde haben wir noch mal eine dringende Videokonferenz. Lagebesprechung zur Einteilung auf der Baustelle«, mahnte der Chef.

»Geht klar!«, erwiderte Bastian, legte auf und wartete ungeduldig in der Schlange. Er musste wegen der Umzugskartons ja noch in den konkurrierenden Baumarkt. Ein Blick auf die Uhr – müsste klappen. Verärgert erinnerte er sich an den gestrigen Supermarktbesuch mit Franziska und das Warten dort an der Kasse. Der gnädigen Dame war es wohl peinlich gewesen, dass er für sie und die Familie geistesgegenwärtig genug Klopapier erstanden hatte. Es waren die letzten Packungen im Regal gewesen – und wenn es wirklich zu einem Lockdown käme, würden die Preise für die Rollen garantiert in die Höhe schnellen, weil die Waren jetzt schon knapp wurden. War doch überall so, altes Marktgesetz zu Angebot und Nachfrage. Er achtete auf das Familiengeld im Gegensatz zu Franziska. Aber Madame war sich wohl zu fein fürs Sparen. Mit verächtlichem Blick hatte sie ihn zuerst als peinlich bezeichnet und sich danach an der Kasse von ihm demonstrativ distanziert. Mit einem »Ich geh schon mal vor« hatte sie ihn einfach stehen gelassen.

Verzogenes Einzelkind!, dachte Basti, während er ausnahmsweise mal Gas gab und den Fiat zu dem anderen Baumarkt jagte. »Ignorieren«, murmelte er gleich danach vor sich hin. »Die wird sich nie ändern, einen Menschen *kann* man nicht ändern!« Doch das sagte sich so leicht, denn noch mehr als dieses Einkaufserlebnis brachte ihn auf die Palme, dass ihn Franziska nach einem Telefonat mit Mathilde, der es besser ging, mehr oder weniger nahelegte, rasch auszuziehen. Er gab ihr zwar nach wie vor in der Sache recht, sich so schnell und so konsequent wie möglich aus dem Weg zu gehen, um sich nicht in einen Abwärts-Scheidungsstreit-Strudel reinziehen zu lassen. Aber einfach mit der flapsigen Bemerkung: »Braucht Christian in Heimstetten nicht einen Erntehelfer, wenn Bartosz nicht mehr einreisen darf?«, vor die Tür gesetzt zu werden, ließ ihn rebellieren: So nicht. Dann erst recht nicht. Dann wollte er entgegen der Vernunft noch bleiben.

Doch das war albern. Er sollte sich am Riemen reißen. Das war doch alles Teil dieser Kriege zwischen Paaren, die nicht nach dem Motto »Aus den Augen, aus dem Sinn« handelten.

Franziska war zwar so viel wie möglich außer Haus, joggte, besuchte Freunde oder trieb sich weiß Gott wo herum, während er zwangsläufig daheimbleiben musste wegen dem Homeoffice. Abends konnten sie vor den Kindern noch ganz gute Miene zum bösen Spiel machen – und sich sogar beim Canasta gut miteinander verbünden. Aber das war eine trügerische Harmonie. Jeder Zentimeter in der Wohnung und zwischen ihnen war mittlerweile vermint.

Vielleicht war er nur ein zu gutmütiger Trottel, der sich einfach rauswerfen ließ aus der gemeinsamen Wohnung, ohne Widerstand zu leisten. Das musste er sich noch überlegen, was da zutraf. Ja! Er hatte eine grandiose Idee. Er würde schon mal Umzugskartons besorgen, aber sie nicht in die Wohnung tragen – wodurch er sein Einverständnis zu dem Rauswurf zeigte. Er würde alles heimlich im Keller zwischenlagern und sich damit alle Optionen offenhalten.

Auch im anderen Baumarkt zeigten die Umzugskartons nur mindere Qualität. Und die kosteten sogar 4,49 Euro das Stück! Nein, das war einfach nicht vertretbar. Jetzt musste er zwar heim wegen der Videokonferenz und konnte nicht noch mal zurück zu den Vier-Euro-Teilen, aber dann fuhr er eben morgen gleich in der Früh noch mal los, da konnte der Chef ja nicht schon wieder etwas Dringendes wollen.

Basti suchte einen Parkplatz, trug die erstandenen Utensilien in den Keller und traf am Hauseingang auf einen Kurier, der zu ihnen, den Schweighöfers, wollte. Basti nahm das Päckchen eines Elektronikmarktes in Empfang und wunderte sich, was der Chef ihm da wohl schickte – das war doch ein Apple-Vertrieb? Vielleicht bestimmte Kabel?

In der Wohnung öffnete er das Päckchen, in dem ein neues iPhone lag. Wie? Was wollte der Chef denn damit? Der spendierte doch nicht diese exorbitant teuren Teile! Und eine Rechnung lag auch bei – knapp 1400 Euro. Vom Gesamtbetrag unten wanderte Bastis Blick noch einmal nach oben, zum Empfänger – der war nicht *er*, sondern Franziska! Was fiel der eigentlich ein? *Er* überlegte sich, ob er sich einen Weißelanzug für vier Euro leisten sollte, und sie bestellte ein iPhone für 1400 Euro!

Selbstverständlich hätte er nie ein Päckchen für seine Frau geöffnet, wenn es kein Versehen gewesen wäre. Selbstverständlich hätte er aber auch nicht mit einer solchen Dreistigkeit, ja Hinterhältigkeit gerechnet. Es war ja nicht zu fassen, wie sie das Geld mit vollen Händen zum Fenster hinauswarf, obwohl ihr gerade ein Spielfilmdreh weggebrochen war, weitere Aufträge völlig in den Sternen standen und mit der Scheidung etliche Kosten auf sie zukämen.

Nie hatte er ihr vorgehalten, dass sie bei den ganzen Verabredungen in Kneipen und Restaurants mit Freundinnen das Vielfache von ihm ausgab, im Gegenteil. Er war ja kein Spießer, der seiner Frau das selbst verdiente Geld nicht gönnte, und hatte sie sogar oft dazu ermuntert, sich einen »schönen Abend zu machen«, auch wenn ihm das von Grund auf widerstrebte. Aber 1400 Euro für ein iPhone hinter seinem Rücken – das grenzte an Verrat. Das war nicht nur Verrat, das war Hochverrat an der Zukunft der Kinder, für die sie die Wohnung erhalten wollten!

Bastian legte das Päckchen in Franziskas Zimmer, versuchte alles zu vergessen und sich auf die Videokonferenz zu konzentrieren. Das gelang ihm auch. Doch gleich danach packte er seine Zahnbürste und das Duschgel von ALDI ein und schrieb auf einen Zettel, dass er aus dringenden Gründen heute noch nach Heimstetten müsse, er käme erst morgen zurück. So zog er sich aus der Affäre vor einem wütenden Ausbruch, denn in diesem Zustand konnte er nicht mehr für sich garantieren. Er musste runterkommen, und dazu brauchte er zeitlichen und räumlichen Abstand.

Am nächsten Morgen fuhr Basti um sechs Uhr nach München zurück und besorgte als Erstes dreißig Umzugskartons für vier Euro. Doch als er auf dem Rückweg vom Baumarkt zur Wohnung im Autoradio die Nachrichten hörte, wusste er, dass die Kartons noch länger im Keller lagern würden – ab Samstag, seinem geplanten Umzugstag, würde in Bayern eine Ausgangssperre gelten, eine Ausgangssperre, die nur beschönigend »Ausgehbeschränkung« genannt wurde.

Das gibt's doch nicht!, dachte Basti. So was war ja noch nie da gewesen. Er versuchte in seinem Kopf zu sortieren, was das alles bedeuten würde, aber er konnte es nicht wirklich einordnen. Restaurants und Kneipen hatten ja auch schon schließen müssen – aber das tangierte ihn nicht, denn er ging ja ohnehin nicht mehr aus. Großveranstaltungen wie Fußballspiele waren auch schon länger abgesagt worden – aber wann war er zuletzt bei einem Konzert oder in einem Stadion gewesen? Bekleidungsgeschäfte sollten zumachen, Baumärkte jedoch offen bleiben, wenn er das richtig verstanden hatte – im Prinzip kein Problem für ihn, denn er hatte genügend formidable Bekleidung im Schrank, weil er sich immer rechtzeitig darum gekümmert hatte, ehe es seine Lieblingsmodelle nicht mehr geben würde. Aber nicht einmal Geschwister sollten sich mehr besuchen dürfen, er also nicht nach Heimstetten fahren können? Was wäre, wenn seine Brille kaputt ging, hatte ein Optiker geöffnet? Und konnte es nicht sehr bald zu einer Überlastung der Netze kommen, weil alle im Homeoffice arbeiteten oder streamten? Würden noch Krimis ausgestrahlt werden? Und war überhaupt die Wasserversorgung noch sicher? Noch schlimmer: Würde auch seine Arbeit eingestellt werden, ganz ohne Bauleitung? Würde er nichts mehr verdienen, während seine Frau sich gerade so verhielt, als würde das Geld auf Bäumen wachsen?

Beim Einräumen der Kartons in das Kellerabteil sagte sich Basti, dass die Infrastruktur in Deutschland vergleichsweise gut durch Notfallpläne geschützt war. Und hatte nicht Emma kürzlich gemeint – wenn er sich recht erinnerte –, dass Deutschland die meisten Intensivbetten pro Einwohner in Europa hatte und dies in einer Pandemie der nächste, alles entscheidende Faktor sein würde? Aber was wusste er schon. Die Politiker mussten handeln und dem Virus den Schrecken nehmen.

Basti nahm die Treppen und nicht den Aufzug in die Wohnung und hörte im dritten Stock das Paar dort so laut streiten, dass es bis ins Treppenhaus drang.

Dabei fiel ihm ein, dass ein Lockdown für ihn nicht in erster Linie heißen würde, womöglich nichts mehr zu essen oder keinen Strom mehr zu haben, sondern hauptsächlich eines: Er wäre jetzt enger denn je zu einem Zusammenleben mit Franziska gezwungen, ohne jegliche Ausweichmöglichkeiten. *Life is a bitch,* dachte er politisch unkorrekt.

EMMA

Emma blieb nach dem Aufwachen noch auf dem Gästebett liegen, das die Eltern in ihrem Zimmer aufgestellt hatten, und hörte den neuesten Podcast von Professor Drosten. Eine Kommilitonin hatte sie auf die Sendung des Virologen aufmerksam gemacht, und sie wartete jeden Tag auf die Ausstrahlung. Die Erläuterungen des weltweit führenden Forschers zu Corona waren spannender als jeder Hollywood-Film. Er erklärte Reproduktionsraten, Übertragungswege, mögliche Mutationen, Tracking-Apps und die vielen unbekannten Faktoren dieses Virus, das er so gut wie kein anderer Wissenschaftler auf der Welt kannte. Wenn sie jemals daran gezweifelt hatte, warum sie Medizin studierte, dann jetzt bestimmt nicht mehr – das war kein Helfersyndrom, das war die unglaubliche Neugier auf den menschlichen Körper und die Faszination an der Wissenschaft. Mit jeder Sendung Drostens und jedem Interview von Streeck und Kekulé wuchs ihr Wunsch: Sie würde sich einmal auf spezielle Bereiche wie Infektiologie spezialisieren. »Ja, ja«, hörte sie Vincent wieder lästern, als sie ihm vorgestern von Drosten vorgeschwärmt hatte, »Schwesterchen will jetzt auch berühmt werden und in Talkshows kommen!«

Der Bruder hatte doch keine Ahnung, dass es all den Virologen gar nicht um Aufmerksamkeit ging, im Gegenteil. Nicht aus Publicity-Gründen, sondern nur um die Bevölkerung im besten wissenschaftlichem Sinne aufzuklären, sprachen sie auch öffentlich, obwohl sie gerade alle Hände voll zu tun hatten mit ihrer Kernarbeit. Und nein, sie war auch nicht so naiv, einem vorübergehenden Hype zu erliegen. Sie spürte: Das war genau ihres! Sie fand nicht nur den menschlichen Körper faszinierend, sie wollte forschen, ganz sicher. Vorher aber musste sie die Basics in einem Medizinstudium erlernen. Und als nächster Schritt stand an, im Klinikum Rechts der Isar tatkräftig mitzuhelfen, weit über eine Praktikantentätigkeit hinaus. Sie hatte den Job bekommen, sie würde Covid-19-Abstriche am medizinischen Personal nehmen. Sie, im zweiten Semester, konnte diese Arbeit, um die sich so viele Medizinstudenten bemüht hatten, weil das Staatsexamen wegen Corona aller Voraussicht nach ausfiel, antreten.

Dass keiner in der Familie ihre Begeisterung für die Virologie auch nur ansatzweise teilte – verständlich. Aber diese Gruftstimmung in Moms und Dads Wohnung war nicht verständlich. Die Kommunikation der Eltern war mittlerweile verimntes Terrain. Es explodierte zwar nichts, aber alles implodierte immerzu, mit beleidigten Mienen. Lange hielt sie das nicht mehr aus. Meinte auch Vincent. Das war alles andere als gechillt. »Dieses Gift hier geht gar nicht mehr klar«, hatte der Bruder erklärt. Mom und Dad waren erwachsen, und so leid es ihr um das mögliche Zerbrechen des Elternhauses tat, so sehr begann sie am Plan der Oma zu zweifeln.

Außerdem zog es sie nach diesen vier Nächten in ihre Wohnung zurück, denn im Postkasten hatte sie zwei handschriftliche Briefe von Sokrates – der tatsächlich so hieß – vorgefunden, auf WhatsApp von Leo ein Herz und *Miss you*. Wenn man die beiden Jungs mal nüchtern betrachtete, also objektive wissenschaftliche Kriterien suchte, standen hier insgesamt fünf Seiten zu je mindestens hundert Wörtern genau zwei Wörter und ein Bild gegenüber. Die Bilanz war also objektiv eindeutig. Aber was hieß das schon? Ging es bei solchen Gefühlen nicht um die subjektive Bilanz? Wie und nach welchen Kriterien sollte sie aber diese aufstellen?

Kaum hatte sie in ihrem alten Kinderzimmer den neuesten Podcast von Drosten zu Ende gehört, nahm die Ohrstöpsel raus und wälzte sich aus dem Bett, klopfte es an der Tür. Dad. Neben ihm Mom.

»Ist was passiert?«, fragte Emma ein wenig erschrocken, denn beide Elternteile wirkten in seltener Einmütigkeit durch den Wind.

»Ab Samstag kommen Ausgangsbeschränkungen, stell dir vor!«, sagte Dad.

»Nicht mal innerhalb der Familie darf man sich dann besuchen«, erklärte Mom.

»Nein!«, entfuhr es Emma einen Tick zu fröhlich. Damit war sie hier raus! Endlich. Sie und Vincent brauchten nicht mehr dafür zu sorgen, dass die Eltern sich nicht mehr aus dem Weg gehen konnten.

»Das klingt ja fast so, als würde dich das freuen«, bemerkte Mom.

»Quatsch«, erwiderte Emma und wechselte schnell das Thema. »Macht euch keine Sorgen, so schlimm wie in Italien wird es hier gewiss nicht werden, wenn wir jetzt Maßnahmen ergreifen. Wir haben ganz viele Testungen, die höchste Zahl von Intensivbetten pro Einwohner in Europa und ausgezeichnete Virologen!«, erklärte sie.

»Von mir aus«, murmelte Dad, »aber so Feinheiten sind mir egal – jetzt kommt das alles auf uns zu.«

Emma ersparte es sich, zu erklären, dass dies mitnichten Feinheiten wären, sondern alles entscheidende Faktoren, damit sich eine Triage verhindern ließe.

»Dad, krieg ich noch ein Frühstück, ehe ich gehen muss?«, fragte Emma und wusste, dass Dad dazu niemals Nein würde sagen können.

»Klar!«

Sie duschte, zog sich an und hörte die Eltern in seltener Harmonie über die Ereignisse sprechen.

Wow, dachte Emma plötzlich bewundernd. Oma Mathilde hat doch recht gehabt. Menschen, die an Gott oder Einhörner glauben, sind offenbar die größten Realisten.

VINCENT

Vincent!«, rief die Oma freudig an diesem Freitagvormittag, nachdem er den Passat vor dem Haus geparkt und am verwitterten Gartenzaun die Klingel zu dem kleinen Einfamilienhaus gedrückt hatte. Mathilde öffnete das Küchenfenster und winkte ihm zu. »Moment, ich komm gleich!«

»Nicht nötig«, entgegnete Vincent wie immer und schwang sich mit einer Hand über den oberen Rand der Latten des Zauns.

»Der Vincent!«

Herrje. Der Meierhuber stand wieder am Zaun und beobachtete ihn. Einen Tag vor Inkrafttreten der Ausgangsbeschränkungen. Dem Nachbarn traute er zu, dass er ihn schon mal prophylaktisch anzeigte.

Vincent ergriff die Flucht nach vorn.

»Brauchen Sie auch etwas, Herr Meierhuber? Ich hab extra bei der Polizei nachgefragt. Ich darf die Oma heute noch besuchen und versorgen. Und auch Sie! Mit gebührendem Abstand natürlich.«

Der Blick des Meierhuber verriet Vincent, dass er ihm den Wind aus den Segeln genommen hatte.

»Ach, vielen Dank, Vincent, wir brauchen nichts!«

»Wie der Gottlieb siehst aus«, bemerkte seine Frau, die hinter ihm aufgetaucht war, so wie bei jedem Besuch, den sie beobachtete. »Runtergerissen der Opa!« Konnte der Neuigkeitswert einer Aussage sogar ins Minus rutschen?

Oma kam aus dem Haus, packte seine Hand und zog ihn mit sich, weg aus dem Sichtfeld der Meierhuber.

»Keine Sorge, Oma, die hab ich schon ruhiggestellt«, raunte ihr Vincent zu und grinste.

Mathilde verstand sofort, was er meinte, und strich ihm trotzdem erst ihm Haus über den Kopf.

»Schön, dass du gekommen bist, aber gefährlich ist das fei schon … Ich mein jetzt nicht wegen irgendwelcher Kontrollen, die sind mir wurscht, aber ich gehör zur Risikogruppe, weißt schon!«

»Klar, Oma, ich bin nicht leichtfertig da«, versicherte er ehrlich. »Mir war nur klar, dass ich jetzt für dich noch mal richtig was organisieren muss, bevor ich dich nicht mehr besuchen darf.«

Allem besseren Wissen zum Trotz drückte ihn Mathilde an sich mit der Bemerkung: »Heute ist das noch erlaubt und morgen erst verboten, also kann es nicht so ganz schlimm sein!«

Mathilde kochte Kaffee, deckte den Terrassentisch trotz der Kälte und schnitt Schokokuchen auf. Währenddessen installierte Vincent im Wohnzimmer einen Router, den er besorgt hatte, und ein Laptop, das er gestern beim Poker seinem Kumpel Max abgezockt hatte, mit den Worten: »So können wir jetzt mit Bild telefonieren!«

»Wirklich?« Oma Mathilde schien begeistert von dieser Idee.

Die Frage war nur, ob er hier im Haus das Internet so kurz nach der Telekom-Anmeldung wirklich zum Laufen bekam.

»Bete mal schnell irgendwas«, befahl Vincent, »damit das technisch klappt!«

Etwas ungläubig schaute ihn Oma an, zog sich dann aber – vermutlich zum Dialog mit Gott – zurück. Und ja, halleluja! Er konnte online gehen, legte ein einfaches Passwort fest und richtete den Browser und die Schreibtischoberfläche so benutzerfreundlich wie möglich ein.

Oma hatte offenbar fix gebetet, denn sie tauchte wieder auf. »Wenn du mir jetzt schon das Internet einrichtest, dann auch gleich Messen!«

»Messen?«, fragte er.

»Ja, die Meierhubers haben gesagt, dass sie jetzt Gottesdienste im Computer anschauen.«

»Ah, du meinst katholische Sender! Die such ich dir auch gleich heraus.«

Vincent überlegte, wie Mathilde die ganze Technik am besten zu erklären sei. »Also, jetzt trinken wir erst mal Kaffee, du schreibst eine möglichst lange Einkaufsliste, und dann setzen wir uns zusammen, und ich zeig dir alles, Schritt für Schritt«, erklärte er. Er musste das alles vor Ort zeigen, denn von der so viel jüngeren Mom wusste Vincent, wie schwer »Fernanleitungen« waren.

»Und was ist jetzt mit Franziska und Bastian?«, fragte die Oma.

Mit der Kaffeetasse stießen Vincent und Mathilde darauf an, dass ihr Plan zum »Ehepaar-Lockdown« erst mal perfekt lief, egal, wie er nun enden würde. Vincent berichtete von den schwierigen Tagen dieser Woche daheim.

»Das wird bestimmt sogar noch viel heikler werden«, orakelte die Oma. »Franziska wird sich richtig hineinsteigern in ihre Wut, so wie ich sie kenne.«

»Aber dann treibt es die erst recht auseinander und … .«, wendete Vincent ein. Die Oma unterbrach ihn.

»Das ist gar nicht schlecht, wenn sie sich richtig hineinsteigert. Das hilft uns und unserem Plan. Da bläst sie sich mit ihrer ungerechten Wut auf wie ein Luftballon. Und der wird früher oder später platzen, der Luftballon. Und dann ist der Dampf abgelassen. Pfft!«

»Versteh ich immer noch nicht, Oma«, sagte Vincent.

»Wir setzen nicht auf Zahlen, sondern auf Schwarz oder Rot. Entweder oder. Kennst du Roulette?«

Vincent nickte.

»Je schlimmer deine Mutter innerlich auf Bastian losgeht, desto heftiger wird alles enden. Entweder sie wird sich bestätigt fühlen, mit dem größten Affen der Welt verheiratet zu sein, und schreiend davonlaufen, oder sie wird sich schämen, alles Gute in all den Jahren übersehen zu haben. Das wird alles plötzlich kommen. Pfft! Wie ein Luftballon, der platzt!«

Vincent verstand immer noch nicht, was Mathilde mit diesem Luftballon meinte, doch er fragte auch nicht mehr nach. Vielleicht waren das Altersweisheiten, aber in seinem Leben gab es andere, jüngere Probleme.

Er wendete sich den technischen Problemen zu.

»Aber mit dir ist doch auch irgendwas«, mutmaßte Mathilde daraufhin mit einem prüfenden Blick. Konnte die Gedanken lesen?

»Nein, was soll schon sein, ich bin froh, dass ich wieder in meiner WG wohnen kann.«

Mathilde schüttelte stumm den Kopf. »Ein Mädel? … Nein, so schaust nicht aus. Die Schule?«

Bingo. Vincent musste lachen. Mathilde kam immer wieder auf die entscheidenden Punkte.

»Okay, ja, stimmt. Ich hab da was versemmelt, mit der FOS, also genauer den Unterlagen. Die hätte ich nach der Anmeldung nachreichen müssen. Ich verlier jetzt ein halbes Jahr«, gestand Vincent.

»A wo!«, widersprach Oma. »Das schiebst auf Corona, da wird jetzt eh alles durcheinandergehen an den Schulen, du glaubst doch nicht, dass die bloß drei Wochen zumachen? Niemals!«

»Aber …«

»Nix aber! Da sagst einfach, dass du dich wegen Corona um deine kranke Oma hast kümmern müssen, und dann winken die dich schon noch rein«, meinte Mathilde. »Magst noch ein Stück Kuchen? Du kannst dir das leisten. So jung, da schlägt das noch nicht an!«

Vincent erledigte für Oma noch schwere Arbeiten wie Blumentröge verstellen und machte im Supermarkt am Ort einen Großeinkauf mit der Liste von Mathilde, um schließlich beim Einräumen festzustellen, dass in der Speisekammer neben hunderttausend anderen Dingen wie Essigessenz, geschälten Tomaten, Selleriedosen, Essiggurken, Haselnüssen, Schokoladenglasuren und unzähligen selbst eingemachten Marmeladengläsern bereits zwei mal zehn Kartons Milch, 23 Sauerkrautdosen, 17 Packungen Mehl, 31 Packungen Zucker, mindestens 15 Nudelpackungen und sage und schreibe 30 Großpackungen Klopapier lagerten. *Nach* Omas Ausmisten!

»Also, diesen Einkauf hätt ich mir sparen können«, bemerkte Vincent schnippisch.

»Nein, nein. Wer weiß, was da noch alles kommt. Ich hab den Krieg noch erlebt. Und im schlimmsten Fall kannst dann zu mir kommen und dir Essen holen«, entgegnete Mathilde.

Den vielen Lastwagen auf der Autobahn nach zu schließen sah es aber nicht nach Lieferschwierigkeiten aus. Andererseits hatte die Oma schon einmal recht gehabt.

Wichtig war, die Oma für das Internet fit zu machen, damit sie sich auch »sehen« konnten, wie er Skype erklärte. Vor allem auch sie und Mom.

Wie befürchtet dauerte es aber bis kurz vor Mitternacht, ehe Mathilde auch nur halbwegs sicher alles zu bedienen verstand.

Vincent beschloss, trotz in Kraft tretender Ausgangsbeschränkungen über Nacht hierzubleiben und morgen noch mal alles zu erklären. Als er das der Oma ankündigte und das Gästezimmer beziehen wollte, widersprach sie aber: »Das ist rührend von dir, Vincent, aber mach dir nicht zu große Sorgen. Fahr lieber zurück, ab 24 Uhr gelten die Bestimmungen, und junge Burschen kontrollieren sie garantiert besonders gern. Und wenn ich Schwierigkeiten habe, dann soll der Lukas, der Sohn vom Kaplan Rainer, mir das erklären.«

»Aber es darf doch keiner mehr kommen, auch kein Lukas Kaplan!«, entgegnete Vincent. »Oma, die Vorschriften sind extrem.«

»Als ob ich das nicht wüsste«, erwiderte Mathilde müde und bestimmt zugleich. »Aber der Lukas heißt nicht Kaplan mit Nachnamen, das ist der uneheliche Sohn vom Kaplan. Und ein Kaplan darf mich als hilfsbedürftige Person, die seelischen Beistand braucht, besuchen. Ja mei, und dann schickt er halt quasi mit höherer Vollmacht seinen Sohn vorbei, der ist ein IT-Techniker.«

Die Oma! Die war wie ein Überraschungsei des Lebens. Ob ein katholischer Kaplan ein uneheliches Kind hatte, interessierte sie nicht die Bohne – aber wie sie das pragmatisch für sich einsetzen konnte, wusste sie sehr genau.

Vincent machte ein Selfie von ihr und sich, das er auf Instagram posten würde, setzte sich in den Passat und brach nach München auf. Auf dem Rückweg: keine einzige Polizeikontrolle. Dabei hätte er zu gern mal wieder für die Bullen gepieselt, um zu zeigen, dass er clean war.

Als Vincent das Auto in der Straße vor der WG parkte, stieg er gar nicht so freudig aus, wie er eigentlich vermutet hatte, obwohl er endlich wieder in sein neues, altes Leben zurückkehrte. Die Corona-Vorsorge für Oma war getroffen und der Eltern-Lockdown perfekt in die Wege geleitet. Aber jetzt gab es keine Ausreden mehr, und er musste sich um seine Zukunft kümmern, damit seine inneren Umfragewerte nicht komplett abstürzten.

FRANZISKA

Schöner Mist! Lockdown. Franziska saß auf dem Hocker im Garderobenbereich der Wohnung und schnürte die Laufschuhe, wie nun jeden Tag. Sie hatte sich die Haare hochgesteckt und sogar geschminkt, absurd, wenn sie doch laufen ging. Aber jetzt galt es: sich bloß nicht gehen lassen. Ohne Dreh begannen die Tage zu verschwimmen, da musste sie sich selbst über feste Strukturen einen Halt geben. Dabei wäre sie am liebsten wieder ins Bett zurückgekehrt und hätte bis in die Puppen geschlafen, alles weggeschlafen, bis dieser Scheiß mit Corona wieder vorbei wäre. Die Aufträge waren weg, die Kinder weg, die Verabredung mit Giovanni weg – aber ausgerechnet der Basti war noch da.

Giovanni hatte sich endlich wieder gemeldet und sie am Dienstag noch für diesen Samstag ins Nobelhotel eingeladen, um den Einbruchabend nachzuholen. Schon ab Mittag mit einem üppigen Frühstücksbüfett bei bestem italienischem Kaffee, vielleicht ein Glas Schampus dazu, zwischendurch in den Pool über den Dächern Münchens. Er hatte ihr Bilder vom Bayerischen Hof geschickt. Sie hatte einen neuen Shaping-Badeanzug gefunden, um die Schwabbelpartien zu kaschieren. Rosaroter Bademantel. Extrem wasserfeste Wimperntusche. Nägel noch mit Schellack machen lassen am Dienstag, bevor auch Kosmetikstudios schließen mussten. Die neue Seidenunterwäsche mit Parfum »imprägniert«. Und nun: alles obsolet. Denn weder die Dachterrassenbar beim Pool hatte geöffnet, noch durfte sie sich mit einer haushaltsfremden Person in einem Hotel treffen. Ganz zu schweigen davon, dass Giovanni keinen triftigen Grund würde angeben können, warum er nach München fahren wollte. Dabei hatte sie beschlossen, sich endlich dieser Passion zu stellen, und sich in die Suite des Bayerischen Hofes geträumt – im neuen rosa Bademantel hätte sie Giovanni am Pool an der Hand genommen und ihn mit sich in die Räume im selben Stockwerk gezogen und endlich, endlich mit ihm geschlafen, so ihr fester Vorsatz.

Am Vormittag oder Mittag oder Nachmittag oder Abend, egal wann, nur endlich! Giovanni hatte ihr wieder geschrieben: *Ich liebe dich!* Drei Herzen dazu.

Mama ging es gut. Die Kinder waren groß und selbstständig. Und vier Wochen ohne Dreh würde sie finanziell verkraften können. Es gab wirklich schlimmere Schicksale in diesen Viruszeiten, ganz zu schweigen von den schlimmsten Schicksalen. Und trotzdem: Sie hatte den Mut ihres Lebens zusammengenommen für dieses Date und konnte ihn nun nicht einsetzen an diesem Samstag, an dem wegen Corona alles platzte.

Franziska kontrollierte noch einmal, ob die Laufschuhe gut saßen, und im Spiegel, ob die hochgesteckten Haare auch einigermaßen passabel aussahen, und steckte die Schlüssel und das neue iPhone in den Laufgürtel. Laufen, laufen, laufen, um den Frust abzubauen. Und auch mit dem neuen iPhone erste Fotos schießen, wenn sich im Park ein Motiv ergab.

Vor dem Haus machte sie Dehnübungen, ehe sie lostrabte. Kurze Grüße zu Bekannten aus dem Viertel. Keiner war gesprächig, jeder schien erst einmal die Abstandssituation für sich einordnen zu wollen. Das kannte doch kein Mensch, auch nicht von Erzählungen der Großeltern, wie denen über den Krieg. Komisch, dachte Franziska mit dem alten fotografischen Blick in die Gesichter der Passanten, da ist keine Angst zu sehen. Die Menschen wirkten eher wie unter Schockstarre, irritiert – oder so wie immer, weil das unerhörte Geschehen noch nicht wirklich im Bewusstsein angekommen war.

Im Park waren weitaus weniger Menschen als sonst zu dieser Jogging-Zeit unterwegs. Dabei hätte Franziska vorher ihren Kopf darauf verwettet, dass nun alle nach draußen drängten. Immerhin ging das noch, im Gegensatz zu anderen Ländern wie Italien oder Spanien war in Deutschland ja noch Sport im Freien erlaubt. Aber solche Gedanken verflüchtigten sich schnell wieder, denn sie hatte nur eins im Kopf: diesen mit Giovanni verlorenen Tag.

Wieder joggte sie ganz ohne Seitenstechen die Runde am Teich an den Enten und den verführerischen Bänken vorbei und dachte daran, sich für ihr Durchhaltevermögen mit einem Espresso und einem Dolce im kleinen Café um die Ecke zu belohnen. Aber nein, Shit, das hatte ja auch zumachen müssen! Ihr würde nichts anderes übrig bleiben, als sich daheim selbst einen Espresso zu kochen und zum Keksvorrat aus Italien zu greifen, der immer für überraschende Gäste als Köstlichkeit bereitgelegen hatte. Aber gut, das war machbar. Das war nicht das Problem. Das Problem dabei war, dass Basti dann vermutlich auch schon aufgestanden war und sich im Küchenbereich aufhielt und sie ihm wohl oder übel begegnete. Dann musste sie ihn wieder ertragen. Wie gehässig hatte er dreingeblickt, als sie Vincent bei der Einrichtung des neuen iPhones um Rat gebeten hatte. »Du kannst dir das ja leisten«, hatte Basti abfällig-süffisant bemerkt, ihr unterstellend, sie sei eine Luxusgöre, die sich nicht um die Finanzen der Familien scherte. Sogar Vincent war bei diesem Tonfall zusammengezuckt. »Mom wollte das doch schon lange, um wieder mit dem Fotografieren beginnen zu können«, hatte Emma sie verteidigt. Aber wer war sie denn, sich vor einem Ex rechtfertigen zu müssen?

Und nun waren auch noch die Kinder wieder weg. Diese nahmen die Regeln richtig ernst und würden nicht zu Besuch kommen. Sie war allein mit diesem Mann, ihm ohne Kollegen, Freunde und Kinder quasi ausgeliefert.

Vor dem Haus atmete Franziska tief durch und beschloss, das Training um hundert Prozent aufzustocken und gleich noch einmal eine Runde zu laufen. Langsam würde sie laufen, um Motive zu entdecken, und stehen bleiben, um zu fotografieren. Damit würde sie beruflich vorwärts kommen. Außerdem war alles besser, als mit diesem Kerl allein daheim zu sein. Sie dachte: Es gibt Menschen, die sind furchtbar einfach, und Menschen, die einfach furchtbar sind. Auf Basti traf beides zu.

BASTIAN

Aus dem Augenwinkel hatte er auf dem Weg zum Bad Franziska die Laufschuhe anziehen sehen, später fiel die Wohnungstür ins Schloss, sie war wohl zum Joggen aufgebrochen. Obwohl, wer wusste das schon? Hatte sie vielleicht sogar einen anderen? Hatte sie sich deshalb ein iPhone zugelegt, um sicher und unbemerkt von ihm mit dem anderen telefonieren oder Nachrichten schreiben zu können? Denn diese teuren Geräte waren intuitiv zu bedienen, und mit einer Face-ID kam kein anderer mehr an die Daten ran. Bei ihrem alten Smartphone hatte er das Passwort noch gekannt. Sie hatten sich den Code gegenseitig gesagt, falls es mal einen Notfall gäbe. Nun aber, so hatte Vincent neulich ausgeführt, bräuchte es das nicht mehr, denn im iPhone seien alle Gesundheitsdaten für den Notfall gespeichert. Franziska hatte sich ganz begeistert davon gezeigt, obwohl ihr sonst solche Neuerungen herzlich egal gewesen waren. Wie einfach war das zu durchschauen: Sie wollte ihn einfach ausschließen. Ihm schoss ein gemeiner Satz in den Kopf, den Franziska mehrmals gesagt hatte: »Es gibt Menschen, die sind einfach furchtbar, und Menschen, die furchtbar einfach sind.« Traf nicht beides auch auf Franziska zu?

Jetzt wartete er mal gespannt, ob sie noch den Anstand besaß, nach der Joggingrunde Semmeln auch für ihn mitzubringen. Denn die Bäcker durften auch trotz der neuen Corona-Verordnungen öffnen.

Bastian duschte und rasierte sich nass. Der Blick in den Spiegel war wenig erfreulich. Er stellte plötzlich einige Falten mehr fest, und die Mundwinkel waren, wenn er ehrlich war, tiefer als sonst nach unten gezogen. War das verwunderlich? Nein, bestimmt nicht. Schließlich musste er sich gerade eingestehen, so viele Jahre seines Lebens mit einer Frau an der Seite verbracht zu haben, die ihm nicht vertraute. Wenn jemand den Kauf eines iPhones verheimlichte – was dann sonst noch alles? Und war es nicht schon immer so gewesen, dass Franziska eigentlich nichts außer Oberflächlichem mit ihm teilte, aber im Grunde einfach ihren Stiefel durchzog? Wann hatten sie zuletzt über Politisches diskutiert? Wann hatten sie zuletzt etwas zu zweit unternommen? Wann hatten sie zuletzt zusammen Reisepläne geschmiedet? War es nicht naheliegend, dass er heimlich schon länger plante, den Truck herzurichten und die Route 66 zu fahren?

Vor dem großen Spiegel im Bad zog Bastian seinen Bauch ein – um schließlich wieder auszuatmen und die Rundung mit kritischem Auge zu mustern. Nein, er durfte sich nichts mehr vormachen. Weder über Franziska noch über den Bauch. Aber *noch* war er kein alter Mann. Noch konnte er etwas in die Hand nehmen – soweit es das Schicksal gestattete.

Basti zog sich an und griff zu einem T-Shirt, das ihm Emma einmal zu Weihnachten geschenkt hatte und das er noch nie getragen hatte, weil es ihm zu bunt und zu eng vorgekommen war. Er betrachtete sich damit noch einmal im großen Spiegel – so viel größer wirkte sein Bauch damit aber auch nicht, Emma hatte schon recht gehabt mit ihrer Bemerkung seinerzeit.

Er stand etwas hilflos herum. Was sollte er jetzt mit diesem Samstag anfangen? Etwa arbeiten, weil er sonst nicht wusste, was tun? Baumarktprospekte brauchte er erst gar nicht anzusehen – die Läden wurden auch geschlossen. Sollte er mal die alten Schallplatten auflegen, die in seinem Zimmer im Regal standen? Wie er es schon seit Jahren mal wieder hatte tun wollen? Er könnte auch Filme über diesen Stream gucken, neue Serien, wie Vincent ihm schon oft empfohlen hatte. Oder endlich mal die alten Fußballzeitschriften im Keller durchsortieren – die gammelten da mindestens schon seit der Geburt der Kinder vor sich hin beziehungsweise waren nach dem Umzug einfach in den Kisten geblieben und von einem Keller in den anderen transportiert worden. Ja! Sein Auszug war ja nicht aufgehoben, sondern nur aufgeschoben. Da war es früher oder später ohnehin sinnvoll, das Zeug vorher zu minimieren und nicht schon wieder ungeprüfte Kisten weiterzutransportieren. Man sollte sich öfter mal von unnötigem Ballast verabschieden.

Basti setzte sich Teewasser auf und strich sich ein Marmeladenbrot, denn Franziska kam immer noch nicht zurück und somit auch keine frischen Semmeln. Joggte die wirklich so lange? Oder was machte sie? Traf sie einen anderen oder eine Freundin? Wobei er nicht einmal genau wusste, wer nun eigentlich ihre Freundinnen waren. Ja, gelegentlich fielen Namen, aber er hatte dabei nicht mehr so richtig aufgepasst. Aber nein, sie konnte ja niemanden treffen, das war ja jetzt verboten. Wobei: Er traute Franziska alles zu. War sie nicht die Tochter von Mathilde, die mit allen Wassern gewaschen war?

Und er Depp hielt sich immer an alle Absprachen, arbeitete brav, sprach alles mit seiner Frau ab und hatte ihr in seinem blinden Vertrauen alle Freiheiten gelassen, damit sie sich wohlfühlte. Gut, es war ihm auch mehr als entgegengekommen, wenn sie loszog und er deshalb seine Ruhe hatte. Aber dass Franziska das ausnützen könnte – auf diese Idee war er erst jetzt gekommen.

Warum hielt er sich eigentlich immer an alle Abkommen, privat, beruflich und auch als Bürger? War er nicht viel zu brav geworden, ohne jegliches Rebellieren? War er ein autoritätshöriger Spießer geworden, der nun auch vor diesen freiheitsbeschränkenden Maßnahmen der Regierung kuschte? Seine Mundwinkel sollten sich wieder heben – und das wäre am ehesten der Fall, wenn er stolz darauf sein könnte, wieder einmal aufzubegehren. Ja! Er hatte eine grandiose Idee. Wo stand in den Verordnungen eigentlich, dass man nicht umziehen dürfe, wenn man sich gerade von der Frau trennte? Nein, er war kein Trottel, mit dem man alles machen konnte. Er ließ sich weder von seiner Frau noch vom Staat noch vom Chef verarschen.

Basti eilte in den Keller und kam mit zehn Umzugskartons wieder hoch. Die Fußballzeitschriften konnte er später noch zum Altpapier bringen. Jetzt wollte er zuerst die wichtigsten Sachen einpacken und schon mal eine Ladung mit dem Fiat nach Heimstetten bringen. Zehn Kartons müssten bei umgeklappter Heckklappe in den Wagen passen. Was war wichtig? Arbeitsutensilien, Klamotten, Toilettensachen, die Schallplatten natürlich, und was noch? Ach, er würde das schon noch sehen, nachdem er im ersten Schritt seine essentiellen Siebensachen in die Schachteln sortiert hätte.

Franziska kam ohne Semmeln heim, quittierte seine Einpackaktion nach einem fragenden Blick mit einem »Ist wohl besser so« und verzog sich in ihr Zimmer. Sie fragte nicht einmal, ob sie ihm helfen könne. Das befeuerte ihn nur noch mehr, und in Windeseile waren die zehn Kartons gefüllt und zum Fiat gebracht, den er illegal auf dem Gehsteig vor der Haustür geparkt hatte. Die Nachbarn aus dem dritten Stock, die ihn beim Beladen beobachteten und ausnahmsweise wohl gerade mal nicht stritten, bemerkten lapidar: »Ja, wir werden die Zeit jetzt auch nutzen und den Keller ausräumen.« Basti lächelte nur, ohne zu antworten.

Als der Fiat vollgeladen war, ging er noch einmal nach oben, denn er war nicht so unanständig wie Franziska. Er wollte sich korrekt, wenn auch höchst distanziert verabschieden. Doch Madame war nicht in ihrem Zimmer, sie lag in der Badewanne, wie sie ihm durch die geschlossene Tür mitteilte. Das war ein offener Affront, denn sie wusste ja, dass er jetzt auszog.

Nun denn. »Also tschau!«, bemerkte er deshalb sachlich knapp, griff zu seiner Jacke und sah sich nicht mehr um. Bloß nicht zurückblicken! Aufbrechen hieß das Gebot der Stunde.

Doch sein Aufbruch endete schon zwei Minuten später an der nächsten Ampel.

GOTTLIEB

Was hatte seine Tochter in ihrem Schaumbad vor?, fragte sich Gottlieb. Denn nur fünf Sekunden nachdem Franziska die Wohnungstür hatte ins Schloss fallen hören, rief sie von der Badewanne aus Vincent an und fragte, wie man eigentlich mit dem iPhone einen Videochat machte.

»Nichts einfacher als das«, antwortete Vincent und verwies auf Facetime und darauf, dass er schwer beschäftigt sei, gerade verdammt viel für die FOS zu tun hätte und weitere technische Fragen erst am Abend lösen könne. Ginge es um Oma? Ohne die Frage zu beantworten und etwas beleidigt verabschiedete sich Franziska mit der Bemerkung: »Gut, das krieg ich auch allein hin.« Nachdenklich legte sie das Handy wieder zur Seite und starrte auf die Schaumblasen.

In der Münchner Wohnung würde sich jetzt wohl nichts Spannendes mehr ergeben, weshalb es Gottlieb wieder zurück zu Mathilde zog. Aber schon zweihundert Meter weiter zoomte er wieder hinab. Bastian wurde an der Ampel von einem Polizeiwagen angehalten. Die Beamten bedeuteten ihm, an der nächsten Parkbucht stehen zu bleiben. Basti tat, wie ihm befohlen, blieb jedoch im Wagen sitzen.

Eine Polizistin mit blondem Pferdeschwanz beugte sich durch sein offenes Fahrerfenster und fordert ihn auf: »Aussteigen!«

»Warum?«, fragte Basti ungewohnt frech. Hoppla, was war denn in seinen Schwiegersohn gefahren? Der war doch sonst so rechtschaffen, und Gottlieb war sich seinerzeit mit ihm einig gewesen, dass man grundsätzlich auch ohne Kinder in der Nähe nicht bei Rot über die Ampel gehen sollte.

»Aussteigen!«, wiederholte der Kollege der blonden Polizistin harsch.

Basti schnallte sich ab und stieg betont langsam aus dem Wagen.

»Welchen triftigen Grund haben Sie, Ihre Wohnung zu verlassen?«

»Ich trenne mich von meiner Frau. Ich lasse mich scheiden. Ich ziehe aus.« Basti blickte dem Mann siegessicher in die Augen.

»Soso!«, meinte der Polizist ungerührt. »Können Sie das belegen?«

»Na, sehen Sie doch mal in den Kofferraum, also auf die umgeklappten Rücksitze. Meinen Sie, ich fahre Umzugskartons aus Spaß an der Freud durch die Gegend?« Basti wirkte entschlossen. Der Polizist allerdings noch entschlossener.

»Haben Sie das Schreiben vom Anwalt dabei?«

»Wie, welches Schreiben vom Anwalt?«

»Na, vom Scheidungsanwalt. Oder sonst einen Beleg?« Der Polizist wirkte ungeduldig.

»Wir trennen uns einvernehmlich, ohne Streit«, erwiderte Bastian. Süffisant fügte er hinzu: »Stellen Sie sich vor, nicht alle Ehepaare zahlen unnütze Gebühren für Beamte und Juristen!«

Der Polizist grinste. »Was glauben Sie eigentlich, was ich schon für Geschichten gehört habe? Und die waren weitaus besser erfunden!«

»Erfunden? Ich erfinde doch nichts! Ich bin ein ehrlicher Bürger, *zu* ehrlich wahrscheinlich.«

Der Polizist wechselte mit der Kollegin vielsagende Blicke. »Gut. Wie Sie meinen, dann werden wir mal nachsehen.«

Bastian verstand offensichtlich nicht, was die beiden meinten – aber nur kurz. Dann musste er ins Röhrchen blasen.

»Als ob ich unter Alkoholeinfluss fahren würde!«, empörte sich Bastian. Die Promille zeigten null.

»Okay, dann die Kifferfraktion«, provozierte der Polizist und zog ihn mit sich zur Seite zu einem Busch. »Dann pinkeln Sie doch mal bitte. Wann haben Sie zuletzt etwas geraucht?«

Bastian behauptete »ist Jahrzehnte her«, wurde aber rot, drehte den Kopf zur Seite und versuchte offensichtlich einzuordnen, was hier vor sich ging.

»Nein, ich pinkle nicht, hier vor allen Leuten!«

»Gut, geht auch auf der Wache mit Blutentnahme.«

Bastian starrte den Polizisten fassungslos an.

Weil Gottlieb einen Schrei hörte, der nach Franziska klang, raste er schnell zurück in die Wohnung. Ja, Franziska schrie tatsächlich. Sie hatte das iPhone in der Badewanne versenkt und versuchte hektisch, es wieder herauszufischen, was ihr auch schnell gelang. Sie sprang aus der Wanne, trocknete das Gerät mit dem Handtuch ab und föhnte es schließlich. »Du lieber Himmel, hilf, das darf jetzt nicht kaputt sein, da sind alle Daten drauf – Emma, Vincent, Giovanni!«

Giovanni? Meinte Franziska damit etwa diesen Hallodri, der ihr seinerzeit schon schöne Augen gemacht hatte?

»Welche Nummer soll ich wählen?«, fragte eine Stimme aus dem nassen Handy. »Emma …«

Die Stimme listete alle Nummern auf, aber Franziska hörte nicht mehr zu und jubelte: »Mensch, Siri, du funktionierst, also, das iPhone funktioniert! Wie wunderbar!«

Entspannt und erleichtert ließ sich Franziska auf den Badezimmerboden sinken und lehnte sich an den Wannenrand. Sie starrte auf das Handy, schien es fast zärtlich zu streicheln, erhob sich wieder, legte sich ein Handtuch um und betrachtete sich im großen Spiegel.

»Okay«, kommentierte sie sich selbst. »Runzelig. Kann sein. Aber das bekämpfe ich mit Sport und Hyaluron, verstanden, lieber Siri und alle anderen?«

Sie trocknete sich ab, cremte ihren Körper ein, wählte ein Kleid aus ihrem Schrank und kehrte wieder ins Badezimmer zurück, um sich zu schminken. Sie wirkte so trotzig, wie sie es als kleines Kind oft gewesen war.

Gottlieb wechselte schnell wieder zu Basti, das war spannender.

Die Lage schien sich gerade zu beruhigen.

»Also, dann lassen wir es bei einem Bußgeld wegen unerlaubtem Entfernen vom Wohnort und ersparen Ihnen die Blutabnahme. Ist sozusagen Kulanz. Noch mal kommen Sie damit aber nicht durch!«, erklärte die Polizistin.

Basti nickte zerknirscht und sagte leise: »Danke.«

Aha. Das hatte Vincent also mit *good cops and bad cops* bei der Polizei gemeint. Die Rollenaufteilung. Der eine macht auf böse, die andere auf gut – und damit waren die Leute dann versöhnt und dankbar.

Bastian stieg wieder in den Fiat, kehrte um, parkte erneut vor der Hauseinfahrt, öffnete die Heckklappe und fixierte die Haustür, um die

Kisten wieder in den Eingang tragen zu können. Die Nachbarin aus dem dritten Stock blickte aus dem Fenster. Bastian sah sie und rief ihr zu: »Der Wertstoffhof hat auch geschlossen!«

»Gut zu wissen«, erwiderte die Frau.

Im Wohnloft einige Stockwerke weiter oben sah Gottlieb – der mittlerweile in Sekundenschnelle von unten nach oben schweben konnte –, wie sich eine perfekt geschminkte Franziska gerade mit einem Kleid, aber ohne Höschen vor der Kamera des Handys positionierte. Um Himmels willen! Was hatte sie vor? Er sah sie die Nummer dieses Giovanni wählen – und erschrocken wieder auflegen, weil Bastian so unerwartet zurückkam. Rasch gab sie die Nummer von Mathilde ein.

MATHILDE

So etwas hatte es ja noch nie, nie, nie gegeben: eine katholische Beerdigung ohne dazugehörige Messe! Die Kirchenglocken läuteten an diesem Samstag zwar hörbar bis zu ihr ins Haus. Aber es durfte kein Gottesdienst stattfinden. Selbst im Krieg – auch wenn sie sich nicht mehr genau erinnerte, weil sie damals noch zu klein gewesen war – wurde bei einem Begräbnis der Auferstehung Jesu gedacht. Bei den Katholiken und auch bei den Protestanten. Der alte Wagner aber wurde heute wegen Corona ganz ohne Totenmesse und späteren Leichenschmaus unter die Erde gebracht!

Mathilde streifte die Küchenschürze ab, die sie noch trug, weil sie Hefeteig für Rohrnudeln geschlagen hatte, griff zum Rosenkranz und setzte sich auf die Eckbank unter den Herrgottswinkel mit dem handgeschnitzten Kreuz, der Madonnenstatue und den Heiligenbildern aus Altötting. Direkt daneben hing die Uhr, mit der sie Gottlieb so hereingelegt hatte und die nun auch geschlagen hatte, gleichzeitig und punktgenau wie die Kirchturmglocken. Sie konnte doch jetzt nicht einfach Küchenarbeiten erledigen, sie musste für den Weltenlauf beten.

Doch kaum hatte sie mit dem Rosenkranz begonnen, klingelte etwas. Mathilde dachte zuerst, sie hätte den Küchenwecker versehentlich eingeschaltet, oder das Radio hätte mal wieder ein Eigenleben, aber nein, das war ein anderer Piepton. Sie eilte durch das Haus, ehe sie feststellte, dass dieses Geräusch von dem Laptop kam, den Vincent ihr gebracht hatte. Ah, sie hatte ganz vergessen, dass sie darüber nun auch Messen ansehen konnte. Aber deshalb klingelte der Computer doch nicht! Wie gut, dass ihre handschriftlichen Notizen noch daneben lagen. *Klingeln = abnehmen*, lautete eine Überschrift. Ah! Und auch das Telefonzeichen war zu sehen. Mit dieser Maus, deren Bewegungen sie ebenfalls mit Vincent geübt hatte, drückte sie auf den Hörerzeiger – und sah plötzlich Franziska! Franziska. Nicht Vincent. Das hieß, sie konnte auch mit Leuten telefonieren, die ihr nicht das Gerät eingerichtet hatten. Eigentlich logisch, aber daran hatte sie gar nicht gedacht.

»Mama!«, rief nun auch die Tochter erfreut. Franziska schien fast so überrascht wie sie selbst zu sein, dass sie sich sehen konnten.

»Wie geht es dir, Mama?«, fragte Franziska, wartete aber keine Antwort ab, drehte sich weg und rief: »Basti, schau, ich telefoniere über Facetime mit Mama!«

»Soso!«, brummte Bastis Stimme im Hintergrund. »Und was geht mich das an?«

Warum sollte es den Schwiegersohn nichts angehen? Mathilde überlegte, was Basti wohl meinte. Ah, die waren im Streit, und Bastian war wohl nicht klar, dass sie nicht nur alles mithören, sondern auch mitsehen konnte. Franziska war akkurat geschminkt, trug schön gelegte Haare und ein schickes Kleid, wo sie doch sonst immer nur so labbrige T-Shirts und Jeans anzog.

»Franziska, Bastian!«, rief Mathilde laut, ganz laut, damit die beiden sie auch über die Entfernung hinweg verstehen konnten. Denn absurderweise dachte sie, sie müsste bei einer Verbindung mit Bild und nicht bloß mit Ton mit kräftigerer Stimme sprechen.

Basti war plötzlich zu sehen und wirkte verblüfft. »Mathilde! Tatsächlich! Wie geht es dir?«

Tochter und Schwiegersohn blickten nun beide im Bild zu ihr.

»Ganz gut«, erwiderte Mathilde wahrheitsgemäß. »Aber so mit euch reden, das ist … wie soll ich sagen … komisch.«

»Für mich auch!«, rief Bastian. »Ich hab ja gedacht, Franziska macht einen Scherz, als sie gesagt hat, dass sie mit dir skypt.«

»Was ist ›skypt‹?«, fragte Mathilde.

»Skypen ist ein anderer Begriff für dieses Videotelefonat, ähm … egal, heißt einfach so«, erklärte Bastian und lächelte ihr zu. »Du, ich bin schwer beeindruckt, dass du das … ähm … entschuldige … in deinem Alter noch gelernt hast.«

»Vincent hat mir geholfen«, sagte Mathilde stolz. »Und ich hab das mit ihm geübt.«

»Wie? War der bei dir? Enkel sollen doch die Großeltern nicht mehr besuchen«, mahnte Bastian.

Der Bastian war einfach päpstlicher als der Papst. »Gestern schon, also vor der Ausgangssperre hat er mir das noch eingerichtet. Hat er es dir nicht erzählt? Und Franziska auch nicht?«

Franziska lächelte gezwungen, vielleicht kam ihr das aber auch bloß so vor wegen der Übertragung, denn die Bilder passten manchmal nicht genau zum Ton.

Bastian verabschiedete sich mit: »Hauptsache, dir geht es gut, Mathilde, ich wollte mich eh bald melden. Dann lass ich dich jetzt mal in Ruhe mit Franziska reden, servus!«

»Pfiatdi«, erwiderte Mathilde und sah Bastian mit einem Winken aus dem Aufnahmewinkel gehen. Franziska setzte sich mit dem Handy in der Hand auf die andere Seite des Tisches. Und plötzlich waren im Hintergrund Umzugskartons zu sehen, wenn Mathilde diese Bilder richtig interpretierte.

»Wollt ihr umziehen?«, fragte Mathilde.

»Wieso, Mama?«, entgegnete Franziska.

»Na, weil da so viele Umzugskartons stehen, gepackt, denn sonst ließen sie sich nicht stapeln.«

Franziska drehte sich um, und Mathilde sah dabei Bastian ein abwinkendes Handzeichen machen. Die beiden hatten wohl nicht damit gerechnet, dass Mathilde so einen Einblick bekam. Gespannt wartete sie auf die Antwort, die Franziska dazu einfallen würde. Also eher die *Ausrede,* die Franziska dazu einfallen würde. Denn aus den Gesichtern der beiden war zu schließen, dass sie sich ertappt fühlten.

»Ach, Mama, das ist noch von Emma und Vincent … du weißt doch, sie sind ausgezogen. Und diese Kartons haben sie noch hiergelassen. Sie wollten sie bald abholen. Aber wie die jungen Leute so sind … dann vergessen sie es einfach. Mich stört das auch. Schon seit Tagen stehen die hier rum. Man kann gar nicht mehr gut putzen und überhaupt. Es nervt total, wenn in der Wohnung so viel Zeug herumsteht!«

Spätestens jetzt wäre Mathilde misstrauisch geworden, auch wenn sie die Bilder nicht gesehen hätte – wer so viel erklärte, hatte etwas zu verbergen.

»Ja, freilich!«, antwortete Mathilde und konnte nur mühsam ein Grinsen unterdrücken. Das war ja noch besser, als sie es sich hätte vorstellen können! Mit diesem Computer konnte sie quasi vor Ort in München anwesend sein und die Fort- und Rückschritte des Paares beobachten. Ganz ohne Besuche. Was für ein Segen waren diese moderne Technik und Enkelkinder wie Vincent, die sie Omas einrichteten. Dafür würde sie mit mindestens drei Rosenkränzen spätestens heute Abend dem Herrgott danken.

Mathilde plauderte noch eine Weile mit Franziska über die Probleme, die sich nun durch Corona beim Einkaufen, bei Kirchenbesuchen und einem Filmdreh ergaben, man sprach noch über die Studiensituation von Vincent und Emma, Bastis neues Homeoffice und die neuen fotografischen Möglichkeiten mit einer Handykamera. Dann legten sie auf, und Mathilde wollte beinahe fröhlich und beschwingt aus dem Hefeteig Rohrnudeln machen. Aber plötzlich war ihr nicht mehr so gut. Das Herz schien etwas wirr zu schlagen, und sie fühlte sich wackelig auf den Beinen. Aber Mathilde beschloss, das zu ignorieren. Vor lauter Corona und ihrem schlechten Gewissen, weil sie sich diesen Lockdown vorher gewünscht hatte, wurde sie am Ende noch wie die Meierhuberin, die hinter jedem Zipperlein gleich eine schwere Krankheit vermutete. Ein schlechtes Gewissen war aber auch ein vermaledeites Leiden, so wie eine Autoimmunkrankheit – es nützte niemand anderem, man schadete nur sich selbst, und ohne Beichtgelegenheit interessierte dieser Schmarrn nicht einmal den Herrgott.

EMMA

Jetzt verstand Emma mit einem Mal, was Mom mit dem beiläufigen Satz gemeint hatte: »Als Frau über fünfzig wirst du nicht mehr wahrgenommen.« Emma hatte dies nie wirklich kapiert – auch eine Frau über fünfzig hatte doch noch einen Busen und konnte sich schön anziehen. Gut, vielleicht war sie nicht mehr ganz so attraktiv – aber sonst? Nachdem sie aber im Rechts der Isar den Schutzanzug und die Sicherheitsmasken nach einer Zwölfstundenschicht ausgezogen hatte, fiel ihr Moms Bemerkung wieder ein. Zuvor hatte sie mit zwei Kommilitonen unter der Anleitung des Professors für Krankenhaushygiene einen Rachenabstrich nach dem anderen genommen, weil es eben zum Wichtigsten zählte, dass das Krankenhauspersonal großflächig getestet wurde, damit die Uniklinik nicht zum Infektionsherd geriet. Professor Splitt, der Krankenhaushygieniker, hatte ruhig erklärt und genau angeleitet, wo das Wattestäbchen angesetzt werden musste, so lange, bis er sich sicher war, dass die Studies den Job versiert allein erledigen konnten. Denn selbst die niedergelassenen Ärzte konnten die Probe teilweise nicht korrekt nehmen. Kurz vor Feierabend hatte er noch mal nach seinen Sprösslingen geschaut, sie gelobt für ihre Arbeit und war dann in einem Arztzimmer verschwunden.

Emma war erschöpft von der Schicht in voller Montur, die mehr Kraft kostete, als sie vermutet hatte. Sie legte den Schutzanzug zum zu entsorgenden Material und wirbelte die zerdrückten Haare vor einem kleinen Spiegel im Flur ein wenig wieder nach oben. Als sie sich umdrehte, um den Heimweg anzutreten, kam Professor Splitt gerade wieder aus dem Raum und trat auf sie zu.

»Ah, Sie sind das!«, rief er verblüfft.

Emma wusste nicht, was er meinte, und sah ihn fragend an.

»Man sieht ja in dem Schutzzeug immer nur die Augen«, fuhr der Prof fast verlegen fort, »und nicht den ganzen Menschen!«

Emma nickte, obwohl sie immer noch nicht verstand.

Erst als sie sich mit einem »Guten Abend« umdrehte und aus den Augenwinkeln beobachtete, wie der Prof ihren Körper musterte, begriff sie plötzlich den Satz von Mom. Wäre sie »nur« eine Krankenschwester um die fünfzig gewesen, hätte der Prof sie nie angesprochen. Er hätte auch nie einen männlichen Kommilitonen angesprochen. Und nein, er machte sie nicht an – aber er war auf ihren Körper aufmerksam geworden, weil sie offenbar jugendlich attraktiv war, wie es für eine Frau ab fünfzig nicht mehr selbstverständlich war.

Nachdenklich ging Emma durch die langen Flure der Klinik Richtung Ausgang und ignorierte die ihr geltenden Blicke von männlichen Pflegern, Ärzten und Patienten, die ihr vorher noch nie so aufgefallen waren. Nein, es ging nicht um Aufdringlichkeit – aber sie erregte mit ihrem Körper Aufsehen und wünschte sich doch eher weniger Beachtung. Ihr Kopf oder ihre Arbeit sollten beeindrucken, aber doch nicht etwas, das die Natur ihr mitgegeben hatte, Attraktivität, für eine kleine Weile. Denn auch sie würde altern und früher oder später wie all die Patientinnen auf den Stationen mit vierzig oder sechzig oder gar achtzig Jahren aussehen, mit all den unvermeidlichen dermatologischen Begleiterscheinungen.

Emma kam sich beim Gang durch den Krankenhausflur vor wie Camilla Cabello in diesem Video, in dem die Sängerin in einem Lokal bediente und alle Blicke auf ihr ruhten, aber Camilla das gar nicht auf dem Radar hatte. *Señorita* war ein toller Song. Und kaum hatte sie die Melodie im Kopf und bewegte sich rhythmischer, schienen die Männer sogar noch aufmerksamer auf sie zu werden. Was war das denn? War das eine Macht, die sie besaß, auf die sie zuvor nie gekommen wäre? Und wenn ja – was hieß das dann in Bezug auf Leo und Sokrates? War sie nicht begehrenswert im wahrsten Wortsinn? Und hieß das dann nicht vor allem, *die* hätten sich um *sie* zu bemühen und nicht umgekehrt?

Als die letzte Glastür der Klinik hinter ihr zufiel, freute sich Emma über die frische Luft und die Freiheit, die sie draußen verspürte. Sie schloss kurz die Augen, blieb stehen, hörte einem Amselmännchen beim Zwitschern zu und sog die Frühlingsluft ein, ehe sie langsamer als sonst zu ihrem Fahrrad ging und die Kette aufschloss. Erst jetzt fiel ihr ein, dass sie seit Stunden nicht mehr auf ihr Handy geguckt hatte.

Die Arbeit in der Klinik ließ sie einfach alles vergessen – wenn sie einen wichtigen Beitrag zur Gesellschaft leisten konnte, verblassten darüber all die kleinen privaten Dinge. Aber nein. Die waren ebenso wichtig, dachte Emma. Denn ein Helfersyndrom entwickelten nur Leute, die sonst nichts mehr im Leben hatten. Liebe und Freunde und Familie durften nicht vernachlässigt werden, sonst opferte man sich irgendwann nur noch für andere auf. Und jede Opferhaltung rächte sich später, indem man die Wut verspürte, selbst zu kurz zu kommen. Als Ärztin würde sie darauf achten müssen, in der Arbeit nicht eine »Ersatzbefriedigung« zu suchen – für die Unfähigkeit, selbst freudig und leidenschaftlich zu leben. Und auch als Mensch durfte sie ihre eigenen psychischen Befindlichkeiten und Bedürfnisse und schon gar nicht Emotionen hinter der Wissenschaft verstecken. Halleluja! Was für Einsichten! Auch wenn diese vermutlich für andere höchst banal waren: Für sie war das neu und daraus ergab sich ein Peil für die ganze Zukunft.

Emma schloss wieder die Augen und hielt inne, obwohl sie gerade auf das Fahrrad hatte steigen wollen. Die Erkenntnis eben war mega wichtig, die wollte sie für sich festhalten und sich noch einmal einprägen. Als sie die Lider wieder hob, nahm sie in gebührendem Abstand von mindestens eineinhalb Metern plötzlich einen Lockenkopf mit Rehaugen wahr. Das war Sokrates! Er lehnte an einem Baum.

»He!«, rief Emma. »Was machst *du* denn hier?«

»Reiner Zufall«, antwortete Sokrates verlegen und blieb wie angewurzelt stehen.

»Wie hast du herausgefunden, wo ich arbeite?«, fragte Emma und ging einen Schritt auf ihn zu.

»Ich hab tausend Euro für einen Detektiv bezahlt«, scherzte Sokrates grinsend und erklärte auf Emmas Lachen hin, dass sie ihm selbst das verraten hätte mit einer Nachricht zum Klinikum rechts der Isar und er nichts anderes zu tun gehabt hätte, als einfach geduldig auf sie zu warten. Denn es gäbe nichts Besseres auf der Welt, als auf eine Frau wie sie zu warten.

Emmas Herz pochte. Sie biss sich auf die Unterlippe. Wie lange hatte Sokrates hier gestanden und ihrer geharrt? Stunden? Er war das Gegenteil von Leo, der *sie* immer warten ließ.

Sie sahen sich in die Augen. Emma fiel nicht ein, was sie hätte sagen können.

Sokrates offenbar auch nicht.

»Und nun?«, fragte Emma dann doch, um das Eis oder die Verlegenheit oder was immer das war, zu brechen.

»Normalerweise hätte ich dich jetzt gefragt, ob wir einen Kaffee zusammen trinken«, meinte Sokrates schüchtern. »Aber jetzt geht das ja nicht mehr.«

Emma lächelte. Dieses schreckliche Covid-19 hatte sogar einen Vorteil – es war gar nicht so schlecht für unschlüssige Männerannäherungen. Es stand gar nicht im Raum, ob sie Sokrates nun zu sich einladen sollte oder nicht oder sie sich gar berührten. Es war schlichtweg verboten.

»Sollen wir auf der Bank vor meinem Haus noch einen Kaffee trinken? Gleich bei mir um die Ecke gibt es einen ›Coffee to go‹, da könnten wir einen holen und draußen mit Sicherheitsabstand reden«, schlug Sokrates vor.

»Gibt es auch gleich bei mir um die Ecke«, erklärte Emma. »Samt Bank vor der Haustür. Ist zwar eigentlich auch verboten, aber im Freien übertreiben sie es mit den Maßnahmen. Und falls die grünen Helfer kommen: Dann bist du einfach mein Lebensgefährte, okay?«

»Dann natürlich bei *dir* auf der Bank. Dann ist dein Heimweg kürzer«, erklärte er charmant.

Sie radelten los, holten sich einen Coffee to go samt Muffins, stellten die Fahrräder ab und wollten sich mit dem Getränk auf der Bank bei Emmas Wohnung niederlassen.

Aber diese Bank war bei ihrer Ankunft bereits besetzt – von Mom! *Holy shit!* Was gibt es Schöneres auf der Welt, als wenn das erste Rendezvous von der Mutter begleitet wird!

VINCENT

Vincent holte sich ein Glas Wasser aus der Küche und ignorierte das Geschirrchaos dort, nachdem er nun über Stunden hinweg sein Zimmer aufgeräumt, das Bad geputzt und seine Wäsche in die Maschine befördert hatte. Er rückte die vom Vormieter übernommene Schreibtischlampe etwas in die Ecke und öffnete den Laptop. Jetzt ging es echt darum, nicht mehr zu prokrastrinieren – wie Emma immer sagte – und den eigenen Scheiß zu regeln. Er arbeitete die Aufnahmepapiere noch einmal Schritt für Schritt durch.

Alle Bars waren zu, alle Mitbewohner entweder leise in ihren Zimmern oder auf den letzten Drücker noch zu den Alten in andere Bundesländer heimgefahren. Das WLAN in der WG schwächelte, sodass auch ein Stream keinen Spaß machte. Die Playstation hatte er schon vor vier Monaten verkauft, die zwei rein theoretisch infrage kommenden weiblichen Bekanntschaften hatten nicht auf Nachrichten reagiert. Die Kifferfreunde suchten hektisch nach Dealern, denn so viel war klar: Wenn niemand mehr über die Staatsgrenzen kam, kamen auch keine Drogen mehr ins Land. Shit für die Freunde, aber für ihn selbst der optimale Zustand, um das Leben endlich neu auf die Reihe zu kriegen. Keine Verführungen.

Denkste! Als er sich nach fünf Minuten endlich auf der FOS-Website zu den entscheidenden Seiten »Nachgereichte Belege« durchgeklickt hatte, klingelte es an der Haustür. Musste für jemand anderen sein, doch keiner der Mitbewohner bewegte seinen Arsch aus dem Zimmer. Nach wiederholtem Klingeln stand er auf und hängte seinen Kopf aus dem Küchenfenster. Unten war es so finster, dass er zwar die Umrisse einer männlichen Gestalt wahrnehmen, aber keinem Freund zuordnen konnte.

»Vincent?«, rief eine vertraute Stimme.

Moment! Das war Dad.

»Du hier?«, rief Vincent verdattert.

»Kannst du runterkommen?«, fragte Dad.

»Klar!«

»Das ist zwar jetzt eigentlich verboten, aber im Freien auf der Bank …«

Vincent unterbrach ihn: »Sollen wir das jetzt wirklich alles durch die Nacht plärren?« Jeder Idiot aus den anderen Stockwerken konnte mithören.

»Nein, natürlich nicht.«

Vincent steckte schnell das Handy in die Tasche, streifte sich eine Jacke über, um nicht ermahnt zu werden, und eilte die Treppe runter. War was passiert? Was wollte Dad hier abends um 22 Uhr? Da schlief er sonst doch längst auf dem Sofa.

Eine halbe Stunde später, nach einem Gespräch auf den Stufen eines Hauseingangs im Hinterhofgebäude und der Verabschiedung von Dad, wusste Vincent immer noch nicht, warum der Vater zu ihm gekommen war. Vincent kaufte ihm die Behauptung »In solchen Zeiten will man einfach den Sohn sehen« nicht ab. Dad hatte etwas von einem amerikanischen Traum gefaselt – den hätte er ihm aber ebenso gut am Telefon erzählen können. Und warum überhaupt jetzt gerade? Übertriebene Angst vor Corona hatte Dad definitiv auch nicht, dazu kannte er ihn zu gut. Das Einzige, was Vincent auffiel: Der Vater wirkte älter als sonst. Vielleicht sogar einsam.

»Gibt's ein Problem?«, hatte Vincent deshalb gefragt.

»Nein, gar nicht«, hatte Dad erwidert.

Da bohrte er natürlich nicht nach, schon gar nicht beim Alten. Entweder ein Typ wollte labern oder nicht.

Trotzdem erwähnte Vincent bei diesem Gespräch, was ihm schon länger immer mal wieder durch den Kopf geschossen war: »Sag mal, warum hast du eigentlich nie ein Problem? Gibt es wirklich keins, oder schiebst du das einfach weg, wenn Gefühle auftauchen?«

Der Vater wich seiner Frage aus mit einem Spruch, den er mal irgendwo aufgegabelt hatte: »Eine Ehe ist dazu da, Probleme gemeinsam zu lösen, die man allein nicht hatte.« Noch vor zwei Wochen hätte Vincent diese Äußerung als hochnotpeinlich bewertet. Jetzt tat ihm Dad leid. Der Vater versteckte sich hinter solchen Redensarten, weil er wohl gar nicht wusste, was er überhaupt fühlte. Ein Wunder, dass der niemals in Drogen abgerutscht war.

Aber er, Vincent, war auch kein Sozialonkel, der sich um väterliche Entwicklungsstörungen zu kümmern hatte. Deshalb hatte er mit seinem Vater über dessen Job, den »Schnösel-Chef« und darüber gesprochen, wie es nach dem Lockdown mit der Bundesliga weitergehen würde.

Nachdenklich ging Vincent wieder die Treppe nach oben zur Wohnung. Jetzt war es aber echt mal genug mit Familie und den Problemen der anderen.

Doch an der Wohnungstür tat sich ein neues Problem auf. Er hatte den Schlüssel vergessen. Die Haustür war immer offen, aber nicht die Wohnungstür. Er klingelte und klingelte. Penner, dachte er zuerst. Doch irgendwann wurde ihm klar, dass es deshalb vorher so leise in der WG gewesen war, weil alle Mitbewohner ausgeflogen waren, wohin auch immer bei all den Verboten.

Er hatte zwar kein Geld, keinen Autoschlüssel und keinen Fahrradschlüssel, aber immerhin eine Jacke und das Handy. Für Uber brauchte er kein Bargeld. Gab es den Fahrdienst momentan eigentlich noch? Vincent tippte das Ziel ein. Ja, in drei Minuten konnte ein Wagen kommen. Aber zu einem Kumpel wollte er nicht, denn er wollte niemandem ein Bußgeld zumuten, das drastisch ausfallen konnte in dieser Kontaktsperre. Außerdem wäre da wieder gesoffen worden. Und zu den Alten fuhr er ganz bestimmt nicht, der Besuch von Dad eben hatte gereicht.

»Schwesterlein, du weißt schon, wie toll du bist, oder?«, flötete Vincent ins Handy, nachdem Emma abgenommen hatte.

»Was willst du?«, fragte Emma harsch. »Wenn du so säuselst, brauchst du doch schon wieder irgendwas! Aber heute kommst du damit nicht durch, echt nicht. Jetzt ist mal genug mit Familie und den Problemen der anderen.«

Vincent schmunzelte und stellte sich auf ein längeres Gespräch ein. Er setzte sich auf den Fußabstreifer vor der Wohnungstür und lehnte sich mit dem Rücken an die Wand.

»Ich hab mich ausgesperrt. Dad klingelte, und ich bin nach unten gelaufen und hab nicht mehr an den Schlüssel –«

»Bei mir war Mom!«, unterbrach ihn Emma. »Hat mir auf der Bank draußen regelrecht aufgelauert!«

»Mom? Interessant! Hat die was gesagt? Laut Dad gibt es natürlich überhaupt kein Problem außer die Zuschauer bei den Bundesligaspielen wegen Corona!«

»Das Gleiche in Grün mit Mom«, antwortete Emma. »Alles super paletti außer ein klitzekleines Jobproblem … Du, aber ich hab jetzt … ich mein, ich arbeite jetzt jeden Tag im Krankenhaus, ich hab morgen Frühschicht, ich lieg schon im Bett …«

»Und wie heißt die Frühschicht in deinem Bett?«, fragte Vincent.

Kurzes Schweigen. Plötzlich: »Hi, ich bin Sokrates. Ich sitz aber nur am Tisch. Schöne Grüße.« Gar nicht mal so unsympathisch, die Stimme.

Na toll. Sogar die brave Emma erlaubte sich gesetzeswidrige Verrücktheiten, nur *er* saß hier mutterseelenallein vor der Wohnungstür. Hätte er wie früher Gras in der Tasche gehabt, hätte er sich sofort einen Joint gedreht.

Vincent überlegte, ob im Keller, dessen Vorhängeschloss er leicht würde knacken können, vielleicht noch eine Decke lag. Oder ob es nicht doch einen Kumpel gab, bei dem ein Besuch nicht gleich in Sauferei oder Kifferei enden würde. Oder ob er es nicht doch noch mal eine Nacht bei den Alten aushalten würde.

Und dann tauchte sie auf, im Flur. *Sie.* Sie ging an ihm vorbei zur Nachbarwohnung. Nein, keine Schönheit, kein Engel wie in Kitschfilmen, nix mit blonden langen Haaren. Sondern ein Mädchen, das er schon gesehen und ziemlich klasse gefunden hatte. Es war Emmas Freundin, mit der sie in diesem Restaurant gearbeitet hatte, ehe sie in die Nachtbar gewechselt hatte. Sie wohnte offenbar im gleichen Haus wie er, im selben Stockwerk sogar, und sie waren sich nur nie begegnet.

»Hi, Lara«, rief Vincent.

Sie blieb stehen. »Ah, du … Vincent!«

»Bingo! Der Vincent. Und der möchte neben dir schlafen.«

Lara lachte laut auf. »Beste Anmache ever. Aber wieso nicht *mit* mir?«

»Dafür kennen wir uns noch zu wenig«, erklärte Vincent schlagfertig. »Gut Ding braucht Weile, sagt mein Dad immer.«

Lara warf den Kopf in den Nacken und lachte schon wieder. Wie schön geformt ihr Mund war, und wie die Zähne darin weiß aufblitzten! Vincent senkte kurz den Kopf, um nicht weiter davon zu träumen, diesen Mund zu küssen.

Nach der Erklärung, dass er sich ausgesperrt hatte, lud Lara ihn in ihre ebenfalls entvölkerte WG ein. Lara zeigte ihm den Kühlschrank, neben dem er eine Flasche Wein entdeckte. Dann blickten sie, bei Kerzenschein auf einem breiten Sims sitzend, aus dem Fenster auf eine Stadt, die nicht nur schlief, sondern ausgeknockt war. Sie laberten bis zum Sonnenaufgang.

Irgendwann lag Vincent tatsächlich neben ihr im Bett. Er schlief nicht nur neben ihr, sondern mit ihr.

Später starrte er nur die neben ihm schlafende Lara an, ohne sich zu bewegen, um sie nicht zu wecken. Dabei hätte er vor Freude an die Decke hüpfen mögen – ab sofort war er kein Jungmann mehr.

GOTTLIEB

Angesichts der Kapriolen von Tochter und Schwiegersohn hieß in München das oberste Gebot »Zurückhaltung«. Es stand ihm ja nicht an zu werten, aber bei aller Liebe, fiel es ihm einfach schwer, die beiden kommentarlos zu beobachten, weil sie sich zunehmend wie Kindergartenkinder benahmen und offenbar den Restverstand über Bord warfen. Er hätte sie am liebsten beide einfach nur durchgeschüttelt. Aber genau das durfte er sich nicht erlauben, sich in das Menschliche, allzu Menschliche einzumischen. Erst jetzt verstand er den tieferen Sinn seiner dreijährigen himmlischen Urlaubssperre. Vorher wäre er den Liebsten noch zu nahe gewesen, um sie nicht sofort an Unglück stiftenden Handlungen zu hindern.

Franziska und Basti begegneten sich am späten Nachmittag im Hauseingang vor dem Aufzug. Franziska etwas außer Atem in Trainingsklamotten und Bastian mit einem Kasten Bier vor sich und dem Autoschlüssel in der Hand.

Bastian drückte den Knopf, um den Lift zu holen.

»Hallo«, sagte er.

»Servus!«, erwiderte Franziska beiläufig.

»Wo bist du denn gewesen?«, fragte Basti.

»Schwer zu erraten, unterwegs, oder? Und du?«, fragte Franziska spitz zurück.

»Auch unterwegs«, antwortete Bastian mit Blick auf das Bier. »An der Tanke kostet das Helle übrigens auch nicht mehr als beim Türken.«

»Sehr interessant«, entgegnete Franziska ironisch, woraufhin beide schwiegen.

Der Lift erreichte das Erdgeschoss. Basti stieg ein und hielt die Tür für Franziska auf.

»Danke, ich geh zu Fuß. Gut für die Figur«, bemerkte Franziska und nahm die Treppe.

»Blöde Kuh!«, entfuhr es Bastian leise.
»Arschloch!«, raunte Franziska nach den ersten Stufen.
Mein Gott!, dachte Gottlieb.

Bastian kam erwartungsgemäß vor Franziska im Wohnloft an und zögerte, ob er die Tür offen stehen lassen sollte oder nicht. Er schlug sie dann doch von innen zu, verstaute fünf der Bierflaschen im Kühlschrank und suchte in einer Schublade nach einem Öffner.

Franziska schloss die Wohnungstür auf, zog sich in der Garderobenecke die Laufschuhe aus und bemerkte ironisch: »Wirklich lieb von dir, die Tür für mich offen zu lassen.«

Bastian hatte den Öffner gefunden, nahm damit den Kronkorken ab und erwiderte: »Was weiß ich, vielleicht wäre es ja auch wieder eine Zumutung gewesen, dir die Tür aufzuhalten, wie beim Lift.«

»Nein, das war einfach nur eine kleine Gemeinheit.« Franziska hängte die Jacke auf, Bastian nahm einen Schluck aus der Bierflasche.

»Kleine Gemeinheit?«, fragte er. »Okay, ja, ich mach das Kleine, du verstehst dich auf das Große und Ganze! Auf die großen Gemeinheiten!«

»Wie bitte? Was soll das heißen?«, fragte Franziska empört. »Dürfte ich bitte mal vorbei?« Sie steuerte auf den Kühlschrank zu.

Bastian wich mit dem Bier in der Hand zurück. »Keine Sorge, ich werde dir sicher nicht zu nahe kommen! Und schon gar nicht, wenn du die abgelaufenen Kalorien gleich wieder mit einer Kühlschrankplünderung ausgleichst!«

Franziska schnappte nach Luft, nahm sich einen Joghurt, fasste sich wieder und warf einen verächtlichen Blick auf Bastians Bauch. »Das sagt der Richtige, bei dem alles schwabbelt und der seinen Arsch nur noch zum Bierholen hochkriegt!« Ihr Kalorienbewusstsein demonstrierend, schleckte Franziska mit einem Löffel den Joghurt ohne Zusätze.

Bastian blieb an der Küchentheke stehen, offenbar weil er sein Terrain für sich behalten wollte. »Ach, Franziska, bei Männern kommt es nicht auf den Bauchansatz an, im Gegensatz zu Frauen, die – um dich selbst zu zitieren – ab fünfzig auf ihren Körper achten müssen, wenn sie überhaupt noch wahrgenommen werden wollen.« Fast genüsslich lehnte sich Bastian mit der Bierflasche in der Hand an die Wand und musterte Franziska demonstrativ von oben bis unten.

Gottlieb korrigierte sich selbst. Nein, so benahmen sich keine Kindergartenkinder. Hier war ein offener Krieg ausgebrochen, wenn Bastian offene Geständnisse seiner Frau als Munition verwendete. Und seine Mathilde hatte mit ihrer Finte diesen Krieg erst angezettelt. Denn ohne das Eingreifen seiner Frau hätten sich die beiden doch schon längst friedlich getrennt.

Das Ehepaar starrte sich an. Franziska suchte offenbar nach Worten zu dieser Unverschämtheit, fand sie nicht, atmete tief durch und versuchte, sich zu beruhigen. Bastian biss sich auf die Lippen, fast so als würde er seine Worte bereuen.

Der Rechner Bastians piepste mit einem Rufton, ein Kamerasymbol blinkte, er wurde zu einem Videochat angerufen.

»Du kannst ruhig rangehen«, erklärte Franziska gefährlich ruhig und fügte hinzu: »Es ist schon wieder eskaliert. Wir sollten uns wirklich aus dem Weg gehen. In diesem Sinne: Ich hole mir jetzt eh ein Eis.«

»Der ist gut!«, lachte Bastian.

»Wieso?«

»Na, Eis essen gehen, so als ob nichts zu und alles wie immer wäre.«

»Die haben geöffnet, die Eisdielen«, erklärte Franziska souverän und zog sich wieder Schuhe an. »Übrigens: Seit ein paar Jahren gibt es auch die Erfindung ›to go‹!«

Damit eilte sie aus der Wohnung.

Bastian ließ das Bier stehen und wollte in sein Zimmer zum Videochat gehen, konnte sich aber sichtlich nicht konzentrieren. Er setzte sich auf den Schreibtischstuhl, überlegte, stand wieder auf, nahm seine Jacke, steckte den Schlüssel ein und verließ ebenfalls das Haus in Richtung Eisdiele. Dabei sah es nicht so aus, als hätte er bewusst denselben Weg wie Franziska eingeschlagen, denn als Bastian seine Frau in der Warteschlange bei der Eisdiele bemerkte, wollte er schon die Straßenseite wechseln, kehrte aber wieder um und stellte sich auch an, fünf Personen hinter seiner Frau. Franziska bemerkte ihn erst beim Bezahlen des Zitroneneises. Sie ignorierte ihn und ging hundert Meter weiter zur nächsten Bank, um es dort zu schlecken. Ihre Beine, die sie übereinanderschlug, wirkten nach dem konsequenten Training straffer und jugendlicher. Dazu die rosige Gesichtsfarbe. Sie sah wirklich attraktiv aus.

In der milden Märzsonne bestellte sich Bastian drei Kugeln Stracciatella, schleckte gleich die Spitze ab und sah sich nach einer freien Bank oder Sitzgelegenheit um. Aber alles war belegt. Er zögerte, ging Richtung Wohnung zurück, kehrte um und nahm wieder Kurs auf seine Frau auf dieser Sitzbank.

Er fragte sie aber nicht, ob er sich neben sie setzen durfte. Franziska wiederum tat so, als würde sich ein Unbekannter neben ihr niederlassen, und ignorierte ihn. Beide schleckten ihr Eis. Sie wurden gleichzeitig fertig.

»Nur für den Fall, dass du glaubst –«, setzte Bastian an.

Franziska unterbrach ihn: »Ich weiß schon, nein, du bist mir nicht nachgegangen, und du sitzt nicht gern neben mir, aber wegen der Abstandsregeln geht es nicht anders. Und ja, dir ein Eis zu kaufen, ist dir spontan eingefallen.«

»Stimmt!«, bemerkte Bastian verblüfft. »Du kennst mich doch ziemlich gut.«

»Mir wäre es lieber, du würdest dich selbst besser kennen!«, entgegnete Franziska.

»Was meinst du? Ist das die nette Variante zum ›emotionalen Krüppel‹?«

»So in etwa«, bestätigte Franziska und fügte fast versöhnlich hinzu: »Ich kapier einfach nicht, wie jemand so durch das Leben taumelt, wie geschubst, und so gar nicht hinterfragt, was er eigentlich will, und sein Leben nicht in die Hand nimmt.«

»Und *du* weißt, was du willst?«, fragte Bastian auch in einem fast freundlichen Tonfall. »Ja, wahrscheinlich«, beantwortete er sich die Frage selbst, »aber du hast es mir nie gesagt. Du hast mir noch nie gesagt, was wirklich mit dir los ist, du machst alles immer allein mit dir aus und stellst mich dann vor vollendete Tatsachen. Eine Art, wie ich sie sonst nur von Männern kenne.«

Wie ertappt blickte ihn Franziska an. »Emma hat auch gesagt, ich sollte mal lernen, meine Gefühle zu äußeren«, erklärte sie erstaunlich offen. »Ich hab sie neulich besucht, verbotenerweise«, fügte sie hinzu.

»Vincent hat auch gemeint, ich sollte mal lernen, meine Gefühle kennenzulernen. Ich hab ihn auch besucht, verbotenerweise«, erklärte Bastian versöhnlich.

Verblüfft von diesem offenen Geständnis des anderen lächelten sich beide an, ehe sie wieder schwiegen.

»Wir ziehen die Kinder mit in die Sache rein«, stellte Franziska schließlich fest.

»Ja« bestätigte Bastian. »Das ist ungut.«

»Du hast recht«, meinte Franziska.

Beide sahen einer Krähe zu, die sich die Waffelreste vom Gehweg aufpickte. Hubschrauber flogen über die Gegend, die Polizei kontrollierte wohl von oben die Einhaltung der Abstandsregeln im nahen Park.

Das Paar aus dem dritten Stock spazierte an den beiden vorbei, grüßte knapp und ging weiter, denn weder Franziska noch Bastian wirkten gesprächsbereit, sondern im Gegenteil ziemlich abweisend. Schließlich erhoben sich beide und gingen ohne Sicherheitsabstand zurück in die Wohnung.

Daheim vereinbarten sie eine neue »Hausordnung«, um sich besser aus dem Weg gehen zu können: immer an die Zimmertür des anderen klopfen, für sich allein essen, Lebensmittel nur für den eigenen Bedarf einkaufen, auf einem Zettel an der Badezimmertür eintragen, wann wer duschen wollte. Im Kühlschrank gehörten Bastian ab sofort die beiden oberen Fächer, die unteren Franziska. Sie würde weiter die Wäsche für beide machen, Bastian aber weiter die Spülmaschine ein- und ausräumen, denn es wäre wirtschaftlicher Unsinn, die jeweiligen Maschinen getrennt – also halb voll – zu benutzen.

»An diesen Minimalkonsens meiner Idee WG-like werden wir uns doch wohl halten können, ohne uns wieder in die Haare zu kriegen?«, forderte Bastian, und Franziska stimmte kopfnickend zu mit der Bemerkung: »WG-like ist eine gute Idee von dir, auch wenn sie ursprünglich von mir stammt.«

Kurz darauf setzten die beiden den Plan auch um. Wenn Franziska zur Toilette musste, aber den roten Riegel sah, zog sie sich wieder in ihr Zimmer zurück und wartete, bis sie die Spülung hörte und Bastians Schritte verrieten, dass er in sein Zimmer zurückgekehrt war. Bastian verfuhr genauso. Beide warteten nicht im Flur, bis der andere die Nasszelle verließ, sondern noch einen Tick länger – damit sie sich nicht mehr in der Wohnung über den Weg liefen.

Bastian stand meist sehr früh auf und besorgte sich als einer der Ersten im Supermarkt die Lebensmittel, Franziska wälzte sich meist erst gegen neun Uhr aus dem Bett, kochte sich einen Kaffee, joggte, fotografierte zunehmend bei der zweiten Runde und begann, sich mit Kollegen zu den Filmprojekten auszutauschen.

Von außen gesehen wirkten beide wie ein langweiliges Ehepaar, das mit den Ausgangsbeschränkungen ganz gut zurechtkam, und nicht wie eine Pulverfass-Melange zweier Emotionsallergiker.

FRANZISKA

Nach einem kurzen Blick aufs iPhone, das wieder keine Nachricht von Giovanni zeigte, stand Franziska auf. Okay, sie hatte ihm auch nicht geschrieben – und noch einmal traute sie sich nicht, ihn frivol ohne Slip anzurufen. Das war neulich ein spontaner oder vielleicht auch saublöder Einfall gewesen – unterbrochen jedenfalls von Bastis vorzeitiger Rückkehr.

Wenigstens begegnete sie dem Gatten nicht auf dem Weg ins Bad. Sie hörte ihn laut in seinem Zimmer telefonieren, zu irgendeiner Baustelle. Der hatte es gut – er konnte noch arbeiten. Sie hingegen stand jetzt schon den x-ten Tag in Folge auf und hatte nicht wirklich eine Aufgabe – weder Dreh, noch für die Kinder kochen oder den Haushalt am Laufen halten. Die Tage verschwammen zu einem unstrukturierten Brei, den sie mühselig mit einem »Reiß dich zusammen und suche Motive und verbessere die Fotografie« zu strukturieren versuchte. Wegen der abgesagten Aufnahmen wurden nun in der Branche zwar vehement neue Drehbücher weiterentwickelt und die Praktiker, wie sie als Kamerafrau, zu einer möglichen Umsetzung schon im Vorfeld befragt, aber im Prinzip warteten alle darauf, endlich wieder »richtig« arbeiten zu können.

»Absurd!«, hatte Franziska den Vorschlag der Produktion kommentiert, sich bis zu Lockerungen der Maßnahmen Gedanken zu einer filmischen Umsetzung zu machen. »Als ob ich im Geiste eine Szene mit Schauspielern planen könnte!« Aber nachdem so gar nichts zu tun war, hatte sie schließlich doch auch auf die Mails der Regisseurin geantwortet. *Kommt ihr finanziell denn zurecht?*, hatte die obligatorische Frage, die derzeit jeder stellte, gelautet. *Ja, es ist knapp, aber mein Mann kann weiterarbeiten,* hatte Franziska erwidert. Darauf kam die patzige Antwort: *Dann mach doch auf Hausfrau. Wir haben gar kein Einkommen mehr und die Kinder zur Beschulung daheim. Großer Spaß! Dein Luxusproblem hätt ich gern!*

Ohne Arbeit war sie natürlich stärker auf Bastian und das Eheproblem fixiert, als sie es sonst gewesen wäre. Wie die Hausfrauen früher, ohne eigenen Beruf und abhängig vom Gatten. Moment! Franziska hielt erschrocken inne. Jetzt war sie tatsächlich finanziell von Basti abhängig. Sie verdiente nichts mehr und hatte bei dem Produktionsvertrag keine Chance auf Kurzarbeit oder so Zeug wie Verdienstentschädigung, außer der Regierung fiel dazu noch etwas ein, wonach es aber nicht aussah. Denn für große Firmen wurden Rettungspakete geschnürt, aber nicht für kleine künstlerisch Selbstständige wie sie.

Der Gedanke erschreckte Franziska so sehr, dass sie geistesabwesend noch einmal zum Rasierer griff, obwohl sie sich gerade die Achseln enthaart hatte. Und noch ein Gedanke erschreckte Franziska unter der Dusche – angesichts all ihrer persönlichen Schwierigkeiten hatte sie gar nicht mehr an Mama gedacht. So rücksichtslos wird jeder, wenn er im eigenen Mist versinkt. Videotelefonate würde sie zwar mit der Mutter nicht mehr führen, denn da bekam diese zu viel Einblick in ihr Leben. Aber normal anrufen gebot der Mindestanstand. Die Mama saß allein in diesem Kaff, in diesem Haus – und hatte ein Herzproblem. Womit sie zu den Hochrisikopatienten zählte. *Shame on me,* dachte Franziska und beschloss, einen Tagesplan zu erstellen, um hier nicht völlig in ihrem Ehesumpf zu vergammeln. Während die Wassertropfen über ihren Körper perlten und sie bewusst zu dem teuren Rosenduschgel griff, um den Scheißstart in den Tag wenigstens mit einem guten Duft auszugleichen, schrieb sie im Geiste ganz oben auf die Liste des Tagesplans: *Mama anrufen.*

Nach dem Abtrocknen fiel ihr ein, dass im Badschrank ja noch die sündhaft teure Bodylotion von Suzi stand – ein Geburtstagsgeschenk der Freundin, das sie zunächst aufgespart und dann vergessen hatte. Sie hatte es damals weggeräumt, nachdem sie Basti voller Stolz gezeigt hatte, was sich Suzi zu ihrem Ehrentag hatte einfallen lassen, und er gebrummt hatte: »So funktioniert Kapitalismus, über Konsumausgaben für die angeblich Liebsten. Eine einzige Geschäftemacherei, dieses ganze Schenken!« Franziska hatte sich damals furchtbar über diese blöde Bemerkung geärgert, sie aber in irgendeinem Trubel mit den Kindern wieder vergessen – ja, genau, einen Tag nach ihrem Geburtstag hatte ihr Vincent mehr oder weniger die Kifferei gestanden, und

Emma hatte mit ihrem Geheule nach einem Streit mit der besten Freundin fast die ganze Wohnung unter Tränenwasser gesetzt. Und ein Dreh war an diesem Tag vorverlegt worden. Damals. Als es noch Leben inner- und außerhalb der Bude gab und sie im Trubel die Unverschämtheiten von Basti einfach hatte ausblenden können.

Wann, wenn nicht heute, sollte sie die wunderbare Lotion von Suzi verwenden? Eben! Während sie die Oberschenkel und Waden damit eincremte, überlegte Franziska, ob Basti wohl den Duft wahrnehmen und ihr wieder vorwerfen würde, eine Luxusgöre zu sein. Seine Bemerkungen zum iPhone waren gehässig gewesen, noch mehr die Blicke danach, wenn sie dieses Gerät benutzte. Na und?, hatte sie bisher immer gedacht, ich verdiene mein eigenes Geld, was geht es dich an?

Aber was nun, wenn die Drehs auch längerfristig abgesagt würden? Momentan sah es so aus. Denn alle Treffen mit mehr als hundert, nein, fünfzig, nein, noch weniger Leuten … also alle Treffen mit nicht Haushaltsangehörigen fanden nicht mehr statt. Shit. Sie war Basti ausgeliefert. Sie war finanziell abhängig von ihm. Und das würde er früher oder später ausspielen und sie zu dieser »Sparsamkeit« zwingen, eine Sparsamkeit, die in Wirklichkeit gar keine war, denn – so hatte Papa immer gesagt – »Jeden Schrott kaufst drei Mal!«. Das und vielleicht auch noch etwas anderes hatte er ihr mitgegeben, etwas, das sie bisher nicht so wahrgenommen hatte: Verschwieg sie wirklich zu oft alle Gefühle? Emma hatte ihr das auf den Kopf zugesagt – und Basti auch, auf der Bank bei der Eisdiele. Dabei hätte sie eher damit gerechnet, dass der Gatte einen Champagner für 1000 Euro kauft, die Mama nackt in die Kirche geht oder der Mond auf die Erde fällt, als dass ausgerechnet Bastian sich in dieser Art und Weise zu ihrem Innersten äußerte, ja, es überhaupt wahrnahm. Sprach sie zu selten aus, was sie empfand? Und wenn ja, warum eigentlich? Im szenischen Höhepunkt eines Filmes, den sie nach einem hervorragenden Buch mit Dubois gedreht hatte, schrie die Hauptdarstellerin ihren Liebhaber an: »Ich werde es dir nie sagen! Ich mache mich nur verwundbar, wenn ich dir meine Gefühle gestehe!« Franziska konnte sich auch deshalb so gut an diese Szene erinnern, weil sie daran fast drei Tage gearbeitet hatten. Immer und immer wieder war die Schauspielerin Dubois nicht gut genug gewesen, immer wieder hatten die beiden sogar vor der Crew erarbeitet, was der Preis dafür ist, sich schützen zu müssen – nämlich mangelnde Nähe zu den Liebsten. Hatte sie das als Kind nicht schon sehr früh geübt, um Mathilde nicht mehr ausgeliefert zu sein? Vielleicht war sie da wie der Vater.

Als Franziska am ganzen Körper mit der Edellotion eingecremt, sauber geschminkt und schön angezogen das Bad wieder verließ, beschloss sie, dass sie nichts zu verlieren hatte und ein neues Verhalten, wie Gefühle zu zeigen, ruhig einmal ausprobieren konnte. Basti stand vor ihr, auf dem Weg zum Herd und zum Kühlschrank, den sie einschlagen musste, um sich ein Frühstück zuzubereiten.

»Im Brotkorb liegen Semmeln, hab ich geholt«, bemerkte er freundlich. Klar, der konnte gut nett sein und ihr scheinbar großzügig frisches Backwerk mitbringen, wenn er sie jetzt finanziell in Schach halten konnte.

»Schön für dich«, erwiderte Franziska sarkastisch. »Aber hatten wir nicht eine WG-Vereinbarung?«

Basti wich einen Schritt zurück – gekränkt oder entsetzt? Egal. Was ging er sie an.

»Gut, wenn du so weitermachen willst, dann sollst du es haben«, bemerkte er ruhig, ging in Richtung seines Zimmers und drehte sich noch einmal um. »Ich bin vielleicht ein alter Trottel, ein geduldiger alter Esel, ein Depp, wie er im Buch steht … aber damit ist jetzt endgültig Schluss. Sonst verliere ich den Respekt vor mir selbst.«

Und weg war er, in seinem Zimmer verschwunden. Franziska hörte ihn gleich darauf wieder telefonieren, mit ruhiger Stimme. Sie blieb vor der Badezimmertür stehen, unfähig, die paar Schritte in den Küchenbereich zu machen.

So kannte sie Bastian nicht, dass er sich selbst und sein Verhalten kommentierte. Dass er sich selbst als »alten Trottel« bezeichnete, war höchst erstaunlich. Sollte dieser Mann tatsächlich Gefühle haben, sie auch noch verstehen und gar äußern können, wenn auch auf diese krude Art und Weise? Sollte sich bei ihm wirklich noch was bewegen oder gar ihre Worte bei dem Gespräch auf der Bank gefruchtet haben?

Franziska griff trotzdem lieber zum alten Brot als zu den frischen Semmeln und kam sich dabei albern und kleinlich vor. Die Fronten waren verhärtet. Es brauchte nur einen mini Trigger und schon ex- oder implodierte alles, und jeder handelte beleidigt.

Sie musste jetzt konsequent fotografieren, um sich damit einen neuen Namen und ein zweites berufliches Standbein aufzubauen. Nur so blieb sie unabhängig. Vielleicht war Basti ein alter Trottel – aber sie vielleicht auch eine komische Alte. Wer wusste das schon?

BASTIAN

»Ohne die vorläufige Genehmigung zur Weserstraße brauche ich gar nicht weitermachen!« Der Schnösel-Chef hatte schon wieder davon gesprochen, dass Bastian den Bauplan unter allen Umständen forcieren sollte. Wie lebensfremd war der eigentlich? In diesem Bereich des Straßenbaus galt sogar die Devise: »Wenn deine Kinder noch die Umsetzung erleben, bist du rasant schnell gewesen!« Als der Depp den Chefsessel bezogen hatte, hatte Bastian ja noch gehofft, der hätte wenigstens gute Kontakte zu den Behörden, wenn nicht sogar indirekte Schmiermöglichkeiten. Warum sonst hätten die alten Geschäftsführer diese Nullnummer auf diesen Posten hieven sollen? Inhaltlich völlig unterbelichtet, in der Mitarbeiterführung ein Autoritäts-Dinosaurier trotz smartem Gehabe und in der Kommunikation ein Komplettversager. Depp, ja. Ein anderer Begriff fiel Bastian nicht mehr ein zu dem Chef, der hier zu Videoschalten griff und alle auf Trab hielt – um sie zugleich gegeneinander auszuspielen. Lehrstunde Nummer eins, lieber, blöder Schnösel: Bring die Leute zusammen und lass sie an einem Strang ziehen. Motiviere sie für ein gemeinsames Ziel. Schwör sie als Gruppe auf eine Idee ein. Aber davon war der so weit weg wie die Erde vom nächsten Universum – oder er von Franziska.

»Dann bleiben Sie einfach dran an der Sache, Herr Schweighöfer«, erklärte der Chef nach Bastians Einwänden, weil ihm sonst nichts einfiel. Das Bild auf dem großen Monitor ruckelte und schien Bastian in der Verzerrung passend: Der Depp wurde damit zu einer Karikatur seiner selbst, stockend, immer wieder in einem falschen Grinsen festgefroren, nie zu einer entspannten Mitarbeiterführung fähig.

Bastian hatte idiotische Vorgesetzte bisher als Preis dafür in Kauf genommen, in Ruhe sein Geld zu verdienen und sich um nichts kümmern zu müssen. Wenn er krank war – selten genug der Fall –, bekam er trotzdem weiter sein Gehalt. Er musste sich nicht darum scheren, ob Aufträge für die Firma reinkamen oder ein Zulieferer pleiteging.

Er konnte in Ruhe seiner Arbeit nachgehen, seinen Gewerkschaftsbeitrag bezahlen, seine Familie notfalls allein ernähren und um 18 Uhr Feierabend machen.

Aber das war einmal – mit diesem Homeoffice, das jetzt alle so feierten, würde er sich niemals anfreunden ankönnen. Da war er doch dem Vorgesetzten noch viel mehr ausgeliefert als sonst – im Büro kam der Typ nur selten in seinen Raum. Jetzt aber schneite er andauernd in sein Zimmer, seinen Privatraum rein. Und Bastian hatte sich schon dabei ertappt, das Regal hinter dem Schreibtisch aufzuräumen, weil der Chef es ja sehen würde. Ging es eigentlich noch blöder?

Während sein Gegenüber mal wieder auf dem Bildschirm eingefroren war, überlegte Bastian, ob er es sich bisher nicht einfach zu bequem eingerichtet hatte mit dem Job. Hatte Franziska nicht schon vor Jahrzehnten vorgeschlagen, er solle sich selbstständig machen? Hatte nicht sein geschäftstüchtiger Bruder Christian immer wieder mal davon gesprochen, dass er selbst an seiner misslichen Lage mit einem idiotischen Chef schuld sei, wenn er seinen Hintern keinen Millimeter aus der Position des Festangestellten bewegen konnte? Außerdem hatte der Bruder ihm freundlich, aber bestimmt erklärt, dass er mit zunehmendem Alter immer träger würde, weil er keine Initiative mehr ergreifen musste und stattdessen nur Befehle auszuführen hatte. Und Vincent hatte noch eins draufgesetzt, als sie neulich nachts im Hinterhof sprachen: »Dad, bei diesem Chef bist du der ewige Loser!«

Vincent hatte leicht reden, der war jung und konnte alles neu anpacken. Aber Moment! Wie alt war *er* eigentlich? Zu alt für einen Neustart?

Noch während der Chef auf dem Monitor festhing, klopfte es an seiner Tür. Das konnte nur Madame sein, die sich entweder weiter in die Frühstückssemmel-Sache von eben hineingesteigert oder beruhigt hatte. »Herein«, konnte er aber so oder so nicht rufen, denn der Schnösel war ja bald wieder »leibhaftig« anwesend.

Außerdem würde er eh nicht mehr »Herein« zu Franziska rufen. Das eben war entschieden zu viel gewesen. Nach dem versöhnlichen Gespräch bei der Eisdiele und den WG-Vereinbarungen danach war sie aus heiterem Himmel wieder ausgerastet. Entweder sie hatte jetzt schon einen Corona-Koller oder einen schlechten Charakter. Ja, es ging bestimmt auch mit auf seine Kappe, dass sie sich ankeiften und ihre Abmachung, bei der Trennung keinen Rosenkrieg zu veranstalten, nicht einhielten. Aber Franziskas heutiges Verhalten war nicht mal mehr mit Wechseljahrsbeschwerden zu erklären. Das war doch eine Charakterfrage. Und der wahre Charakter zeigte sich unter Stress, also bei Schwierigkeiten. Wenn alles paletti war, konnte schließlich jeder freundlich und integer sein.

Der Chef erschien wieder bewegt auf dem Bildschirm und erklärte unerträglich aufgesetzt, wie er die Genehmigung zur Weserstraße vielleicht über Beziehungen doch noch vorantreiben könnte. Etwas, das Bastian in verschiedenen Varianten immer dann zu hören bekam, wenn der Depp im Prinzip nicht mehr weiterwusste. Für wie blöd hielt ihn der Chef eigentlich? Wie viel musste er eigentlich noch ertragen?

Bastian beschloss, den Stecker zu ziehen. Und zwar buchstäblich. Das alles war ihm *to much*, nicht mehr auszuhalten. Er würde hinterher behaupten, es hätte einen Stromausfall gegeben oder zumindest ein massives WLAN-Problem. Da der Chef ihn aber über den Laptop beobachtete, konnte er sich nicht einfach zur Mehrfachsteckdose bücken, das wäre aufgefallen.

Franziska klopfte wieder. Ja! Bastian rief dem *Chef* zu: »Moment«, und dreht sich um, um seiner *Frau* zuzurufen: »Herein!«

Im Umdrehen bückte er sich beiläufig und zog den Stecker aus dem Router.

Der Chef war weg. Franziska kam herein.

»Du, es tut mir leid, ich … ich weiß gar nicht, was ich sagen soll, das war nicht okay vorhin«, begann sie.

»Da sagst besser nichts mehr, ich lass mich nicht verarschen«, antwortete Bastian. »Kaum haben wir uns einigermaßen wieder auf die Reihe bekommen, tickst du erneut aus!«

Franziska stand wie ein begossener Pudel da und blickte verschämt nach unten. Sie tat ihm fast schon wieder leid. Aber nur fast – nein, bloß nicht mehr kriegen und am Schwanz ziehen lassen. Überhaupt, der Schwanz – gab es überhaupt noch einen bescheuerteren Mann auf der Welt, der es einfach so hinnahm, dass die Frau nicht mehr mit ihm schlief?

In seiner blinden Loyalität zu seiner Frau hatte er das Leben versäumt. Den Sex. Denn Sex war Leben. Sex machte Leben. Und das hatte er sich versagen lassen von der Luxusmadame, der er sich untergeordnet hatte. Sollte sie doch wie ein Häufchen Elend in seiner Zimmertür stehen!

»Hau ab!«, rief er ihr zu – und registrierte erst eine Sekunde später, dass der Chef trotz gekappter Verbindung auch wieder anwesend war und alles über den Bildschirm mitverfolgte. Das Handy hatte sich offenbar eigenmächtig eingewählt und eine Verbindung hergestellt, auch wenn Bastian nicht verstand, wie das ohne Router der Fall sein konnte.

Der Chef und Franziska starrten sich über den Bildschirm an.

»Hallo! Sie sind offenbar die Frau Schweighöfer«, grüßte der Chef.

Franziska lächelte gequält. »Haarscharf erraten, und Sie sind der Chef von Bastian?«

»Bingo!«

»Dann wird es Zeit, dass wir uns im realen Leben kennenlernen, wenn Corona endlich vorbei ist«, bemerkte Franziska erstaunlich souverän und entschärfte so die peinliche Situation.

»Liebend gern, wurde ohnehin schon lange mal Zeit für einen netten Abend«, bestätigte der Depp.

»Netter Abend?« Das würde der schrecklichste Abend seines Lebens werden, ein Abendessen mit dem Schnösel und noch dazu mit Franziska. Aber zu Corona-Zeiten wurde viel geredet und hinterher hoffentlich nichts eingehalten. Gott sei Dank!

Der Chef klinkte sich mit einem »Ich muss jetzt mal …« aus. Franziska bewegte sich aber nicht aus seinem Zimmer und blieb stehen.

»Was willst du noch hier? Haben wir nicht Abstandsregeln vereinbart?«

»Basti, ich …«

»Ich heiße Bastian und nicht Basti, und deine Entschuldigungen kannst du dir sonst wohin schieben«, antwortete er cool.

Franziska schossen Tränen in die Augen.

Fast wäre er zu ihr geeilt und hätte sie in die Arme genommen. Fast. Nein. Bloß nicht! Jetzt hatte sie doch, was sie wollte – er war sich seiner Gefühle wieder bewusst, doch sie waren wohl nicht mehr so wohlwollend wie in den Jahren zuvor.

Franziska blieb aufgelöst in der Zimmertür stehen, als wollte sie demonstrieren, dass auch sie Gefühle zeigen könne und nicht vor ihnen davonlief. Das hielt er nicht aus, dieses Elend, deshalb drehte er sich weg mit den Worten: »Kann ich jetzt weiterarbeiten, oder ist noch was?«

MATHILDE

Nachdem Mathilde auf die Idee gekommen war, Franziska auch einmal mit diesem Videocomputer anzurufen, eilte sie zu dem großen Schlafzimmerspiegel und sah sich darin an: Saß die Frisur, war sie ordentlich gekleidet und machte sie einen besonnenen Eindruck? Sie hatte die Haare nicht sauber aufgewickelt gehabt, und die Dauerwellen hatten sich ungeordnet in diffuse Locken verselbstständigt. Von der Figur her machte sie aber einen guten Eindruck. Bloß die Schürze, weiß mit blauen Rauten, trug nicht nur auf, sondern sie war auch noch dreckig! Spritzspuren vom Mixer, mit dem sie den Teig für den Schokokuchen gerührt hatte, waren auf den weißen Rauten zu sehen. Sie konnte unmöglich in so einer schmutzigen Schürze mit Franziska sprechen! Also, in diesem Videofall. Sonst schon. Denn die Tochter hätte die Spritzer bei einem persönlichen Gespräch wahrscheinlich gar nicht wahrgenommen, weil man sich dabei in die Augen sah. Da war Kleidung unwichtig. Aber vor so einem Gerät wie dem Computer stach das plötzlich ins Auge. Wie gut, dass sie dies noch bemerkt hatte. Noch etwas anderes bemerkte Mathilde allerdings mit dem Blick in den Spiegel: Sie sah ziemlich blass aus.

Na ja, sie hatte richtig schlecht geschlafen, hatte Bauchweh und eine Erkältung mit triefender Nase, und ihr war übel. Aber wie oft hatte sie das im Leben schon gehabt, ohne gleich so blass zu werden? Oder hatten die Meierhubers sie angesteckt? Nicht mit Corona, aber mit dieser Angst, man könnte sich das Virus holen? Nein, dem hysterischen Getue der Meierhubers würde sie sich nicht ausliefern, auch wenn sie noch so blass aussah und ihr schlecht war. Unpässlichkeiten gingen vorüber. Nachbarn wie den Meierhubers konnte man jedoch nicht so leicht trotzen, denn sie wohnten nebenan und gingen nicht vorüber. Man musste sie sich nur vom Hals halten. Indem man zum Beispiel nicht mehr im vorderen Garten auftauchte, um über den Zaun einem Ratschzwang ausgesetzt zu sein oder gar durch das Fenster in der Waschküche beobachtet wurde. Warum hatte sie sich eigentlich über all die Jahrzehnte deren »Beurteilungen« gefallen lassen und sich indirekt danach gerichtet, was die Leute redeten? Dabei hatte sie selbst als junge Frau oft gesagt: »Wer sich bei allen beliebt machen will, wird beliebig!«

Im nächsten Moment trug Mathilde die dreckige Schürze in die Waschküche ein Stockwerk tiefer, denn um diese Zeit hielten die Meierhubers ihren Mittagsschlaf. Sie würde das Stück mit anderer Buntwäsche waschen und später auf der hinteren Terrasse auf einem alten Wäscheständer und nicht im vorderen Garten auf der großen Wäschespinne aufhängen.

In der Waschküche sortierte Mathilde die Textilien und überlegte, ob es sich wirklich rentierte, für die wenigen Kleidungsstücke die Waschmaschine anzuwerfen. Vincent hatte beim letzten Besuch noch gescherzt: »Oma, ich komm jetzt regelmäßig, und dann kannst du meine Wäsche auch gleich mitmachen!«

Beide hatten gelacht und doch gewusst, dass es nicht zu empfehlen war, sich so schnell wieder zu sehen. Was für eine Gemeinheit vom Schicksal – da hatte sie nach Jahren endlich wieder so einen herzlichen Kontakt zu den Enkelkindern, und nun funkte dieses Corona dazwischen. Vincent und Emma sollten sie nicht mehr besuchen, weil sie zur Risikogruppe gehörte. Außerdem kamen die Meierhubers noch dazu – denen war jede Denunziation zuzutrauen.

Sie stellte den Wäschekorb in den Eingangsbereich, um nicht zu vergessen, dass die Maschine unten lief, und nahm die Treppe nach oben in den Wohnbereich im ersten Stock. Dabei wurde ihr Gang mit jeder Treppenstufe seltsamer. Mathilde kam es plötzlich so vor, als wäre Gottlieb wieder im Haus, dicht neben ihr. Als würde er sie begleiten, mit jedem Schritt. Bei jeder Treppenstufe fragte sich Mathilde, ob sie jetzt schon die ersten Corona-Schäden in sich trug und die soziale Isolation, von der alle sprachen, sich bei ihr darin äußerte, Gottlieb bei sich zu wähnen. Himmel! Der vor Jahren zufällig im gusseisernen Geländer des Treppenlaufs gelandete Rosenkranz bewegte sich wie durch unbekannte Hand. Der Fotokalender der Kinder an der Wand zeigte nicht mehr März, sondern schon April. Und das orthodoxe

Kreuz mit Goldeinlagen – ein Souvenir aus dem Griechenland-Urlaub mit Gottlieb anno 1993 – hing nicht mehr direkt neben dem Fenster, sondern zwei Meter weiter. Das konnte alles nicht sein! Sie sah Gespenster! Ihr gruselte. Ihr Herz pochte heftig. Das nächste Gebot hieß nun: »Beruhige dich!«

Na, das kann ja noch was werden, dachte Mathilde, nachdem sie auf der siebten Treppenstufe innegehalten und den wahren Feind ausfindig gemacht hatte: ihre Angst vor Altersverwirrung. Durch Corona lag etwas in der Luft und raubte ihr buchstäblich den Atem. Aber doch nur, weil das ganz neu für die Menschen war. Mathilde konnte sich noch an den Krieg erinnern und die Erzählungen ihrer Eltern und Großeltern von der Wirtschaftskrise. Aber so eine Pandemie war komplett neu. Dazu gab es keinen gemeinsamen Erfahrungsschatz, und das machte zusätzlich zur sozialen Isolation einsam.

Dagegen halfen nur drei Mittel: Gebete, telefonieren und eine allgemeine Gelassenheit, die dadurch zu erreichen war, alte Routinen wie das Wäschewaschen oder Kuchenbacken fortzuführen, auch wenn kein Besuch mehr kommen durfte. Dann würde sich auch dieses Unwohlsein in ihrem Körper wieder legen und das Bauchweh und die Übelkeit nachlassen.

Und überhaupt: Wie kam sie eigentlich dazu, nur an sich zu denken und sich so gar nicht mehr um die Tochter zu kümmern? Die hatte wohl gerade einen schweren Stand, sie musste sich mit Bastian in der Zweierisolation zusammenraufen. Und das war sicher nicht so einfach bei den beiden.

Mathilde eilte, ihre Unpässlichkeiten ignorierend, schnell zum Laptop. Womöglich brauchte die Tochter sie gerade mehr denn je!

Und dann dauerte es unendlich lange. Fast eine Stunde befasste sie sich mit diesem Laptop und Videotelefon, las alle handschriftlichen Notizen, die sie sich bei Vincents Besuch gemacht hatte, wieder und wieder, ehe sie erneut ein Knöpfchen drückte, um eine Verbindung zur Tochter herzustellen. Fast eine Stunde ging nichts vorwärts – aber dann sah sie plötzlich Franziska und rief erfreut: »Mauserl!«

»Mama!«, rief Franziska freudig zurück und setzte sich in ihrem Zimmer vor den kleinen Schreibtisch. »Wie geht es dir?«, fragte die Tochter. »Ich wollte dich auch gerade anrufen!«

»Gut«, erwiderte Mathilde, »mir ist nur ein bisserl schlecht, ich hab wahrscheinlich zu viel Schokoteig genascht, und die Meierhubers … also ganz ehrlich, sei froh, dass du in der Stadt wohnst!«

»Das sind ja ganz neue Töne«, antwortete Franziska amüsiert.

Erst jetzt bemerkte Mathilde – es musste der Übertragung geschuldet sein – Schatten im Gesicht der Tochter und deren verheulte Augen. Oder täuschte dieses Computerbild?

»Wie geht es denn *dir?*«, fragte sie.

»Ganz gut«, erwiderte Franziska.

»Ohne Arbeit? Die ist dir doch so wichtig! Oder darfst du drehen?«

»Nein, natürlich nicht, Mama. Das ist alles verschoben. Die machen jetzt Entwicklungsarbeit mit den Büchern.«

»Aber so eine Entwicklungsarbeit bringt ja dir nichts, du kannst ja nicht filmen.«

»Ja«, antwortete Franziska und strich sich nervös über die Augenbrauen, »aber das erste Ziel ist nun erst einmal, dass meine Produktionsfirmen und die Branche das Ganze überleben, also wirtschaftlich überleben … Und außerdem fotografiere ich jetzt wieder und baue mir einen Namen damit auf.«

Was war mit der Tochter los? Die Branche an sich war natürlich immer wichtig. Aber jeder, der zuerst mit dem Allgemeinen daherkam, hatte etwas Persönliches zu verbergen. Es kam eindeutig auf die Reihenfolge an. Wenn Gottlieb seinerzeit gesagt hatte: Der Klimawandel wird uns alle noch brutal erwischen, meinte er in Wahrheit nicht das Allgemeine, sondern dass der kleine Wald in ihrem Besitz an Wert verlieren würde.

Mathilde strich eine Dauerwellenlocke von rechts nach links und ging in die Offensive: Sie musste ansprechen, was Sache war, und zwar möglichst beiläufig, alles andere wäre Franziska aufgefallen.

»Wie geht es dir und Bastian? Ich meine, die Situation ist ja gerade nicht einfach, beide Kinder ausgezogen, und dann hockt ihr notgedrungen aufeinander wegen Corona. Das ist bestimmt nicht so leicht!«

Entweder starrte Franziska sie nur noch an, oder das Bild »fror« ein, wie Vincent es genannt hatte.

»Franziska?«, fragte Mathilde nach. »Bist du noch da?«

»Ja«, sagte die Tochter. Das Bild war wohl doch nicht eingefroren gewesen, nur die Tochter in Erklärungsnot und erstarrt.

»Mach dir keine Sorgen«, fuhr Franziska fort, nachdem sie sich sichtlich wieder gefangen hatte, und rief in die Wohnung: »Bastian, komm doch bitte mal her und grüße Mama! Sie macht sich Sorgen! Kennst sie ja!«

Bastian tauchte auf und winkte in den Monitor. »Servus, Mathilde, alles gut?«

»Klar!«

»Pass auf dich auf! Du gehörst zur Risikogruppe«, bemerkte der Schwiegersohn.

Mathilde schluckte. Ihr fiel plötzlich wieder ein, warum sie Bastian anfangs nicht so recht hatte leiden können. Bei dem war immer alles gut – oder »Schicksal«. Ihr Gottlieb hatte zwar auch solche Züge, aber der war zu neugierig gewesen, um einfach alles laufen zu lassen, und dann brachen bisweilen alle Gefühle vehement aus ihm heraus. Bastian war dagegen wie ein verwitterter Holzklotz. »Stoisch«, hatte ihn Gottlieb bewundernd genannt. Von wegen bewundernswert. Zum ersten Mal kam ihr der Gedanke, dass ein Leben mit solch einem Mann für die Tochter sicherlich auch nicht immer einfach war. Bastian kam ihr vor wie ein trockener Alkoholiker, der niemals zuvor Alkoholiker gewesen war.

Aber kaum wollte Mathilde das formulieren, wurde ihr so schlecht, dass sie sich übergeben musste und den Übertragungsknopf lieber auf »aus« stellte. Irgendwas stimmte gerade wirklich nicht mit ihr. Aber sie konnte keinesfalls schon wieder einen Rettungswagen rufen und im Krankenhaus einen Platz belegen, nicht in Corona-Zeiten. Und außerdem: Sie war doch kürzlich erst untersucht worden, und es war ganz eindeutig festgestellt worden, dass es keinerlei Grund gab, anzunehmen, dass ein Herzinfarkt drohte.

Als ihr wieder etwas wohler war, beschloss Mathilde, künftig lieber nur noch altmodisch zu telefonieren. Sie wechselte das Kleid mit dem Erbrochenen und ging erneut in die Waschküche. Jetzt würde sie die Waschmaschine heute noch einmal anwerfen müssen.

»Mathilde!«, schien ihr auf dem Weg durch das Treppenhaus schon wieder der Gottlieb mahnend zuzurufen.

»Reiß dich zusammen!« sagte sie zu sich selbst und schauderte kurz darauf in der Küche schon wieder. Das Bayerische Kochbuch, in dem sie heute noch nach einer Variation des Schokoladenkuchens gesucht hatte, war verblättert und auf der Seite *Schonkost bei Herzerkrankungen* aufgeschlagen. Der Wind konnte das nicht verursacht haben, denn zwischen den Seiten lag auch noch das blaue Lesebändchen. Das konnte doch nicht sein! Hatte sie es vielleicht früher schon, ohne sich daran erinnern zu können, einmal als Merkhilfe eingelegt? Das war die einzig mögliche Erklärung.

Sosehr sie Gottlieb immer geliebt hatte – zu einem Hausgeist taugte der verstorbene Gatte nun wirklich nicht. Dafür war er zu wenig vergeistigt, sowohl im katholischen als auch im esoterischen und im intellektuellen Sinne.

EMMA

Das nannte sich jetzt also Semesterferien. Von wegen Ferien! Emma hatte so viel wie noch nie in ihrem Leben zu tun. Neben dem Job in der Klinik musste sie tausend Kleinigkeiten organisieren, die in der Wohnung noch fehlten, und sprach sich mit Freunden, Vincent und Mama ab, wer wann wie und warum diese bisweilen an einem geheimen Ort wie im Spielhäuschen in ihrem Hinterhof ablegte. Dad brachte ihr einmal Glühbirnen, denn bisher hatte sie nicht daran gedacht, dass die Dinger ja kaputtgehen könnten und sie dann neue brauchte. Dass es so etwas auch in Drogeriemärkten gab, wäre ihr im Traum nicht eingefallen. Ihre Sinne hatten dort bisher nur Kosmetik oder bestenfalls noch Reinigungsmittel oder Klopapier wahrgenommen. Klopapier – von dem sie nun immerhin wusste, dass es auch nicht vom Himmel in Wohnungen fiel und es Typen wie Dad zu verdanken war, dass nur noch einzelne Packungen abgegeben wurden. Denn Mom hatte sie über seine Hamsterkäufe informiert. Zögerlich – die Wahrheit über den Zustand ihrer Ehe hatte sie aber nicht mal ansatzweise verraten. Wobei: Vielleicht ging es bei den beiden längst schon wieder aufwärts? Was wusste sie schon – und sie war auch froh, nicht mehr darüber zu wissen, denn das war ja nun entschieden deren Ding. Nach dem Einfädeln der Situation mit Oma Mathilde war sie jetzt raus aus der Nummer. Gott sei Dank. Denn die Organisation der Wohnung war noch das geringste zeitliche Problem Emmas. Sie kämpfte vor allem an anderen Fronten: Wann und wie der Lehrbetrieb an der Uni wieder aufgenommen wurde, stand in den Sternen. Doch die Profs empfahlen alle, »sich schon mal in die Fächer zu vertiefen«. Was sollte das bitte schön heißen? Von einem Prof kam die Ansage, Medizingeschichte könnten sich ja nun wirklich alle Studierenden reinziehen, das sei reine Lernerei. Und gut, das machte sie auch – ohne Bibliotheksbesuche, aber der Prof schickte immerhin relevante Skripte und verwies auf Literatur, die plötzlich auch online zu erhalten war.

Während Emma sich sofort das Thema »Spanische Grippe« als Seminararbeitsthema gesichert hatte und sich bemühte, von ihrem Schreibtisch aus nicht auf die Wohnung zu blicken – es fehlten noch: eine Pflanze, ein kleiner Teppich, eine Stehlampe, ein Regal und ein Wäschetrocknergestell –, und bei einem Nachmittagstee aus Skripten exzerpierte, glitten ihre Gedanken schon wieder ab – zur Arbeit in der Uniklinik und zu Sokrates und Leo. Der Job in der Klinik war top. Jeden Tag erwies sie sich für die Menschheit, oder vielmehr für die Münchner, nützlich. Jeder Abstrich, den sie nahm, schützte letztlich nicht nur das medizinische Personal, sondern auch all diejenigen, die als Patienten in die Klinik aufgenommen werden mussten. Außerdem packte sie noch zusätzlich im Uni-Krankenhaus mit an und half beim Umbau der Stationen, um für einen möglichen größeren Bedarf an Intensivbetten gerüstet zu sein. Sie schob Betten durch die Gänge, sie half Beschilderungen für Patienten an den Seitenwänden sowie Abstandsmarker auf dem Boden anzubringen. Sie überprüfte neu gelieferte Beatmungsgeräte mit Pflegern auf ihre Tüchtigkeit und besprach mit dem Reinigungspersonal Schutzvorkehrungen. Bis zu zwölf Stunden hatte sie in den vergangenen Tagen gearbeitet, heute hatte ihr der Chef eine Zwangspause verordnet. Und er hatte ja recht, ohne Erholung machte das medizinische Personal mehr Fehler.

Die Arbeit in der Klinik machte nicht *Spaß*, das war der falsche Begriff. Ihr Job erfüllte sie vielmehr. Manchmal, wie jetzt gerade beim Exzerpieren von Informationen über die Spanische Grippe, kam ihr Corona fast wie ein Glücksfall für sie persönlich vor, und Emma schämte sich deshalb ein wenig, aus einer Pandemie einen persönlichen Gewinn zu ziehen.

Emma hob den Kopf. Sie war über den Papieren neben den Medizinbüchern eingeschlafen. Die Uhr am Rechner zeigte 3:47 Uhr. Shit! Sie gehörte ins Bett, um sieben Uhr musste sie schon wieder raus, um acht Uhr in der Klinik sein. Zähne putzen konnte heute ausnahmsweise mal ausfallen, sie brauchte sich ja nur auszuziehen, umzudrehen und ins Bett zu fallen. Gähnend checkte sie noch schnell WhatsApp – nur Vincent, Leo und Sokrates. Also nichts Wichtiges, dachte Emma, über sich selbst amüsiert. Die Typen konnten alle bis morgen warten, *mussten* bis morgen warten.

Doch ganz so schnell lag Emma doch nicht im Bett. Sie starrte auf das Lehrbuch am Rand des Schreibtisches, das sie doch heute gar nicht aufgeschlagen hatte, oder hatte sie das nur vergessen? Es war eine Seite geöffnet, die sie nicht kannte, wenn ihre Sinne sie nicht trogen. *Klinische Beschreibung eines Herzinfarktes bei Diabetes II,* lautete die Überschrift. *Sehr schwer zu diagnostizieren, häufig übersehen* stand als *Das Wichtigste in Kürze* darunter.

Emma blickte zum Fenster, um sich zu vergewissern, dass es nicht offen war und kein Luftzug die Seite aufgeblättert hatte. Dann dachte sie: Ja, es gibt so viel Unerklärliches, bei Gelegenheit könnte man ja mal valide Studien dazu anstellen, aber nicht gerade jetzt. Im Moment hat die Menschheit anderes zu tun.

Mit dieser Überlegung zog sie schnell den Vorhang zu, sich selbst aus und schlüpfte in das kuschelig warme Bett. Ihre Augen fielen zu – aber vor dem Einschlafen versuchte sie noch einen Vergleich zu ziehen: Wer von den beiden war dem verehrten Professor Drosten ähnlicher? Sokrates oder Leo? Rein äußerlich natürlich Sokrates mit den dunklen Locken, aber das Äußere zählte nicht. Aber wer von den beiden glühte mehr für eine Sache? Emma versuchte im Kopf, Plus- und Minuspunkte zu sammeln. Aber wie dumm war das eigentlich?

Solche Entscheidungen unterlagen doch keinen naturwissenschaftlichen Gesetzen oder gar einem Multiple-Choice-Verfahren. »Liebe geht nur nach dem Bauchgefühl«, überlegte Emma und beschloss im nächsten Moment, besser gar nichts mehr zu überlegen oder zu denken, um nicht noch tiefer unter Banalitäten wie »Liebe geht nur nach dem Bauchgefühl« zu sinken.

VINCENT

Yes! Vincent stieß triumphierend den Arm mit der Faust nach oben und starrte auf die E-Mail. Die Oma hatte recht gehabt! Wegen Corona akzeptierte die Fachoberschule ausnahmsweise seine zu spät nachgereichten Dokumente. Vincent lief in die Küche und kündigte den Mitbewohnern für heute Abend eine Feier an, zu der sie eingeladen wären, selbstverständlich nur mit Gustl. Wichtiger als der Putzplan war den Jungs für ihr Zusammenleben die Einigung auf das beste Bier ever gewesen: das Augustiner Helle, kurz Gustl genannt. Vincent eilte los, um einen Kasten zu besorgen. Das musste einfach gefeiert werden – er bekam sein Leben endlich auf die Reihe und würde das Abitur nachmachen!

Im Hausflur überlegte Vincent, ob er Lara auch einladen sollte, denn es gab ja für ihn noch einen zweiter Grund zum Feiern, den er aber niemandem mitteilen würde – er hatte zum ersten Mal mit einer Frau geschlafen. Aber sie bedeutete ihm nichts. Und wenn er sie dazu bat, machte sie sich vielleicht falsche Hoffnungen, denn er vermutete, dass sie in ihn verliebt war. Vincent hatte sich bisher zwar nie auf seine berufliche Lebenstüchtigkeit verlassen können – aber immer auf sein Bauchgefühl.

Beschwingten Schrittes nahm er den Weg durch den kleinen Park, zwinkerte einem Mädchen zu und scherte sich nicht darum, dass es nicht reagierte. Er umrundete eine Mutter mit einem schreienden Kleinkind, das sich trotzig auf den Boden warf – und hatte dabei eine Idee: Wenn er jetzt schon nicht wie geplant jobben konnte und die mit den Kumpels geplanten Reisen nach Brüssel, nach Polen und nach Paris ausfielen, konnte er den Lockdown doch nutzen: und zwar mit dem Erlernen einer zweiten Fremdsprache. Bisher hatte er nur daran gedacht, das Fachabitur nachzumachen. Für eine allgemeine Hochschulreife brauchte es eine zweite Fremdsprache, und bisher war ihm die Zeit dafür zu schade gewesen. Aber jetzt? He, das war doch eine gute Idee! Und Sport – er würde jetzt jeden Tag daheim ein Fitnessprogramm absolvieren, gleich nach dem Aufstehen. Ab sofort brachte er sein Leben auf die Reihe!

Vincent klingelte bei Bens Mutter. Der Kumpel war nach Berlin zu seinem Vater gefahren, um lieber dort in der sozialen Isolation zu leben. Er hingegen traute sich zu, allein zurechtzukommen. Bens Mom war daheim, und ja, Ben hatte die Hanteln nicht mit nach Berlin genommen, die könne sich Vincent gern ausleihen.

Vincent steckte die Sportgeräte in den Rucksack, kaufte den Kasten Gustl und begann so schon mit dem Training, denn es war einiges zu schleppen. Im Park zwinkerte er wieder einem Mädchen und dessen Freundin zu, beide lächelten zurück und kicherten ein wenig. Wirkte er nicht total anders auf Frauen, seitdem er Sex mit Lara gehabt hatte? Das machte Spaß. Und mit seiner Abi-Perspektive dazu bekam das ganze Leben einen neuen Drive. machte das ganze Leben wieder mehr Spaß.

Bis sich ein Stimmungskiller, der sonst keiner war, meldete, nämlich Mom.

Find ich nicht in Ordnung, dass du dich gar nicht mehr rührst, schrieb sie beleidigt auf WhatsApp.

Vincent setzte den Bierkasten ab und tippte gleich eine Antwort. *Du meldest dich ja auch nicht!*

Ich lauf dir doch nicht nach, ich will nicht aufdringlich sein.

So einen beleidigten Ton kannte er von Dad, aber nicht von ihr.

Hast du ein Problem?, schrieb Vincent provokativ und setzte sich auf eine Bank. Natürlich hatte sie ein Problem. Mit Dad. Aber sie würde es ihn nicht wissen lassen und schon gar nicht, wie der aktuelle Stand zu der geplanten Scheidung war oder ob Omas Plan aufging. Warum sollte er sich also bei ihr melden und nachfragen, wenn sie Grundsätzliches verheimlichte?

Hast du *vielleicht ein Problem?,* schrieb Mom zurück, samt wütendem Emoji.

Okay. Es war ernst. Dazu kannte er sie zu gut. Er rief an.

»Hör mal, Mom, wenn du mich sehen willst, sag es einfach, dann machen wir das, auch wenn Besuche verboten sind«, begann er.

»Seit wann hältst du dich an Verbote?«, keifte Mom. Nein, das war kein Keifen. Das klang eher nach Verzweiflung.

»Jetzt mal ehrlich, Mom: Geht es dir nicht gut? Du klingst so … also echt gestresst!«

Kurzes Schweigen. Weinte sie? »Ja, okay, du hast recht, mir geht es nicht so gut.«

»Und warum nicht?«

»Weil, weil … also dieses Eingesperrtsein … das macht mich irgendwie verrückt.«

Okay, wusste er es doch. Kein Wort zur Ehekrise, wieder eine Ausrede. Nahm sie ihn eigentlich nicht ernst? Als Erwachsenen, dem sie von ihren Beziehungsproblemen erzählen konnte?

»Wenn du nicht darüber reden magst, ist das deine Entscheidung«, antwortete Vincent. »Aber dann sag es halt auch so. Du hast mir mal beigebracht, straight zu sein.«

Er hörte sie leise schluchzen. »Später vielleicht, ich weiß auch nicht, ich wollte nur mal … also offen erzählen, dass es mir nicht so gut geht.«

Vincent hörte nicht mehr richtig zu, denn plötzlich sah er einen Schatten und kurz darauf zwei Bullen vor sich stehen.

»Und was machen wir hier? Bier trinken im Park mit Kumpeln?«, fragte der männliche Polizist. Vincent bemerkte erst jetzt, dass ein Typ schräg hinter ihm wohl einfach ein Gustl aus seinem Kasten geklaut hatte und es nun grinsend trank. Von Mom abgelenkt, hatte er dies nicht bemerkt.

»Vincent?«, hörte er sie ins Handy fragen.

»Ausweis!«, forderte die Polizistin.

»Der Typ da hat sich das Bier einfach genommen! Ich telefoniere gerade mit meiner Mom, die einen Isolationskoller hat«, erklärte Vincent den Beamten.

Beide grinsten. »Das kannst du deiner Großmutter erzählen.«

Vincent hielt der Beamtin sein Handy hin. »Bitte, überzeugt euch!«, sagte er.

»Hier ist die Polizei. Mit wem spreche ich?«, fragte die blonde Beamtin tatsächlich seine Mutter. Er hörte Moms Antwort nicht, aber die ließ sich erschließen.

»Nein, Ihrem Jungen ist nichts passiert! Keine Sorge, wirklich nicht.« Der Polizistin schien erst jetzt klar zu werden, wie sehr sie Mom mit ihrer Ansage erschreckt hatte.

»Bitte beruhigen Sie sich!«, ergänzte sie kurz darauf. »Das ist nur eine Routinekontrolle.«

Mom antwortete wohl aufgeregt, denn die Beamtin gab ihm das Handy zurück mit den Worten: »Sagen Sie es ihr selbst.«

»Mom, alles in Ordnung«, bestätigte Vincent. Und weil er wusste, dass ihm nun nichts mehr passieren konnte, fügte er ironisch hinzu: »Unsere bayerischen Beamten sind einfach sehr engagiert, Mom, das verstehst du doch bestimmt, bei so jungen Typen wie mir kann man nie wissen, ob sie nicht gerade einen Dealer treffen.«

»Vincent, jetzt provoziere sie doch nicht noch!«, ermahnte ihn Mom streng und so laut, dass die Beamten das hörten.

Die junge Polizistin mit dem blonden Pferdeschwanz lächelte Vincent an.

»Meine Mutter ist auch so«, stellte sie versöhnlich fest.

»Und meine sagt immer noch, ich soll eine Jacke anziehen, wenn ich rausgehe«, fügte der Bulle neben ihr hinzu, der bestimmt schon dreißig Jahre alt war.

»Na, dann sollten wir vielleicht auf unsere Moms anstoßen«, schlug Vincent schelmisch vor, holte zwei Bierflaschen aus dem Kasten und bot sie den Beamten an.

Selbstverständlich gingen sie nicht auf die erneute Provokation ein, aber der Mann verdrehte die Augen. Wäre Mom nicht mehr in der Leitung gewesen, hätte Vincent gefragt: »Warum verdrehst du die Augen? Suchst du dein Gehirn?«

GOTTLIEB

Dass er Mathilde und Emma Hinweise gegeben hatte, lag in einer rechtlichen Grauzone, denn er durfte sich ja nicht einmischen und hoffte deshalb, dass dies ganz oben unbemerkt blieb. Aber bei Mathilde braute sich wirklich etwas zusammen, so gut kannte er seine Frau. Warum hatte sie auch nur dieses dreiste Schauspiel angezettelt? Wenn jetzt wirklich etwas mit ihrem Herzen nicht in Ordnung war, glaubte ihr das doch keiner mehr. Ausgerechnet er, der als Lebender immer gepredigt hatte, man solle sich nirgends einmischen, musste jetzt handeln. Er wollte auch Franziska noch etwas andeuten – aller guten Dinge waren schließlich drei –, aber bei der Tochter und Bastian ging schon wieder die Post ab. Gottlieb entfuhr bei seiner Ankunft im Wohnloft fast ein »Zefix«, denn bei denen drehte sich schon wieder alles nur um sie selbst und führte zu einer Verengung des Blickwinkels für andere – seine Hinweise würden sie deshalb gar nicht erst wahrnehmen.

Franziska rief in ihrem Zimmer laut: »Die Verbindung ist weg! Vincent!«, und eilte nach kurzem Warten aufgebracht mit dem Handy in den Küchenbereich, wo sich Bastian gerade gemütlich eine Brotzeit mit Wurst und Käse zubereitete und eine Gurke schnitt.

»Basti … da war was mit der Polizei und Vincent!«

»Was ist denn passiert?«, fragte er und hielt im Schneiden inne.

»Eigentlich nichts, glaub ich, aber Polizisten an Vincents Handy haben mit mir gesprochen!«

»Warum?«

»Das weiß ich auch nicht genau, er hat vielleicht die Kontaktbeschränkungen nicht eingehalten, oder vielmehr doch, wie sich dann herausstellte.«

Bastian musterte sie fragend. »Was willst du mir sagen?«

»Dass die Polizei angerufen hat und ich einen Riesenschreck bekommen habe, also genauer, sie hat gar nicht angerufen, die Polizei, sondern …«

Bastian wich einen Schritt zurück und unterbrach sie unwirsch: »Was soll das Franziska? Willst du mich beschäftigen? Oder was willst du eigentlich?«

Franziska zuckte zusammen, zitterte kurz, schluckte und wusste nichts darauf zu antworten. Sie schüttelte nur stumm den Kopf, richtete sich dann aber auf.

»Okay, wie du willst«, drohte sie. »Wenn du mich nicht mal ausreden lässt, werd ich dir nichts mehr von den Kindern berichten, ich hatte fälschlicherweise gedacht, wenigstens darüber könnten wir uns noch neutral unterhalten. Aber nicht mal das geht mehr.«

»Ach!« Bastian verzog den Mund zu einem ironischen Grinsen. »Und daran bin natürlich ich schuld.«

»Wer sonst, nach so einer Reaktion wie gerade eben«, erwiderte Franziska scharf. »Und übrigens«, fuhr sie fort, »wenn wir schon beim Thema sind: Weißt du eigentlich, dass die Kinder dir irgendwann nie mehr etwas davon erzählt haben, wenn was passiert war? Weil du nie einen Funken Verständnis für sie aufgebracht hast, sondern ihnen immer, wenn etwas passiert ist, sofort die Schuld gegeben hast. Als Vincent der Boxsack auf die Zehen gefallen ist, ist von dir sofort gekommen: ›Wieso hast du ihn nicht besser befestigt?‹ Und als Emma wegen der Fünf in Mathe geweint hat, hast du bloß gesagt: ›Dann hättest du halt mehr lernen sollen, brauchst dich jetzt nicht zu beschweren!‹«

»Das hab ich nicht gesagt!«, verteidigte sich Bastian.

»Doch!«

»Nein.«

»Doch!«

»Na, du weißt es sicher besser als ich, wie alles andere auch«, bemerkte Bastian ironisch und begann demonstrativ wieder das Gemüse zu schneiden. »Aber ich hab mit ihr dann gepaukt, während du Filmfeste gefeiert hast!«

»Du weißt genau, dass das in der Branche dazugehört, sich dort sehen zu lassen. Das ist Job und kein Spaß! Und überhaupt, wie komm ich eigentlich dazu, mich vor dir zu rechtfertigen? Zwanzig Jahre lang hab ich neunzig Prozent der Erziehung übernommen, neben dem Job, und du zehn Prozent, neben dem Job!«

Bastian zeigte ihr den Vogel. »Du verwechselst den Prozentsatz mit dem Arroganzsatz … aber das ist mir jetzt auch egal. Hab schon kapiert, dass ich eine moralische Sau bin, brauchst du nicht zu wiederholen.«

»Spinnst du? Darum geht's doch gar nicht!« Franziska stellte sich breitbeinig hin. Ihre Augen funkelten. »Und bevor du jetzt sagst: ›Ist noch was?‹, und mich wegschickst, geh ich freiwillig. Du tust mir leid. Du kannst nicht mal die Mutter deiner Kinder auffangen, wenn sie sich um die kleinen Großen sorgt! Und kein Wunder, dass man dir nichts erzählt, weder die Kinder noch ich. Du verurteilst immer sofort, statt dass du versuchst, etwas zu verstehen.«

»Hatten wir nicht eine Abstandsregelung?«, fragte Bastian hämisch.

Sie starrte ihn an und wich trotz ihrer Ankündigung nicht zurück. Bastian funkelte sie ebenfalls an.

»Zwischen uns geht wirklich gar nichts mehr. Ohne Corona wäre ich sowieso sonst längst in einem Hotel.«

»Nein«, widersprach Bastian, »ohne Corona wäre *ich* schon längst weg bei Christian.«

Franziska wandte sich ab, drehte sich aber noch einmal um.

»Schade, dass ein Gespräch auf sachlicher Ebene nicht mehr möglich ist«, stellte sie fest.

»Sachliche Ebene? War das eben eine sachliche Ebene?«, entgegnete Bastian.

»Hör mal, ich hatte eine Polizeibeamtin an Vincents Handy in der Leitung und dachte, ihm ist was passiert. Und da soll ich sachlich bleiben? Hast du sie noch alle? Sehr interessant, wie du das siehst mit Emma und Vincent, so wie eine Geschäftsbeziehung.«

Jetzt versuchte Bastian, die Fassung zu bewahren, und überlegte sich wohl erst die Worte, die er dann aussprach. »Ich liebe meine Kinder, und das weißt du genau. Und jetzt versuchst du nur, mir einen Strick daraus zu drehen, dass ich deiner hysterischen Reaktion nicht gefolgt bin.«

»Hysterische Reaktion? Wenn du am Apparat gewesen wärst, hättest du mit dem Festnetz 110 alarmiert, obwohl du gerade mit der Polizei sprichst! Nein, hysterisch bin ich nicht, diesen Schuh zieh ich mir nicht an!«

Sie starrten sich wieder an. Ein emotionaler Kampf mit jeweils sich selbst und dem anderen, ohne Worte. Der Rechner von Bastian piepste, er wurde zu einem Videochat angerufen.

»Du kannst auch diesmal ruhig rangehen«, sagte Franziska ironisch, »auch wenn wir uns gerade so nett unterhalten.«

»Danke für die Genehmigung, dass ich arbeiten darf und Geld für uns verdiene, für dein nächstes iPhone«, zischte Bastian.

»Ich hab gar nicht gewusst, dass dein Gesprächsniveau bis zur anderen Seite der Erde sinken kann«, raunte Franziska gefährlich ruhig, ehe sie laut schrie: »Jetzt zeigst du dein wahres Gesicht, du Pseudo-Feminist!«

Bastian schloss eine Fenstertür. »Sollen das alle Nachbarn mithören?«

»Ja! Gern! Sollen alle Nachbarn ruhig zuhören!«, schrie Franziska, drückte sich an Bastian vorbei und öffnete das Fenster wieder. »Was du hier bringst, ist das Allerallerletzte! Ich hab immer mehr oder weniger die Hälfte Geld verdient, trotz der Kinder, um die ich mich außerdem immer gekümmert habe, während du auf dem Sofa Krimis geguckt hast. Und jetzt hättest du endlich mal was gutzumachen. Aber nein, du nutzt meine Corona-Lage aus, um mich in deine Abhängigkeit zu zwingen. Hallo, Nachbarn? Hört ihr?«

»Spinnst du komplett?«, rief Bastian und schloss das Fenster wieder. »Hast du gar keinen Anstand mehr?«

»Ach!«, zischte Franziska. »Angst vor Zeugen? Ja, klar, was die anderen denken, ist natürlich ganz, ganz, ganz wichtig für jemanden, der kein Spießer sein will!«

Bastian atmete kurz und flach, ehe er wütend das Wasserglas, das auf der Küchentheke stand, an die Wand schleuderte. Das Glas zerbrach, auf dem Boden breitete sich die Flüssigkeit aus.

Entsetzt starrte nicht nur Franziska, sondern auch er auf diese Stelle.

»Ich gehe jetzt besser«, sagte Franziska schockiert und drehte sich um.

Wenn Gottlieb es richtig interpretierte, stand Bastian die Scham über seinen Gewaltausbruch ins Gesicht geschrieben. Aber das sah Franziska nicht mehr. Sie verschwand in ihrem Zimmer und schloss schnell die Tür hinter sich ab. Sie setzte sich auf die Bettkante und vergrub den Kopf in den Händen.

Bastian klopfte und sprach durch die Tür. »Es tut mir leid, Franziska, das hätte nicht sein dürfen. Du weißt, dass ich dir niemals etwas antun würde.«

»Ja, klar, das weiß ich«, antwortete Franziska. »Aber so … so kenne ich dich nicht!«

»Ich mich auch nicht«, murmelte Bastian. »Das darf nie wieder vorkommen.«

»Aha«, dachte Gottlieb. Schlauer Schachzug. Sich für ein singuläres Verhalten entschuldigen, aber selbstverständlich nicht die Hintergründe auf den Prüfstand stellen. Rhetorisch perfekt. Den Mechanismus konnte man nur als Außenstehender verstehen, aber nicht, wenn man – gar noch als Partner – involviert war.

»Es war nur Gewalt gegen eine Sache«, beruhigte Franziska ihn und sich. »Ich hab das ja auch schon gemacht.«

»Ja, ich weiß, aber es war gewalttätig, und das ist bei Männern etwas anderes«, sagte Bastian.

Franziska stand auf und öffnete die Zimmertür. »Wir müssen in Ruhe reden, Bastian. Das, was hier abgeht, ist unserer unwürdig! Wir wollten es doch anders machen! Und wir müssen es endlich umsetzen, Nägel mit Köpfen machen.«

Bastian nickte und blickte Franziska zerknirscht an. »Schön, dass du von ›uns‹ sprichst. Aber für die Eskalation eben bin ich allein zuständig.«

»Ich hab dich vorher provoziert.«

»Ich dich auch!«

Ratlos und schweigend sahen sie sich in die Augen.

»Mir fällt nichts anderes ein, als dass wir noch mal darüber reden, wie wir aus dieser Nummer wieder rauskommen«, überlegte Franziska laut.

»Das Social Distancing zwischen uns funktioniert einfach nicht.« Bastian zuckte mit den Schultern.

»Wir brauchen ein emotionales Distancing!«, überlegte Franziska.

Bastian nickte und schaute plötzlich erfreut drein. »Ich hab eine Idee, eine richtig gute!«

»Ach«, seufzte Franziska, »du und deine Ideen. Dazu sag ich jetzt lieber nichts.«

»Wir müssen uns endlich einmal die Wahrheit sagen. Und zwar *alle* Wahrheiten. Alles ganz offen – was wir am anderen hassen, was wir bescheuert finden, was uns schon immer störte. Wenn wir das einmal richtig tun, uns alles geballt an den Kopf knallen, dann ist die Luft raus, also der Druck«, erklärte Bastian.

»Aber dann machen wir uns noch mehr fertig, zerstören den letzten Rest an Respekt«, warf Franziska ein.

»Schon möglich«, meinte Bastian. »Aber wenn wir so weitermachen wie bisher, auch.«

»Ja«, stimmte Franziska zu, »aber wie soll das gehen? Ich kann dir nicht … also ich weiß nicht, ich trau mich nicht.«

»Ich mich auch nicht so recht«, sagte Bastian, »aber da müssen wir durch, das ist unsere letzte Chance … und …« Bastian unterbrach sich selbst. »Ich hab schon wieder eine Idee dazu.« Er kostete den Moment aus, Franziska kurz auf seinen Vorschlag warten zu lassen. »Vielleicht müssen wir uns dazu betrinken, richtig betrinken, *in vino veritas,* dann schaffen wir das!«

Franziska lächelte. »Das ist gut!«

»Zum ersten Mal findest du eine Idee von mir gut«, erklärte Bastian zufrieden. »Gleich heute Abend?«, fragte er.

Franziska nickte.

»Ich hol dir jetzt alle Flaschen Wein aus dem Keller und besorge am besten gleich noch zwei Kästen Bier«, meinte Bastian.

»Das ist zu wenig«, erklärte Franziska. »Bring Schnaps mit!«

Bastian nickte und verließ die Wohnung.

Franziska kehrte die Scherben des Glases auf und wischte die Wasserlache weg. Auf den Küchentisch stellte sie Kerzenleuchter, aber entfernte sie nach kurzer Überlegung wieder.

Ah, dachte Gottlieb, sie will es wohl nicht zu romantisch machen. Na, das konnte ja was werden! Da musste er dabei sein. Aber zugleich plagte ihn das schlechte Gewissen, weil er doch nach seiner kränkelnden Mathilde sehen sollte. Er war nur ins Wohnloft geflogen, um einen Hinweis zu geben, hatte sich jetzt aber so in diese Geschichte reinziehen lassen, dass er sein ursprüngliches Vorhaben vergessen hatte. Gottlieb beschloss deshalb, schnell zu seiner Frau zu fliegen, aber wenn dort alles in Ordnung war, sofort wieder zurückzukehren.

Mathilde ging gegen 20 Uhr ins Bett, schaltete Radio Horeb ein, griff zu einem Rosenkranz und schlief bald darauf beschwerdefrei ein, wie Gottlieb erleichtert feststellte. Schnell machte er sich auf den Rückweg und traf in der Wohnung am Küchentisch auf das schon ziemlich beschwipste Ehepaar Franziska und Bastian, das bereits einigen Alkohol intus hatte, wie die leere Flasche Wein und zwei leere Bierflaschen verrieten.

»Prost, auch wenn es Wein ist … also, zum Wohl«, sagte Bastian.

»Cheers!«, sagte Franziska. »Aber ich kann noch nicht … wir müssen noch schneller werden beim Trinken!«

Gottlieb hatte also nichts versäumt. Die beiden waren offenbar noch beim Vorglühen, wie die Jungen heute sagten, es hatte wohl noch keine Geständnisse gegeben. Doch dann musste er sich weiter gedulden und wurde deshalb immer grantiger. Die plauderten – wenn auch mit zunehmend schwerer Zunge – höchst freundlich über Alpaka-Socken, Preise von Umzugskartons, versäumte Nachbarschaftseinladungen, Karriereziele beim Film, Foto-Galeristen und Chef-Schnösel. Wie viel Alkohol vertrugen die denn so ganz ohne Training, bis sie mal richtig ausfällig wurden?

Endlich holte Bastian – schon schwankend – eine Flasche Whiskey und kleine Wassergläser und stellte sie auf den Tisch. Er schenkte ein, einen Teil des Hochprozentigen daneben, Franziska kicherte und rief: »Das exen wir jetzt!«

»Prost!«

»*Cheers!*«

»*Scal!*«

»*Vashe zdorovie!*«

»*Santé!*«

»*Jámas!*«

»*Serefe!*«

Gottlieb erinnerte sich an das alte Spiel zwischen den beiden, etwas in möglichst vielen Sprachen zu benennen. Wem kein Begriff mehr einfiel, hatte verloren. Hatten sie auch mal an Weihnachten gespielt, als die beiden bis zur Mette immer noch nach der Bezeichnung für den Heiligen Abend in fremden Sprachen suchten. Gottlieb war schon geneigt, wieder zu seiner Mathilde zurückzukehren, denn das hier wurde immer alberner statt aufschlussreicher, doch zwei Gläser später war es endlich so weit.

»Also, was willst du mir eigentlich sagen?«, fragte Franziska lallend.

»Hä?« Bastian brauchte offenbar bei diesem Alkoholpegel länger, um die einfache Frage zu verstehen.

»Du sollst sagen, was du an mir unausstehlich findest!«, erklärte Franziska.

»Warum ich zuerst?«, fragte Bastian.

»Weil halt«, entgegnete Franziska argumentationsstark.

»Gut«, sagte Bastian, »ich bin mutiger als du. Darum mach ich das!« Er starrte besoffen vor sich hin, vergaß seine Ankündigung, erinnerte sich aber wieder daran und lallte schließlich: »Es ist demütigend, dass du nicht mehr mit mir schlafen willst. Ich komme mir vor wie ein aufdringlicher alter Hengst.«

Es dauerte, bis Franziska die Worte verstand. Sie gab zurück: »Es ist demütigend, dass ich dir so scheißegal bin. Ich interessiere dich nicht mehr die Bohne, schon lange nicht mehr als Mensch, nur noch als Hausfrau, als Mutter deiner Kinder oder als Sekretärin, die deine Steuerunterlagen sortiert.«

»Geht's vielleicht noch eine Nummer größer, um das ganz Große und Allgemeine?«, fragte Bastian.

Franziska nickte und kippte das nächste Glas Whiskey auf ex. Sie sah aus, als würde sie sich gleich übergeben müssen.

»Du hast es dir immer bequem gemacht, du hast einfach alles laufen lassen. In dir ist kein Leben mehr.«

»Du hast immer alles nur allein entschieden. Küche, Schule, Alpaka-Socken.«

Franziska grinste blöd betrunken, Bastian ebenso. Keiner von den beiden begriff offenbar mehr richtig, worüber sie eigentlich sprachen.

»Was willst du mir damit sagen?«, fragte Bastian.

»Und du, was willst du mir sagen?«, fragte Franziska.

Bastian lallte: »Küss mich endlich mal wieder und mach mich an, würd ich eigentlich sagen, wenn wir uns nicht getrennt hätten!«

Franziska lallte: »Wenn wir uns nicht getrennt hätten, würde ich dir sagen: Nimm mich endlich einfach mal wieder in die Arme und frag mich, wie es mir geht und was du für mich tun kannst!«

Schwer schwankend zogen sich Bastian und Franziska bald darauf in ihre Zimmer zurück, legten sich nackt ins jeweilige Bett und tippten etwas in ihre Handys. Auf dem Display der Tochter sah Gottlieb noch eine Whatsapp-Nachricht von Bastian, die nicht zu entschlüsseln war. Was sollte *Vorena ww aa* heißen? Die beiden schliefen betrunken ein, aber *ihm* mit seiner angeborenen Neugier raubte dieses Buchstabenrätsel den Schlaf.

FRANZISKA

Passt schon alles«, sagte Mathilde am Telefon. »Bloß, dass keine Kirche mehr ist, da übertreiben sie es schon, und nicht mal beichten kann ich!« Wenigstens hatte die Mutter nicht schon wieder über Video angerufen und konnte somit nicht sehen, dass Franziska in ihrem Zimmer allein zu Abend aß und die Kopfschmerzen dieses Jahrhundertkaters immer noch ihre Gesichtszüge verzerrten.

Eigentlich war das wirklich bescheuert – sie hatte eine eingefrorene Portion Curry aufgetaut, die für vier Personen vorgekocht war, und nun nahm sie selbst nur einen Teil und stellte den Rest in ihr Fach in den Kühlschrank. Zwei Erwachsene, die siebenundzwanzig Jahre ihres Lebens zusammen verbracht hatten, aßen jeweils allein vor dem Fernseher oder Rechner zu Abend, und das ausgerechnet in einer Zeit, in der sie niemand anderen mehr treffen oder gar ausgehen konnten. Noch nicht mal zur Mama durfte sie fahren, die Kinder durften sie nicht besuchen, also gab es nur noch einen persönlichen direkten Kontakt – den zum Ehemann. Franziska holte sich ein zweites Aspirin aus dem Medikamentenschränkchen und einen Heidelbeerjoghurt als Nachspeise aus dem Kühlschrank. Sie hörte im Vorbeigehen, dass bei Basti im Zimmer dieselben Nachrichten liefen, die sie auch guckte. Ja, bescheuert. Aber so war das nun mal.

Durch die ganze Wohnung drang das Abendrot an diesem Apriltag, vom Fenster aus Emmas altem Zimmer über den offenen Wohnbereich bis hinein ins Bad. Ringsum standen die Möbel, die Küchenschränke, die damals so genau geplant worden waren – bis hin zu Bodenvasen, die Franziska über Jahre gesucht und mit exotischen Gräsern bestückt hatte. Dazu die Kratzer im Parkett, die Franziska fast alle einem Ereignis zuordnen konnte: Einmal hatte sie ein Bügelbrett mit zu scharfen Metallfüßen aufgestellt, ein anderes Mal war Bastian ein heißer Topf mit der Kante auf den Fußboden gefallen. Dann war irgendeinem Freund von Vincent wohl mitten in der Nacht eine heiße

Bong aus der Hand gefallen. Emma wiederum hatte unter ihren stylischen Schuhen im Winter kleine Steinchen in die Wohnung getragen, weil sie nur schnell noch was fürs Training hatte holen wollen und deshalb die Schuhe nicht noch mal ausgezogen hatte. Bastian hatte mal einen Werkzeugkasten aus Metall über den Boden hin zu Vincent geschoben. Ein Filzstreifen hatte sich von einem Stuhl gelöst, obwohl Bastian ihn so akkurat aufgeklebt hatte, und, und … Der Fußboden war voller Geschichten, ein zerkratzter Zeuge des gemeinsamen Lebens. Und immer, immer, bei allen Differenzen über Sparsamkeit oder die Ursache von Missgeschicken, war sie sich mit Bastian über den Fußboden einig gewesen: »Das passiert einfach, wir *leben* hier und sind kein Museum.« Und trotzdem hatte sie die High Heels, die sie vor zwei Jahren gekauft hatte, nie getragen, um nicht womöglich noch mehr Schrammen zu verursachen. Erst heute Mittag hatte sie die Schuhe aus dem Schrank geholt, und die Füße schmerzten vom kurzen Gang zur Eisdiele immer noch davon, als ob sie nicht schon mit dem immensen Kopfweh genug gestraft gewesen wäre. Bastian hingegen hatte den Werkzeugkasten immer auf eine Filzdecke gestellt, auf den Boden achtend, auch wenn sie das nie gefordert hatte.

Wurde sie jetzt sentimental?

Seit heute Morgen achtete sie auch nicht mehr so sehr darauf, Basti aus dem Weg zu gehen, und lauschte nicht extra, ob er sich vielleicht gerade etwas aus dem Kühlschrank holte oder zur Toilette ging. Irgendetwas, von dem sie nicht wusste, was es war, war anders. Bekam sie plötzlich Schiss vor der eigenen Courage? Denn seit dem gestrigen Besäufnis konnte sie diesen Mann nicht mehr als das sehen, was er doch wohl sicherlich war: ein Irrtum, mit dem sie siebenundzwanig Jahre ihres Lebens vergeudet hatte. Wobei … stimmte das? Sah sie die Wahrheit unter der Lupe oder blickte sie durch den Zerrspiegel einer Krise? Hatten sie nicht auch ziemlich gute Jahre zusammen verbracht? Oder wurde sie jetzt doch nur feige und bequem, wenn es um den Endspurt zur Scheidung ging und sie in letzter Konseuquenz handeln musste? Ließ sie sich bloß von einem netten Gespräch einlullen? Wobei … es war vielleicht ein nettes Gespräch gewesen, aber von einlullen konnte keine Rede sein, denn sie wusste schlicht nicht mehr, was sie nach dem »Prost-Sprachenspiel« geredet hatten. Sie erinnerte sich nur noch an die Frage: »Was willst du mir eigentlich sagen?« Aber seine und ihre Antworten waren aus dem Gedächtnis gestrichen. Filmriss. Doch im Gegensatz zum Schneideraum früher konnte man hier keine Schnipsel mehr finden. Und sie hätte sich lieber die Zunge abgebissen, als bei Basti nachzufragen. Nein, sie würde sich nicht schon wieder so verwundbar zeigen, nie wieder. Außerdem konnte die Quintessenz des Gesprächs nichts Weltbewegendes gewesen sein, denn auch Basti verhielt sich heute wie immer, also wie immer seit den von ihnen ergriffenen Maßnahmen und persönlichen Abstandsregeln.

Während Franziska noch überlegte, ob sie sich einen Tee kochen sollte und dazu ein Buch lesen oder sogar zur Kater-Bekämpfung einen Wein holen und Suzi anrufen sollte, blinkte eine Whatsapp-Nachricht mit drei roten Herzen in der ersten Zeile auf. Giovanni.

Franziska starrte auf das Handy. Sollte sie die Nachricht jetzt öffnen? Wie kam Giovanni dazu, sich auf einmal wieder bei ihr zu melden? Sie war doch kein sehnsüchtiger Teenager und befahl sich sogleich, alle sofort im Bauch herumschwirrenden Schmetterlinge auf der Stelle zum Landen zu bringen und nüchtern alles zu lesen.

Bin in München. Wohnst du in der Nähe eines Parks? Dort könnten wir uns sehen. Natürlich nur mit dem größten Sicherheitsabstand. Zwinker-Emoji und noch mal Küsschen und Herzen.

Ja! Sport und Spaziergänge waren ja erlaubt. Und es war auch nicht verboten, auf Sicherheitsabstand mit Fremden zu sprechen. Und vor allem wurde es schon finster, sodass Giovanni nicht mehr sehen konnte, dass sie es vor dem Lockdown nicht mehr zum Friseur geschafft hatte und ihr grauer Haaransatz sie deshalb um Jahrzehnte älter machte.

Franziska schlich ins Bad, um sich zu schminken, denn Bastian sollte nicht mitbekommen, dass sie nicht zum Laufen das Haus verließ.

Fünf Minuten Schmink- und Bedenkzeit gab sie sich – dann musste sie sich entscheiden, ob sie Giovanni antwortete oder doch bloß allein noch mal joggen ging. Ach, wie absurd war es eigentlich, Wimperntusche aufzulegen, wenn die Kopfhaare grau schimmerten? Und was versprach sie sich von Giovanni? Vielleicht eine Möglichkeit, zu testen, ob sie nicht doch ehrlich von ihren Gefühlen erzählen konnte und nicht alles mit sich allein ausmachte, wenn das Gegenüber nicht Bastian hieß?

Die Kopfschmerzen waren auf einen Schlag verschwunden. Franziska nannte Giovanni per WhatsApp, ohne groß nachzudenken, einen Treffpunkt im Park bei der Europa-Statue, steckte trotz ihres Katers einen Piccolo und zwei Plastikbecher ein und schlüpfte in die Laufschuhe. Die High Heels steckte sie ebenfalls in die große schwarze Handtasche. Sie durfte bloß nicht vergessen, die Schuhe rechtzeitig zu tauschen. *Das* war das Leben! Und nicht Fragen nach mitgebrachten Semmeln oder alte Kratzer auf dem Fußboden.

Weil sie so lädiert war, ging sie langsam zum Park. Und plötzlich sackte ihre Vorfreude in sich zusammen – wie hatte sie nur die Europa-Statue vorschlagen können? Es kam ihr wie ein Sakrileg vor, Giovanni ausgerechnet dort zu treffen. Dabei war es keine böse Absicht gewesen, sie hatte Bastian nur schlichtweg vergessen. Sie müsste Giovanni noch schnell zur Satyr-Statue umleiten. Sie sah auf die Uhr – ja, das war zeitlich noch möglich, sie war ohnehin viel zu früh dran. Doch so ein Mist. Sie hatte hier keinen Handyempfang. Ihr fiel wieder ein, dass auch schon früher der Park und einige Straßenzüge in der Nähe in einem Funkloch lagen.

Egal!, dachte sie schließlich, geh jetzt einfach dorthin, das Karma ist momentan sicher mehr mit anderen beschäftigt als mit mir.

BASTIAN

Irgendetwas, von dem er nicht wusste, was es war, war plötzlich anders. Nachmittags hatte Bastian komische Klackgeräusche gehört und – wie mittlerweile öfter – verstohlen kurz durch einen Türspalt in den Wohnbereich gelugt. Franziska lief in High Heels durch die Wohnung. Er konnte natürlich nicht wissen, wie sie sich fühlte, aber die Art, wie sie darin stöckelte, verriet ihm trotzdem, dass sie relativ friedlich unterwegs war. Die High Heels malträtierten aber den Parkettboden und würden Kratzer verursachen. Es sollte ihm eigentlich egal sein, weil er ohnehin ausziehen würde, aber dass seine Frau so rücksichtslos mit dem Fußboden umging, ließ ihn nicht kalt. Ja, ihm war auch einmal ein heißer Topf mit der Kante auf das Holz gefallen, und ein von ihm angebrachter Filzstreifen hatte sich an einem Stuhl gelockert und das Stuhlbein folglich das Parkett verkratzt. Vincent hatte mit irgendeinem Freund mal mitten in der Nacht etwas angestellt, von dem er gar nicht wissen wollte, was es war, und der Holzboden zeugte seither mit schweren Kerben davon. Emma hatte mit bescheuert modischen Profilstiefelchen im Winter kleine Steinchen in die Wohnung getragen. Und dann war ihm auch noch dieses Malheur mit dem Werkzeugkasten passiert, den er zu Vincent geschoben und der tiefe Kratzer hinterlassen hatte.

Da hatte er selbstverständlich Franziska nicht vorwerfen können, dass sie mit dem Bügelbrett ebenfalls Spuren hinterlassen hatte. Aber konnte man denn jetzt, nachdem die Kinder ausgezogen waren, nicht verdammt noch mal besser aufpassen auf das, was man sich erarbeitet hatte? Eine Wohnung, die der Nachwuchs irgendwann einmal erben würde und die man zu pflegen hatte. Musste man wirklich so hirnlos Zerstörungen herbeiführen?

Bastian sah nach dem Abendessen – ein Fertigsauerbraten – weiter Nachrichtensendungen auf dem Rechner an und aß einen Schokoriegel als Nachspeise. Die Tür hinter Franziska fiel ins Schloss. Seine

Frau ging wenigstens joggen. Er hingegen saß hier nur noch herum und nahm gefühlt jeden Tag zehn Kilo zu.

Er hätte ihr gestern Nacht sagen sollen, wie sehr es ihn nervte, dass sie den Parkettboden misshandelte. Obwohl, das hätte er ja noch gar nicht sagen können, fiel Bastian ein, weil sie die Stöckelschuhe erst seit heute trug. Dabei wäre es *die* Antwort auf die Frage gewesen: »Was willst du mir eigentlich sagen?« Oder doch nicht? War das nicht doof? Ging es jetzt um einen Fußboden oder um eine Ehe? Egal. Vielleicht war das gestern aber auch ein gutes Gespräch gewesen, das den Dampf aus dem Kessel genommen hatte. Sein Problem war nur, dass er nicht mehr wusste, was sie nach dem »Prost-Sprachenspiel« beredet hatten. Er erinnerte sich nur noch an die Frage: »Was willst du mir eigentlich sagen?« Aber seine und ihre Antwort waren aus dem Gedächtnis gestrichen. Sonderlich aufschlussreich konnte es aber nicht gewesen sein, denn Franziska verhielt sich nicht anders als sonst seit der Trennung, außer dass er nach der kurzen Begegnung vorhin das Gefühl hatte, die Zeitbombe eines erneuten Ausrastens tickte nicht mehr so schnell. Wenn er das bei seinen Jahrhundertkopfschmerzen richtig einschätzte, schien sie ihm versöhnlicher und milder. Hatte er vielleicht – nach dem Motto: »Ein blindes Huhn findet auch mal ein Korn« – gestern einen Tonfall getroffen oder eine Aussage gemacht, die Franziska deren Feinseligkeit nahm? Zu gern hätte er sie danach gefragt – aber das würde er ganz bestimmt nicht tun. Er blamierte sich doch nicht damit, zuzugeben, wie wenig Alkohol er vertrug. Nur ein Trottel gestand seiner Frau, ein hochprozentiges Weichei zu sein.

»Nein«, befahl sich Bastian noch einmal vehement, »du denkst jetzt nicht mehr weiter, es ist doch so oder so vorbei!« Er holte sich noch einen Schokoriegel, sah in den neuen ZDF-Krimi rein und überlegte plötzlich ernsthaft, was er eigentlich noch vom Leben erwartete. Route 66 war ja anvisiert. Aber mit Franziska und den Kindern. Drei Viertel des Plans fielen offenbar gerade aus, denn jeder ging seine eigenen Wege. Ach was – der ganze Plan fiel momentan aus, denn auch er konnte ja wegen der Kontaktsperre nicht mehr weiter beim Bruder am Truck schrauben.

Franziska war joggen, und die Kinder waren endgültig weg, denn sie meldeten sich gar nicht mehr. Deren gutes Recht natürlich. Sie mussten sich abnabeln. Es war still hier in der Wohnung. Zu still. Nur noch die Kratzer im Fußboden bewiesen in der Strahlerbeleuchtung, die er seinerzeit für 19,99 Euro im Baumarkt erstanden und montiert hatte, dass hier einmal eine Familie täglich beim Abendessen lebhaft über Hausaufgaben, Ausgehzeiten, Lehrer, Berufe, Verwandte und dreckige Wäsche debattiert hatte.

Wie lange hatte er sich gewünscht, seine Ruhe zu haben und bei einem Bier gechillt die Bundesliga verfolgen zu können! Und nun war es so ruhig, dass er sich wünschte, jemand würde ihn stören – denn Fußball gab es wegen Corona auch nicht mehr. Null Spiele – und nicht absehbar, wann das wieder starten würde. Aber es war doch ebenso albern wie unwichtig, sich den Fußball zurückzuwünschen, wenn es um etwas ganz anderes im Leben, das Wichtigste überhaupt ging – ja, was eigentlich?

In seinem Fach im Kühlschrank lag noch Bier. Er hatte vergessen, dass er es kalt gestellt hatte. Umso besser. Das beste Mittel gegen einen Kater. Und er würde die Flasche mit den Zähnen öffnen, wie früher, das konnte er natürlich noch. Auch wenn es keiner sah und bewunderte.

Und statt hier irgendwelchen blödsinnigen Gedanken nachzuhängen, griff er zum Telefon – ungewöhnlich für ihn, aber ungewöhnliche Zeiten forderten ungewöhnliches Handeln. Hatte er heute nicht zufälligerweise im Radio gehört, dass Umzüge doch noch erlaubt waren, vorausgesetzt, eine Spedition erledigte das und nicht Freunde? Und dass das ganze Land Erntehelfer suchte?

»Hallo, Christian, brauchst du einen Helfer bei der Ernte? Ich bin gern dabei. Wann soll ich kommen?«, fragte er den Bruder am Telefon.

»Gar nicht«, erwiderte Christian.

»Wie? Warum nicht?«

»Dann kriegen wir nicht die Fördergelder, die ich heute beantragt habe. Und die staatlichen Hilfen sanieren uns von Grund auf.«

»Aber das kannst du doch nicht …«

»Weißt du, Basti, träum weiter in deinem festangestellten Bürojob und überlass es mir, einen Hof zu managen!«

»Aha.« Im Gegensatz zu ihm hatte Christian Bauernschläue offenbar mit der Muttermilch aufgesogen.

Nach einer kurzen Pause fügte Christian an: »Aber wann kann ich zu *dir* kommen?«

»Wie? Warum? *Du* zu mir?«

»Weil ich hier rausmuss!«

»Wie? Warum?«

»Das kann ich dir nicht am Telefon erklären.«

»Nein, das geht nicht!« Bastian beschloss nach kurzem Zögern, dass besondere Situationen besondere Erklärungen erforderten und er den Bruder nicht einfach so kryptisch abweisen konnte. »Ich lass mich von Franziska scheiden. Wir sind gerade so gastfeindlich wie nur was.«

Kurzes Schweigen am anderen Ende der Leitung. Sicher grübelte Christian über den Bruder nach, der bisher noch nie seine eigenen Gefühle hatte erkennen oder gar formulieren können. Bastian konnte sich genau vorstellen, wie Christian jetzt im ehemaligen Herrgottswinkel auf der Eckbank saß und sein Kopf rauchte. Denn dass ausgerechnet Bastian so offen ansprach, dass seine Ehe am Ende war, hatte den Bruder gewiss in größtes Erstaunen versetzt.

»War mir schon länger klar, alter Knochen«, antwortete Christian. »Sonst hättest du dich nicht bei uns einnisten wollen. Aber das kannst du knicken! Ich wollte kommen, weil hier das Denunziantentum blüht. Und du gehörst in die Stadt und auch zu ihr, zu deiner Franzi. Weißt … ich will mich nicht aufspielen, aber hau nicht ab vor deinen Problemen, das hast du immer schon gemacht, nimm mal dein Leben in die Hand!«

Bastian ließ fast den dritten Schokoriegel auf den zerkratzten Parkettboden fallen. Das war zu viel. Der sagte ja mehr oder weniger das Gleiche wie Franziska und zuvor auch schon Vincent. War er wirklich so ein Wischi-Waschi-Heini, der sich nur vom Schicksal treiben ließ?

Nein!

Als er sich den vierten Schokoriegel holte, glitt sein Blick wieder durch den Raum, den sie so lange gemeinsam bewohnt hatten. Ja, gemeinsam, denn »wohnen« ging doch nur zusammen, das Leben fand nur zusammen mit anderen statt. Als er vor dem ZDF-Krimi in die Süßigkeit biss, fiel ihm urplötzlich wieder ein, was er nachts mit dieser Whatsapp-Nachricht an Franziska hatte sagen wollen – heute Morgen hatte es sich ihm einfach nicht mehr erschlossen.

Corona macht zu AA oder WW hatte er mit *Vorena ww aa* gemeint. Entweder landest du hinterher bei den Anonymen Alkoholikern oder bei den Weight Watchers!

Schlagartig wurde Bastian klar, dass er jetzt, sofort, mitten am Abend handeln musste, wenn er seinem Leben noch einmal einen neuen Drive geben wollte. Vielleicht gab es irgendwas, das er übersehen hatte. Er wusste es nicht. Aber er musste etwas tun, Antworten suchen und nicht mehr nur abwarten, was das Schicksal mit ihm vorhatte. Und weil ihm zu dieser Einsicht partout nichts Besseres einfiel, beschloss Bastian, außer Haus zu gehen. Aber wohin sollte er? Franziska war zum Joggen aufgebrochen, vielleicht sollte er ihr mangels besserer Ideen einfach folgen? Aber Quatsch, er würde sie gewiss nicht mehr einholen und er wollte wirklich nicht riskieren, dass sie glaubte, er verfolgte sie, nichts lag ihm ferner als so eine eifersüchtige Kontrolle. Vielleicht war er ein Idiot – aber keiner, der seiner Frau hinterherspionierte. Bastian fiel kein besseres Ziel ein als die Europa-Statue im nächsten Park. Dort, wo er Franziska einen Heiratsantrag gemacht hatte.

MATHILDE

Immer aus allem raushalten und ruhig bleiben!«, schimpfte Mathilde mit dem abwesenden Ehemann und zog die Bettdecke über ihre Beine. »Weißt, Gottlieb, da hast du viel falsch gemacht. Alles wissen wollen, weil du neugierig bist, aber niemandem etwas zumuten, sich bloß nicht aufregen und sich ganz zurücknehmen. Als der Schuster damals seine Frau verprügelt hat, hast du von mir verlangt: ›Sag bloß nichts. Misch dich niemals in eine Ehe ein! Das müssen die schon allein mit sich ausmachen.‹«

Mathilde seufzte, wollte einen Rosenkranz in die Hand nehmen, ließ ihn dann aber liegen.

»Und was war dann?«, schimpfte sie zur leeren Bettseite hinüber. »Der Schuster hat seine Frau fast totgeprügelt, kannst dich noch an die vielen Blutergüsse im Gesicht erinnern? Nein, Gottlieb, ihr Männer habt alle einen Hau weg und deshalb auch das Zölibat erfunden. Weil ihr die Weiber, die sich was sagen trauen, raushalten wollt.«

Mathilde seufzte und griff zum Rosenkranz. »Mit Männern wie dir wär niemals ein Automobil oder gar eine Waschmaschine erfunden worden, wenn man sich aus allem raushalten soll«, raunte sie dem Gatten zu. Denn Gottlieb war zwar abwesend, aber trotzdem immer noch anwesend. Das ganze Schlafzimmer war gefüllt mit seinen Worten und Meinungen aus den Jahrzehnten, in denen sie mit ihm gelebt hatte. »Misch dich nicht in Gottes Pläne ein!«, hatte er immer gepredigt – aber was sollte sie jetzt machen, da sie wieder Übelkeit spürte und ihr Herz so unregelmäßig schlug? Sollte sie keine Hilfe holen, so wie damals, als eine Wunde an der Zehe nicht abheilte und erst spät festgestellt wurde, dass dies am Diabetes lag, der gerade noch rechtzeitig diagnostiziert worden war, ehe man die Zehe hätte amputieren müssen? War sie deshalb nicht auch einmal mit Schmerzen im Rücken zum Arzt gegangen, und der Doktor hatte sie nur ausgelacht mit den Worten: »Das kommt von den Wechseljahren, andere wären froh, wenn sie nur solche Wehwehchen hätten«? Gottlieb war damals dummerweise dabei gewesen, weil er mit dem Arzt beim Bund Naturschutz aktiv war und nur einen Prospekt hatte abholen wollen. Und immer wieder hatte er ihr hinterher genau das zum Vorwurf gemacht: »Wegen der Wechseljahre geht doch keine zum Arzt!«

Aber gegen Ärger dieser Art gab es ein probates Mittel – der Herrgott hatte dazu das Gebet erfunden. Und daran würde sie sich jetzt halten, auch wenn ihr ziemlich schummrig vor Augen war, genau genommen im ganzen Körper. »Warte mal ab, steigere dich nicht hinein«, sagte Mathilde sich vor, dachte aber doch wieder an die mahnenden Worte der Medizin studierenden Enkelin, der sie versprochen hatte, auch bei vermeintlich kleinen Zipperlein zum Arzt zu gehen.

Ach was! Weder der verstorbene Gatte noch Emma hatten recht. Das Leben konnte man weder komplett selbst in die Hand nehmen noch komplett anderen überlassen. Die Wahrheit lag irgendwo dazwischen. Zwischen Gottlieb und Emma. Jeder Erwachsene stand für sich selbst in der Pflicht, nicht immer nur schwarz-weiß zu denken und eine Entscheidung zu treffen, wann es worauf ankam. Wann man zum Arzt gehen musste oder auch nicht.

Mathilde verließ noch einmal das Bett und ging in die Küche, um einen dieser Kekse zu naschen, die ihr Vincent geschickt hatte. Wie schön, dass junge Männer nun auch kochen und backen konnten. Und der Oma in Corona-Zeiten einen Gruß schickten, wenn ein Besuch schon nicht möglich war. Für ihren Geschmack waren die Kekse zwar etwas zu hart geraten, und ein paar Mandelsplitter im Teig hätten den Geschmack mehr als verfeinert. Aber nur Biester nörgelten an allem herum, das würde sie bestimmt nicht tun, sondern den Enkel im Gegenteil dazu ermutigen, weiter in der Küche tätig zu bleiben. Sie durfte nicht vergessen, morgen bei Vincent anzurufen und sich zu bedanken.

Mit diesem Gedanken schlief Mathilde ein und schwebte im Traum in einen Himmel, den sie vorher noch nie so gesehen hatte. Der Himmel und die Wolken über Bayern schillerten nicht nur blau-weiß, sondern in einer gelb-grün-lila-rosa Farbpalette, die sie so noch nie gesehen hatte. Sie selbst und ihr Körper wurden zu harmonischen, lang gezogenen Tönen, jede Bewegung zu einer federleichten Übung, und der Vollmond lächelte sie an: »Schön, dass du da bist.«

VINCENT

Shit! Nur eine Sekunde nachdem er Arons Bild auf Instagram gesehen hatte, rief er bei Oma an. Aber die ging nicht ans Telefon. Sie schlief wohl schon, wie immer früh am Abend – aber was, wenn sie alle Kekse auf einmal gegessen hatte? Sie musste das Gebäck gestern schon erhalten haben. Er musste unbedingt Mom erreichen, vielleicht sollte man die Nachbarn alarmieren. Was, wenn die Oma wegen einer Überdosis Cannabis einen Kreislaufzusammenbruch erlitt und nicht mehr aufstehen konnte? Die wusste doch überhaupt nicht, wie ihr geschah. Wie hatte er auch nur das Päckchen für Aron und das für Oma beim Adressieren durcheinanderbringen können? Aron hatte nun die dreidimensionalen Fotogrußkarten von ihm als Kleinkind erhalten und machte sich darüber natürlich auf Instagram lustig. So eine Kacke! Dabei hatte er doch nur die letzten Reste vom Gras aus der Fischdose loswerden wollen, um nie wieder in Versuchung zu geraten, und sie für Aron »verbacken«.

Moms Mailbox lief. Normalerweise rief sie ihn immer sofort zurück. Aber nicht jetzt.

Okay, wenn Mom nicht ranging, dann eben Dad. Den würde er jetzt zwar sicher wecken, denn er ging immer früh ins Bett, aber er musste das klären.

Auch Dad ging nicht ans Handy.

Der hatte es doch immer auf laut gestellt, auch wenn er schlief, weil ihn ja abends niemand außer Familienmitgliedern anrief. Was war eigentlich mit Dad los? Wieso hatte der keine Freunde? Egal, nicht sein Problem, vor allem momentan nicht, Dad sollte nur ans Telefon gehen, verdammt noch mal! Aber nichts da, nix, *nada, niente.*

Er sollte losfahren, heim, zu Mom und Dad, um der Sache nachzugehen. Oder gleich zu Oma? Das konnte er jetzt ja easy machen, weil er wirklich seit Ewigkeiten nichts mehr geraucht und auch sonst in keinerlei Form mehr Drogen konsumiert hatte. Aber welchen triftigen Grund sollte er der Polizei nennen, wenn sie ihn aufhielt? Dass die Oma vielleicht eine Überdosis Cannabis intus hatte? Quatsch! Kein Bulle dieser Welt würde ihm das mit seinem BTM-Eintrag glauben, aber er würde improvisieren und etwas von dem Herzproblem erzählen. Aber vielleicht ging es der Oma auch blendend, und er machte nur die Pferde scheu? Shit, er musste mit Mom oder wenigstens Dad sprechen!

Aber immer noch keine Reaktion, weder von ihr noch von Dad.

Schmollten die beleidigt vor sich hin, oder stritten sie endlich mal? Immerhin gaben sie grundsätzlich Ruhe und trugen das unter sich aus. Mit Emma war er sich einig gewesen, dass sie sich als Kinder nicht reinziehen lassen sollten, falls die beiden Verbündete für den jeweiligen Standpunkt suchten, ganz nach dem Motto: Der Vater – oder die Mutter – ist ein Arschloch, siehst du das nicht auch so?

Emma! Die kannte sich bei medizinischen Themen aus und musste wissen, wie gefährlich der Cannabis-Konsum für Mathilde wirklich war.

Aber auch Emma ging nicht ran. Was sollte er nur tun? Oma, Mom und Dad waren verschollen und die Schwester *lost in space,* bei Lovern oder in der Klinik. In dieser prekären Lage war ihm nicht mal mehr nach einem Joint. Entweder er hatte sich entwöhnt oder er war wirklich erwachsen geworden und konnte nicht mehr vor der Verantwortung fliehen, die er sich mit dieser Familie oder vielmehr seiner Schusseligkeit aufgehalst hatte.

BASTIAN

Unter den Bäumen im Park nahe der Europa-Statue glaubte er, dass sein Handy in der Hosentasche vibrierte. Aber er würde einen Teufel tun und nachsehen, welche Nachricht ihm der Chef um diese Uhrzeit womöglich geschickt hatte! Schon seit ein paar Tagen glaubte der Schnösel, auch noch abends nach 21 Uhr seinen Schmarrn verkünden zu müssen. Doch es konnte natürlich auch der »Preisalarm« sein, den er bei einer App eines Matratzenherstellers eingestellt hatte, wenn bestimmte Produkte unter eine gewisse Kostengrenze fielen. Denn egal, ob das nun mit dem Wohnmobil und der Route 66 jemals noch etwas wurde – er wollte einfach wissen, wie sich Matratzenpreise in Corona-Zeiten weiterentwickelten.

Der Vollmond beleuchtete den Weg, den er nahm. Alles war leer hier, ganz ohne Menschen, gespenstisch. Aber lag das überhaupt am Virus? Wann war er zuletzt noch einmal nach 22 Uhr in einem Park gewesen? Ihm fehlten die Vergleichsdaten. Er konnte doch gar nicht wissen, wie viel hier sonst los war.

Sein Leben war zu einer einsamen Angelegenheit geworden, jetzt zeigte sich das, weil die Kinder leiblich weg waren und Franziska seelisch. »Wer rastet, der rostet«, hatte sein Vater immer gesagt. Wenn man so gar niemanden mehr traf und es sich nur noch daheim bequem machte, setzte man nicht nur Speck an, sondern auch verschrobene Eigenheiten. Ohne Diskussionen und Auseinandersetzungen mit anderen wurde man schlichtweg fad, wie er an seinem eigenen Vater gesehen hatte – eine erschreckende Erkenntnis!

Bastian beschleunigte seine Schritte und beschloss, sobald Corona es zuließ, wieder unter Leute zu gehen, statt sich gehen zu lassen.

FRANZISKA

Ihr war, als würde das iPhone in der Handtasche vibrieren. Aber das war sicher nur ihr schlechtes Gewissen, da sie kurz vor der Begegnung mit einem neuen Mann stand und nicht an die Kinder, den Ehemann oder die kranke Mutter dachte.

Der Vollmond beleuchtete die Wege im Park, in dem keiner mehr unterwegs war. Dabei war sie vor Corona bei allen Verabredungen, zu denen sie diesen Weg genommen hatte, zahlreichen Jugendgruppen und Turteltäubchen begegnet. Aber umso besser, wenn sich niemand herumtrieb und deshalb auch die Polizei hier wohl nicht groß kontrollieren würde. Das mulmige Gefühl, als Frau allein nachts in einem Park zu sein, schob sie zur Seite. Giovanni war doch in der Nähe, und sie könnte ihn notfalls um Hilfe rufen. Woher rührte dieses Unbehagen? Ha! Sie hatte doch nur Angst vor der eigenen Courage, sich endlich der Leidenschaft ihres Lebens zu stellen.

Auf einer Bank kurz vor der Europa-Statue wechselte sie die Laufschuhe gegen die High Heels und fragte sich plötzlich, wieso sie eigentlich glaubte, Giovanni sei die Liebe ihres Lebens und nicht Bastian. Wie kam sie dazu, wie ein Teenie einem Traum hinterherzulaufen, der sich zwar mit Herzchen und charmanten Worten meldete, aber trotzdem immer unverbindlich blieb? Tagelang hatte er sich nicht gemeldet, und sie hatte offenbar nichts Besseres zu tun, als nach einem »Piep« dem Kerl sofort zu folgen, wie ein treuer Hund, oder schlimmer noch, wie eine hörige Frau. Giovanni war doch nur ein Charmebolzen, vor dem sie damals aus gutem Grund geflohen war. Und jetzt wollte sie ihn nur treffen, um sich selbst zu beweisen, dass sie nicht schon wieder vor ihren Gefühlen davonlief. Dass sie die Kontrolle über sich selbst auch mal aufgeben konnte. Was hieß das schon – Schmetterlinge im Bauch. Nur, dass sie verliebt war. Aber Verliebtsein und Liebe sind zwei verschiedene Paar Schuhe, dachte Franziska und verstaute die Laufschuhe in der Tasche.

Sie stand auf, blieb aber stehen, zögerte und versteckte sich ein wenig hinter einem Baum. Sie ging nicht die entscheidenden Schritte weiter zur Europa-Statue. Aus Verlegenheit sah sie auf ihr Handy, das plötzlich offenbar doch wieder Empfang hatte. Eine Sprachnachricht von Vincent. Aber die wollte sie nicht abhören, denn Fragen zu Kloreinigern passten gerade wirklich nicht zu ihrer existenziell emotionalen Stimmung, die im Film unter dem Genre »Coming of Age« laufen würde. Außerdem wollte sie nicht Giovanni auf sich aufmerksam machen, falls er schon in der Nähe war.

EMMA

Als sie nach der Nachtschicht nachmittags in ihrer Wohnung aufgewacht war, hatte sich Emma kritisch in der fast komplett ausgestatteten Wohnung umgesehen. Da war die Kaffeemaschine, da waren die Gläser, da waren Lampen und sogar ein passender Teppich, den sie in einem Laden neben der Klinik für fünf Euro erstanden hatte. Wie Mom hatte sie die Einrichtung perfekt organisiert. Aber niemand hatte für sie Eier gekocht oder eingekauft, und jetzt würde sie schnell noch zum nächsten Supermarkt eilen müssen, ehe sie wieder über den Büchern saß und danach zum Krankenhaus aufbrach. Warum war sie eigentlich von daheim ausgezogen? Doch nur wegen Leo, um ihn zu halten, und jetzt fehlte ihr die Zeit, ihn überhaupt zu treffen oder mit ihm auszugehen – unabhängig davon, dass es wegen Corona gar nicht möglich war. Und ganz abgesehen von der Frage, ob sie das überhaupt noch wollte.

Emma hatte geduscht, sich angezogen und einen Kaffee gekocht. Ja, sie arbeitete gern, sie lernte gern, sie saugte alle Forschungen zu Corona auf. Das war okay. Die Freundinnen wussten teilweise nicht, wovon sie ihren Lebensunterhalt bestreiten sollten, weil sie ihren Jobs nicht mehr nachgehen konnten. Ihr ging es im Vergleich dazu gut – aber es war absurd, nur noch zu arbeiten und nur noch zu lernen und null Privatleben mehr zu haben. Denn in der einen Stunde am Tag, die ihr dafür maximal übrig blieb, war sie damit beschäftigt, Lebensmittel einzukaufen oder sich um so aufregende Dinge wie einen verstopften Abfluss zu kümmern.

Shit. Mit Arbeit hatte man Geld, aber keine Zeit. Ohne Arbeit hatte man Zeit, aber kein Geld. Erwachsensein war ein einziger Systemfehler!

Sokrates, der tatsächlich so hieß, weil das ein in Griechenland immer noch gebräuchlicher Vorname war, hatte in der letzten Nachricht erwähnt, *auch unter Druck* zu stehen. Was meinte er eigentlich damit, fragte sich Emma, während sie ihren Kaffee trank. Sollte sie nicht einfach mal persönlich nachfragen, statt vor dem Einschlafen sinnlose

»emotionale Bilanzen« zu ziehen und darauf zu warten, dass der andere sich selbst erklärte? Mach!, befahl sie sich.

Eine Minute nachdem sie die Frage abgeschickt hatte, kam die Antwort von Sokrates.

Jetzt verkacke ich es mir bei dir zwar endgültig, aber ich hab echt ein Helfersyndrom. Ich arbeite ehrenamtlich im Tierheim, und da ist gerade die Hölle los, alle Leute wollen plötzlich ein Haustier.

Nächste Nachricht: *Und weil ich schon dabei bin: Außerdem ist Mathe mein Leben, da brenne ich dafür. Also kannst mich jetzt gleich in die Restmülltonne aussortieren!*

Helfersyndrom? Für eine Sache brennen?

Sie strahlte und schrieb sofort zurück.

Wollen wir nicht zusammen lernen? Also jeder für sich, aber doch zusammen, bei dir oder bei mir? Es ist nämlich … ich muss dir gestehen, ich bin auch ehrgeizig, ich brenne für die Medizin.

Ein Lach-Emoji und eine kurze Klinikschicht später schlug Sokrates bei ihr auf. Eine halbherzige Lerneinheit, und einige Stunden später schliefen sie miteinander. Und wiederum ein paar Atemzüge später fragte sie sich, wie bescheuert sie zuvor gewesen war, so lange an Leo festzuhalten.

Jetzt löste sich Emma von Sokrates, seinem Körper und dem besten Sex ever. »Magst du einen Tee?«, fragte sie ihn und stellte auf sein Nicken hin Wasser auf. »Lebensfreude oder Glück?«, fragte sie ihn. Er verstand nicht, aber strahlte sie nackt unter der Bettdecke liegend so an, dass der Vollmond draußen dagegen verblasste. Emma lachte und erklärte: »Das sind zwei Sorten Tee, ich mag beide. Sie halten zwar nicht unbedingt, was ihr Name verspricht, aber sie schmecken lecker.«

Sokrates lächelte sie glückselig an. »Dann nehm ich die dritte Sorte, die Emma. Die ist beides.«

Sie kehrte zu ihm zurück und gab ihm einen Kuss. Er schloss genießerisch die Augen, streichelte ihre Wangen und richtete sich auf. Ihr Handy neben dem Bett vibrierte.

»Willst du nicht rangehen?«, fragte er.

»Jetzt?«, entgegnete Emma.

»*Jetzt* ist immer«, bemerkte Sokrates. »Wann, wenn nicht jetzt?«

Der Kerl sah nicht nur aus wie ein griechischer Philosoph, er hatte auch noch das Zeug dazu, ein neuer Sokrates zu werden … hihi, und sie dann irgendwann die Xanthippe dazu? Oder ein Epikur oder ein Aristoteles – wer auch immer. Sie würde ihn noch danach fragen.

Jetzt aber ließ sie sich von ihm umgarnen, ließ sich zu ihm ins Bett ziehen und schlief noch einmal mit ihm. Langsam und leidenschaftlich zugleich. Als wäre es die Erfüllung zweier Menschen, die füreinander geschaffen waren.

Das Wasser kochte über, bei WhatsApp stauten sich siebenundzwanzig rot umrandete ungelesene Nachrichten. Emma schob die Nachrichten auf dem Handy zur Seite, drückte dabei aber versehntlich wohl auf eine, und diese wurde laut vorgelesen, ohne dass Emma sie auf die Schnelle stoppen hätte können.

Vincent. »Mom, Dad, Emma – bitte meldet euch *sofort!* Es geht um Oma. Sie hat wahrscheinlich eine Überdosis Cannabis in sich. Und damit ihr jetzt nicht durchdreht vor Sorge, muss ich euch die Wahrheit sagen, Mom und Dad. Mathilde hat kein Herzproblem mehr. Das war … ja, ein Fail, sorry! Idee von der Oma, euch das vorzumachen, und Emma und ich haben mitgespielt. Damit ihr zusammenbleibt und euch endlich mal streitet. Aber egal … Leute, ich hab Oma versehentlich Cannabis-Kekse geschickt, und die meldet sich nicht mehr. Wenn sie alle auf einmal gegessen hat, kann das zu einem gewaltigen Kreislaufversagen führen, oder Emma? Bitte melde dich! Meldet euch alle! Ich drehe hier am Rad, und ihr seid alle abgetaucht! Holy shit, echt!«

GOTTLIEB

Im Vollmondlicht sah Gottlieb von oben die leicht verwitterte Steinstatue des Zeus, der als Stier verwandelt die Frau Europa entführte, in die er sich verliebte hatte. Wenn er sich richtig erinnerte, war er mit der Tochter und den Enkelkindern auch mal dort bei einem Spaziergang vorbeigekommen, und Franziska hatte erzählt, wie sehr der Bildhauer sich später darüber aufgeregt hatte, dass sein Werk so von den Kleinen »missbraucht« würde. Denn für Kinder war die drei Meter hohe Skulptur auf den ersten Blick ein beliebtes Kletterobjekt – der kleine Absatz des Sockels, die gebeugten Knie des Stiers und der Faltenwurf der Frau mit kleinen Mulden für die Hände forderten regelrecht zum Erklimmen heraus. Kinder und Kultur – das ging so wenig zusammen wie Wiese und Beton oder aktuell Franziska und Bastian.

Gottlieb sah, dass sich drei Personen von verschiedenen Seiten der Statue näherten. Tochter Franziska trippelte in Stöckelschuhen – in denen sie ziemlich gut aussah, wenn er das als Vater beurteilen durfte – von Norden her auf die Skulptur zu. Bastian kam direkt von daheim aus westlicher Richtung. Und dieser Giovanni näherte sich der Skulptur von Osten, wenn auch mit deutlicher zeitlicher Verzögerung.

Das kommt davon, dachte Gottlieb voller Vorurteile, die Italiener sind immer unpünktlich, selbst wenn sie Schweizer sind.

Franziska erreichte als Erste die Statue, setzte sich auf den Sockel und blickte unschuldig über die Baumwipfel hinweg zum Himmel. Sie schlug die Beine übereinander und sah in diesem Vollmondlicht sehr weiblich weich aus.

Bastian sah sie dort sitzen, wunderte sich offenbar auch über die High Heels, blieb deshalb stehen und versteckte sich halb hinter einem Baum.

Giovanni näherte sich Franziska – von Bastians Position aus gut zu erkennen –, strahlte und rief: »Was für ein Zufall, die schönste Frau der Welt hier nachts zu treffen! Das ist das Glück meines Lebens.«

Franziska sprang auf und begrüßte Giovanni mit Bussi links und rechts. Der Schweizer hielt sie fest, nahm ihren Kopf in seine Hände und begann sie zu küssen, was sich Franziska aber eher widerwillig gefallen ließ.

Wenn es einen Grund gab, auf Erden einzugreifen, dann jetzt! Doch ehe sich Gottlieb dazu verführen ließ, schnellte Bastian wie eine Raubkatze aus dem Dickicht, riss Franziska von Giovanni weg und gab dem Schweizer einen Kinnhaken, sodass dieser zu straucheln begann.

»Bastian!«, schrie Franziska entsetzt.

Dieser rief laut: »Was ich dir eigentlich sagen will, Franziska – ich liebe dich immer noch!«

Entgeistert blickte Franziska auf die beiden Männer, die sich feindselig anstarrten.

Giovannis Nase begann zu bluten, er warf den Kopf zurück, drückte einen Ärmel gegen die Nase, drehte sich ohne ein weiteres Wort um und ging einfach weg.

»Giovanni!«, rief Franziska ihm nach. Doch der Schweizer drehte sich nicht mehr um. Zunehmend fassungslos blickte ihm Franziska hinterher. Vielleicht verstand nur er als Vater, was seine Tochter so schockierte: Ein Mann hat um eine Frau zu kämpfen, Emanzipation hin oder her, zwar nicht unbedingt mit der Faust, aber wenigstens mit Worten. Giovanni hingegen war so feige, nicht mal eine ehrenhafte Erklärung – so verlogen sie vielleicht auch war – wie »Ich misch mich doch nicht in eine Ehe ein« für seinen Rückzug anzugeben. Der verschwand einfach im Nirvana, in der Nacht, ohne Worte.

Irgendwann bemerkte Bastian, offenbar schockiert von seinem erneuten Gewaltausbruch: »Dann geh ich besser auch mal. Jetzt hab ich wahrscheinlich endgültig alles kaputt gemacht. Aber es ging nicht anders.«

»Warte«, rief Franziska, »ich komme mit!«

Sie wechselte die High Heels gegen die Laufschuhe und steckte sie in die Tasche, die ihr Bastian einfach abnahm und trug.

Im Mondlicht gingen sie schweigend nebeneinanderher. Erst am Rande des Parks fand Franziska Worte.

»Was *ich* dir noch sagen wollte, Bastian, es war nichts mit Giovanni. Ich wollte ihn nur treffen, um herauszufinden, ob ich mich traue … Gefühle zu zeigen.«

»Das kannst du auch bei mir üben«, befand Bastian und legte den Arm um sie.

So gut kannte er seine Franziska, um zu wissen, was es bedeutete, dass sie den Arm nun auch um Bastian legte.

»Ein kleiner Schritt für die Menschheit, aber ein großer für mich«, würde sie selbst ihr Verhalten souverän kommentieren, wenn sie nicht so aufgewühlt wäre. Mit dieser Geste drückte sie aber ohne Worte aus, was sie Bastian »eigentlich« sagen wollte: Ich liebe dich auch immer noch. So als wäre plötzlich die ganze ungerechte Wut auf ihren Mann wie in einem zu sehr aufgeblasenen Luftballon zerplatzt, nachdem er buchstäblich um sie gekämpft hatte.

Von außen gesehen sahen sie aus wie ein ganz normales, älteres Ehepaar, das einen Nachtspaziergang unternommen hatte, nun ruhig zur Wohnung zurückging – und plötzlich hektisch wurde, nachdem beide Handys nicht mehr aufhörten zu klingeln.

VINCENT

Halt mal mehr Abstand!«, rief Dad vom Rücksitz aus. Vincent zuckte zusammen und bremste den Passat ab, eher er verstand, dass der Vater ihn verunsicherte und damit erst in Gefahr brachte. Kein Schwein außer ein paar Lkws war kurz nach Mitternacht noch unterwegs auf einer deutschen Autobahn im Lockdown.

»Müsst ihr jetzt schon wieder über das Autofahren eure Hirschgeweihe reiben?«, schimpfte Emma vom Beifahrersitz aus.

»Wir sind illegal unterwegs«, erklärte Mom, »also bitte reißt euch zusammen, das Letzte, was wir brauchen, ist ein Unfall, ausgelöst durch einen Streit.«

Aus allen Stimmen war die Sorge um Oma zu hören.

»Es ist unglaublich, wie ihr uns verarscht habt«, rief Dad wieder zornig.

»Allerdings!«, empörte sich Mom. »Früher haben die Eltern gesagt, wir meinen es doch bloß gut mit euch. Und wir haben gesagt: Die wollen unser Bestes, aber das kriegen sie nicht! Man kann niemanden zum Glück zwingen! Schon mal überlegt, was wir da mit euch hätten machen können? Emma zum Beispiel … diesen unsäglichen Leo nicht mehr in die Wohnung lassen, damit du seinem bescheuerten Einfluss nicht mehr ausgesetzt bist. Oder dir, Vincent, den Geldhahn zudrehen, bis du mit dem Kiffen aufhörst. Aber nein, wir haben euch nie zu etwas zwingen wollen, aber ihr *uns!*«

»Kiffen? Vincent?«, fragte Dad entsetzt. Aber niemand ging darauf ein. Und Dad wäre nicht Dad gewesen, wenn er nun nicht geglaubt hätte, er hätte sich einfach verhört.

»Es war Omas Idee!«, verteidigte sich Vincent. »Und ich hab Emma überredet, sie wollte erst nicht.«

»Das war hinterhältig … unter aller Sau, so eine Lüge!«, schob Dad nach.

»Stimmt«, antwortete Vincent zerknirscht, um ihnen den Wind aus den Segeln zu nehmen.

»Wenigstens springst du für deine Schwester in die Bresche«, honorierte Mom seine Absicht, Emma aus der Schusslinie zu nehmen.

»Aber hat unser Plan nicht funktioniert?«, fragte Emma. »Jetzt mal ganz ehrlich.«

»Das geht euch nichts an!«, antworteten Mom und Dad gleichzeitig.

Vincent musste grinsen. Also doch. Sonst hätten beide heftig widersprochen. Außerdem sah er im Rückspiegel, wie Dad den Arm um Mom legte.

Oha! Was war denn mit denen passiert? Die brachten sich nicht mehr gegenseitig mit jedem unausgesprochenen Satz und den dazugehörigen giftigen Blicken auf die Palme, sondern waren sich selten einig. Hehe, dachte er belustigt, die Wut auf Emma, mich und Mathilde bringt sie zusammen! So wertvoll kann es sein, einen gemeinsamen Gegner zu haben. Das sollte er sich merken, als Strategie. Denn strategisches Denken hatte er sich von der Oma abgeschaut. Trotzdem musste da vorher auch noch etwas anderes, Bedeutenderes vorgefallen sein.

Er gab Gas. Noch zehn Kilometer bis Altenmarkt. Easy. Oder doch nicht. Er hatte eine Scheißangst um Mathilde!

EMMA

Die Oma schlief. Tief und fest, einen »Schlaf der Gerechten«, wie Mom meinte. Mathilde hatte das Klingeln nicht gehört, Mom den Schlüssel vergessen und Dad deshalb die hintere Terrassentür aufgestemmt. Emma prüfte die Vitalzeichen, alles top. Aber sollte das nicht trotzdem noch ein Arzt überprüfen?

Plötzlich fuhr die Oma im Bett hoch und blickte sich verblüfft um. »Was macht ihr denn alle hier? War ich etwa scheintot?«

Erleichtertes Lächeln von allen. »Mama«, rief Mom, »wir haben uns solche Sorgen um dich gemacht!«

Die Oma richtete sich weiter auf. »Ich muss ewig geschlafen haben.«

»Es ist erst kurz nach Mitternacht«, bemerkte Dad.

»Und welcher Tag?«, fragte Oma.

Es stellte sich heraus, dass Mathilde über achtundzwanzig Stunden am Stück geschlafen hatte.

Vincent erklärte die Wirkung von Cannabis, bis ihn Mathilde unterbrach: »Dann hab ich also Haschkekse von dir gegessen?« Sie lachte. »Dass ich dazu in meinem Leben noch mal komme, hätt ich auch nicht geglaubt. Hat mir übrigens gut gefallen, Vincent! So, und jetzt steht nicht alle im Schlafzimmer herum. Ich mach uns einen Kaffee. Aber die Rollos lassen wir unten, nicht dass die Meierhubers noch mitkriegen, dass ihr alle da seid. Ach, wie schön, euch zu sehen!«

»Ob das wirklich so schön ist, wird sich noch herausstellen«, erklärte Mom streng. »Wir haben ein Hühnchen mit dir zu rupfen!«

Fragende Blicke der Oma erreichten Emma und Vincent. Emma nickte zerknirscht und gestand: »Vincent musste notgedrungen unser Geheimnis ausplaudern.«

»O mei«, gab sich Oma geschlagen, »aber die verdiente Predigt bitte erst beim Kaffee. Jetzt lasst mich erst mal aufwachen und aufstehen, in so einer unterlegenen Position kann ich mich ja gar nicht verteidigen!«

Mom lächelte, auch Dad sah versöhnlich drein. Sie waren zwar empört über die Finte, aber die Angst um Omas Gesundheit saß ihnen noch in den Knochen, und die Erleichterung darüber, dass ihr nichts passiert war, stimmte sie milde. Außerdem – so gut kannte sie beide Elternteile – gefiel ihnen im tiefsten Inneren bestimmt der freche Plan. Und so kam es gar nicht mehr zu einem richtigen Anschiss.

Bald plapperten alle fröhlich beim Kaffee und einem eilig fertiggestellten Zitronenkuchen über dieses und jenes und unverzeihliche Fehler von Familienangehörigen an sich, und sie beschlossen, diesen Besuch einfach zu genießen und noch etwas auszudehnen. Wer wusste schon, wann die ganze Familie wieder zusammenkommen konnte.

Bis die Oma schließlich zum Aufbruch drängte, denn die Meierhubers standen früh auf, und denen war zuzutrauen, dass sie Anzeige erstatteten, wenn sie das Auto abfahren sähen.

Mathilde verabschiedete sich mit den Worten: »Und noch was, jetzt macht euch nicht mehr so schnell Sorgen um mich. Ich werde so oder so nicht hundertfünfzig Jahre alt. Irgendwann ist es halt vorbei. Und außerdem ist doch viel wichtiger, dass die Zeit im Leben schön und aufregend ist statt lang und fad! Es gilt nicht, dem Leben Jahre hinzuzufügen, sondern den Jahren Leben.«

GOTTLIEB

Wie gut, dass er nicht noch einen weiteren Hinweis gegeben hatte – denn auch so dezentes Eingreifen wie mit dem Luftzug und den verblätterten Seiten wurde beim dritten Mal mit einem sofortigen Abruf von Erden bestraft, wie er erst jetzt erfahren hatte. So aber hatte er ganze drei Monate ganz nah bei seiner Mathilde weilen können, ehe sie jetzt in seine Sphäre wechselte. Mathilde hatte den Rosenkranz in der Hand, flüsterte »Gottlieb, gleich bin ich bei dir«, und schloss mit einem Lächeln auf den Lippen die Augen.

Mit einem »Wie geht es dir? Was kann ich für dich tun?« nahm er seine Frau gleich über dem Hausdach in Empfang, denn ein Mann durfte nie vergessen, seiner Frau diese zwei magischen Fragen zu stellen, die ihre Liebe am Leben erhielten.

Bis sie Hand in Hand der Erde endgültig entschwebten, galt der letzte Blick zurück den Nächsten, an deren Leben sie nun bald nicht mehr teilhaben konnten.

Mit Zeitungshut und der Hilfe seines Neffen weißelte Bastian an diesem heißen Sommertag sein Zimmer am Hof des Bruders in Heimstetten. Später, beim Grillabend, den Christian extra zum Einzug organisiert hatte, erläuterte Bastian ausführlich die Feinheiten und Tücken von Baumarktfarben-Sonderangeboten, denn kürzlich, bei der Umgestaltung des Kinderzimmers seiner Tochter zu einem Elternschlafzimmer, hatte er dazu wieder neue Erfahrungen sammeln können. Den billigsten Anstrichen fehlte oft die Deckkraft, sodass zweimal gestrichen werden musste, es also doppelte Arbeit bedeutete. Die Männer in der Runde nahmen begeistert das Thema auf, diskutierten mit ihm eifrig über RAL-Farben, Matratzenpreise und bei Folgebieren über »Luststeigerung« in neuen Schlafzimmern. Bastian wirkte wie der verlorene Sohn, der endlich wieder sein Zuhause gefunden hatte, und ließ sich auch von der zu erwartenden Frage, wieso er nun das neu eingerichtete Schlafzimmer mit seiner Frau nicht mehr nutzte, nicht irritieren. Er redete sich mit der Wahrheit heraus.

Denn in genau dieses Zimmer verlud Emma gerade mit Sokrates die Umzugskisten und freute sich darüber, dem Vermieterhai entkommen zu sein. Neben dem Schlafzimmer in ihrem alten Zimmer hatte das Paar auch Dads Raum als »Lernfabrik« zur Verfügung.

Zeitgleich zog Vincent wieder in sein altes Zimmer, denn Lara hatte mit einem seiner Mitbewohner in der WG angebandelt und in ihrer verletzten weiblichen Ehre durchgesetzt, dass er aus der Bude flog. Begründet war es damit worden, dass er uncool geworden sei, seitdem er nicht mehr kiffte. Das überzeugte Vincent ironischerweise aber nur noch mehr davon, nie mehr in die Fischschale zu greifen, um nicht – wie sie – zu einem Neospießer zu werden. Denn das Hauptmerkmal von spießig oder nicht war nicht die liberale Einstellung zu Drogen sondern die Engstirnigkeit gegenüber anderen Lebensentwürfen ohne Drogen.

Mit Emma einigte er sich schnell auf die Abmachungen und Regeln einer „Geschwister-WG«, deren oberstes Gebot hieß: »Bloß nicht zu viel Familie«.

Vincent packte seine neuen Hanteln aus, Emma die antiquarisch erstandenen Medizinbücher, und Sokrates verschaffte sich einen Überblick über die noch vorhandenen Lebensmittelvorräte und Küchenutensilien, um für alle Pasta zu kochen. Alle drei entsorgten eine Anrichte mit vergessenen Utensilien der Eltern in den Keller und luden sogar das streitende Ehepaar aus dem dritten Stock zu einer Einweihungsfeier ein.

Franziska verstaute ihre Klamotten in einem mini Kleiderschrank neben einer Blende des von Basti zu einem Wohnmobil umgebauten Kleinlasters, wischte mit einem Lappen über die Küchenzeile und nahm das Videotelefonat eines Galeristen auf ihrem iPhone an: Ja, sie würde jetzt auf Tour gehen und in spätestens drei Wochen die ersten Fotografien aus Deutschland liefern und sobald es wieder möglich wäre, die Route 66 auf noch nie gekannte Art und Weise zeigen. Nachdem die Konditionen des Vertrages verhandelt waren, setzte Franziska den breitkrempigen schwarzen Hut der Hauptdarstellerin des letzten Spielfilms auf und stieg ins Fahrerhaus. Das iPhone meldete sich erneut, sie sah *Giovanni* als Anrufer aufblinken, ignorierte das Klingeln, schickte Basti auf WhatsApp ein rotes Herz und startete den Motor.

Beim Verlassen der Erdanziehung erklärte Gottlieb seiner Mathilde seufzend: »Liebe ist immer ein bedauerlicher Unfall – es kommt nur darauf an, ob man sich dabei die Beine oder gleich das ganze Herz bricht. Diejenigen, die nicht mehr gehen können, bleiben zusammen, die anderen machen sich auf den Weg zum nächsten Malheur.«

Mathilde empörte sich daraufhin sofort: »Wenn du mir so pessimistisch kommst, überlege ich mir das mit dem Sterben noch mal und kehre um. Liebe ist immer nur ein Moment, den man sich erstreiten muss, nachdem man die eigenen Hemmschuhe ausgemistet hat.«

Die Erde drehte sich einfach weiter, als wäre nichts passiert.